高职高专教育“十二五”规划建设教材

市场营销基础与实训

（经济管理类专业用）

李英　姜红　主编

中国农业大学出版社
· 北京 ·

内 容 简 介

本书以营销工作过程为导向，把营销工作分解出若干任务，以完成工作任务为主线引入营销知识点，并配以相关内容的实训操作，旨在培养营销岗位所需要的专业技能和综合职业素质。本书共由八个任务组成：树立现代市场营销理念，分析市场机会，选择目标市场战略，筹划目标市场的产品，制定市场价格策略，制定分销渠道策略，制定促销策略，设计市场营销组合方案。每个任务配有开篇案例导入、知识延伸、营销实例、业务技能自测等内容，使教材具有营销岗位指导性和高职教育适应性。

本书适合高职高专市场营销类专业、经济管理类专业、工商管理类专业和相关专业选用，还可供从事本行业的工作人员参考使用。

图书在版编目(CIP)数据

市场营销基础与实训/李英，姜红主编. —北京：中国农业大学出版社，2011.7(2017.8 重印)

ISBN 978-7-5655-0269-9

Ⅰ.①市… Ⅱ.①李…②姜… Ⅲ.①市场营销-高等职业教育-教材 Ⅳ.①F713.50

中国版本图书馆 CIP 数据核字(2011)第 082213 号

书　名　市场营销基础与实训
作　者　李英　姜红　主编

策划编辑　董　田　伍　斌
责任编辑　李丽君
封面设计　郑　川
责任校对　陈　莹　王晓凤
出版发行　中国农业大学出版社
社　址　北京市海淀区圆明园西路 2 号
邮政编码　100193
电　话　发行部 010-62818525,8625
编辑部 010-62732617,2618
读者服务部 010-62732336
出　版　部 010-62733440
网　址　http://www.cau.edu.cn/caup
E-mail cbsszs @ cau.edu.cn
经　销　新华书店
印　刷　涿州市星河印刷有限公司
版　次　2011 年 7 月第 1 版　2017 年 8 月第 3 次印刷
规　格　787×980　16 开本　17 印张　310 千字
定　价　29.00 元

编写人员

主　编　李　英（辽宁农业职业技术学院）
　　　　　姜　红（云南农业职业技术学院）

副主编　张雅静（黑龙江农业职业技术学院）
　　　　　赵　琳（重庆三峡职业学院）
　　　　　杨贵娟（扬州环境资源职业技术学院）

参　编　陈现军（重庆三峡职业学院）
　　　　　沈淑荣（辽宁农业职业技术学院）
　　　　　王喜庆（辽宁农业职业技术学院）

前 言

在竞争越来越激烈的今天，市场营销已成为企业经营成败的关键。因此，企业急需既懂市场营销理论，又能很好进行市场营销运作的高素质人才。基于目前高职高专教材侧重理论教学、脱离实际、不重视实际操作培养的弊端，为满足企业及教学市场需求，我们编写了此教材。

本教材基于工作过程的学习领域课程的开发，以营销工作活动过程为依据，对传统的学科知识体系重新构建，适应当前高职教育课程改革的主要趋势，具有以下特色：

1. 以任务驱动统领教学过程实施。每个任务前面细分出"知识目标"和"能力目标"，明确了通过本任务的学习、实训应该具备的操作能力，引导学生变被动学习为主动探索（完成营销任务），以提高学习的自主性、积极性，从完成营销任务中获得所需的职业能力。

2. 以"实训操作"培养营销岗位的专业技能和综合素质。本书一改以往教材将实训操作作为课后练习的做法，将实训操作作为一个子任务与课堂教学有机地结合起来。要求学生通过社会调查和社会实践，运用所学的营销知识，完成一些营销策划活动，设计一些营销专题活动，突出培养学生的专题研讨能力、团队合作能力、文案写作能力、营销方案策划能力和执行能力。

3. 以案例导入，体现编写形式创新原则，使学生带着问题和思考学习每个任务；每个任务都配有"营销实例"、"知识延伸"、"实训操作"、"业务技能自测"等栏目，使本书更具综合性、针对性、科学性和可操作性。每个任务结尾有"任务小结"，概要地总结本任务的主要知识和基本概念，帮助学生理解和把握本任务的知识要点。

教材编写组成员全部都是来自高职院校的有丰富专业知识和多年教学经验的教师。全书由李英、姜红担任主编，张雅静、赵琳、杨贵娟担任副主编，陈现军、沈淑荣、王喜庆参编。具体分工为：李英，任务1、任务2；沈淑荣，任务2；张雅静，任务3；姜红，任务4、任务7；杨贵娟，任务5；赵琳、陈现军，任务6；王喜庆，任务8。

本教材的编写参考了很多文献资料，在此对这些文献资料的原创者表示衷心的感谢。由于作者水平有限，书中疏漏与不妥之处在所难免，敬请读者批评指正。

编　者
2011 年 3 月

目录

任务1　树立现代市场营销理念

◆知识目标

1. 理解市场营销相关概念。

2. 掌握市场营销管理哲学及其演进。

3. 了解市场营销管理任务及过程。

◆能力目标

能灵活运用现代市场营销理念，遵循科学营销管理过程，有效分析营销现象和问题，顺利开展营销活动。

案例导入

本田雅阁牌新车

日本本田汽车公司要在美国推出一种雅阁牌新车。在设计新车前，他们派出工程技术人员专程到洛杉矶地区考察高速公路的情况，实地丈量路长、路宽，采集高速公路的柏油，拍摄进出口道路的设计。回到日本后，他们专门修了一条14千米长的高速公路，就连路标和告示牌都与美国公路上的一模一样。在设计行李箱时，设计人员意见有分歧，他们就到停车场看了一个下午，看人们如何放取行李。这样一来，意见马上统一起来。结果本田公司的雅阁牌汽车一到美国就备受欢迎，被称为是全世界都能接受的好车。

（资料来源：市场营销理论专辑1，百度文库，2010-09）

【思考】本田的雅阁牌新车为什么出口美国备受欢迎，被称为是全世界都能接受的好车？

【提示】市场营销观念是一种以顾客需要和欲望为导向的哲学，考虑如何通过制造、传送产品以及与最终消费产品有关的所有事物，来满足顾客的需要，是消费者主权论在企业市场营销管理中的体现。许多优秀的企业都是奉行市场营销观念的。

假如你是企业的营销人员，你将如何来开发产品？你必须先了解市场营销的基本知识，然后综合考虑才能决定。

分项任务 1.1 明确市场、市场营销的基本内涵

每一个企业都与市场有着千丝万缕的联系。通过市场企业不断地进行着商品、劳务、资金、技术、信息的交换。认识市场、适应市场是企业开展好市场营销活动的核心和关键。

1.1.1 市场

市场是随着社会分工和商品生产的发展而形成、发展起来的，它是一种以商品交换为内容的经济联系形式。其最基本的含义是买卖双方交易的场所，如赶圩、菜市、超市等；经济学上认为市场是商品交换关系的总和；从市场营销的角度看，把交易双方的卖方视为行业、产业，而把买方看做市场。菲利普·科特勒指出："市场是由一切具有特定欲望和需求并且愿意和能够以交换来满足这些需求的潜在顾客所组成。"

由此我们可以从以下两个方面理解市场含义：

(1)市场是对某种商品或服务的具有支付能力的需求。

(2)市场是由所有对某种商品或服务具有需求的现实和潜在的购买者群体组成的。

从卖方角度研究买方市场，市场构成主要有三个要素：一是人口；二是购买力(收入)；三是购买动机。因此，从市场营销的角度来看，我们可以把市场表述为人口、购买力和购买动机的函数，即

$$市场 = 人口 \times 购买力 \times 购买动机$$

人口因素是构成市场的最基本要素，人口越多，现实或潜在的需要就越大；购买力是指消费者购买商品或服务、满足某种需要的支付能力，购买力水平的高低是决定市场容量大小的重要指标；购买动机是指导致消费者产生购买行为的驱动力、愿望和要求，它是消费者将潜在购买力变成现实购买行为的重要条件。当三个要素同时具备时，就构成为该商品或服务的现实市场；当后两个要素不能同时具备时，就只能称其为潜在市场；而一旦这些条件都具备，则潜在市场就可转化为

现实市场。

知识延伸

市场的分类

为了便于研究市场，需要对市场进行分类。从不同角度，可以将市场划分为不同的类型。现代市场营销研究的中心问题是顾客的需求，因此，从市场营销的角度出发可对市场进行如下分类：

1. 按购买者需求目的的不同，可以划分为消费者市场、生产者市场、中间商市场和政府市场。

2. 按照构成市场交易对象的商品形态不同，可以划分为消费品市场、生产资料市场、资金市场、技术市场、信息市场和服务市场等。

3. 按照交易方式的不同，可以划分为现货市场和期货市场。

4. 按照商品流通环节不同，可以划分为批发市场和零售市场。

5. 按照市场出现的先后，可以划分为现实市场和潜在市场。

6. 按照市场的地理位置或空间范围，可以划分为国内市场、国际市场、区域市场、城市市场和农村市场。

7. 按照市场主体不同，可以划分为卖方市场和买方市场。

8. 按照竞争程度不同，可以划分为完全垄断市场、寡头垄断市场、不完全竞争市场和完全竞争市场。

营销实例

寻找市场——三个业务员的故事

美国一家制鞋公司要寻找国外市场。公司派了一个业务员去非洲的一个岛国，让他了解一下能否将公司的鞋销售给他们。这个业务员到非洲后待了一天，发回一封电报："这里的人不穿鞋，没有市场。我立即返回。"公司又派了另一名业务员，第二个业务员在非洲待了一个星期，发回一封电报："这里的人不穿鞋，鞋的市场很大，我准备把本公司生产的鞋卖给他们。"公司总裁得到两种不同的结果后，为了了解更真实的情况，于是又派了第三个业务员。该业务员到非洲后待了三个星期，发回一封电报："这里的人不穿鞋，原因是他们脚上长有脚疾，他们也想穿鞋，不过不需要我们公司生产的鞋，因为我们的鞋太窄。我们必须生产宽鞋，才能适合他们对鞋的需求。这里的部落首领不让我们做买卖，除非我们借助政府的力量和公共活动搞大市场营销。我们打开这个市场需要投入大约1.5万美元。这样我们每年能卖大约2万双鞋，在这里卖鞋可以赚钱，投资收益率约为15%。”

（资料来源：菲利普·科特勒.市场营销管理：分析、规划、执行和控制.科学技术文献出版社，1991）

1.1.2 市场营销

市场营销一词来源于英文Marketing，既可指一种经营活动，译为“市场营销”；也可指一门学科，译为“市场营销学”。

西方的一些学者对市场营销进行了系统的研究，他们从不同的角度和发展的观点对市场营销下了不同的定义。

美国市场营销协会(American Marketing Association，AMA)定义委员会分别于1960年、1985年和2004年给市场营销下了三个定义，如表1.1所示。

表1.1 美国市场营销协会(AMA)对市场营销的定义

时间	定义
1960年	市场营销是引导产品和劳务从生产者流向消费者或用户的一切企业活动
1985年	市场营销是关于思想、产品及服务进行设计、定价、促销和分销的计划和实施以满足个人和组织目标的交换的一种过程
2004年	市场营销既是一种组织职能，也是为了自身及相关利益者的利益而创造、传播、传递客户价值，管理客户关系的一系列过程

美国西北大学凯洛格管理学院教授、世界著名市场营销学权威菲利普·科特勒认为：市场营销是个人或组织通过创造并同他人交换价值产品以满足需求和欲望的一种社会性经营管理活动。

从上述定义可见：

(1)企业营销的对象是产品、服务。

(2)市场营销的目标是满足顾客需求与欲望。

(3)满足消费者需求及实现企业目标的手段是有计划地组织活动或市场营销整合策略。

(4)市场营销的核心是交换。

(5)交换过程能否顺利进行，取决于营销者创造的产品和价值满足顾客需求的程度和交换过程管理的水平。

知识延伸

美国市场营销学家菲利普·科特勒指出:"市场营销最重要的部分不是推销,推销仅仅是市场营销冰山的顶端,是市场营销几个职能中的一个,并且往往不是最重要的一个。因为,如果营销人员做好识别消费者需要的工作,开发适销对路的产品,并且搞好定价、分销和实行有效的促销,这些货物将会很容易地销售出去。"他还引用美国管理学权威彼得·德鲁克的话说:"市场营销的目标就是使推销成为多余。"

1.1.3 市场营销涉及的核心概念

市场营销涉及其出发点,即满足顾客需求,还涉及以何种产品来满足顾客需求,如何才能满足消费者需求,即通过交换方式,产品在何时、何处交换,谁实现产品与消费者的链接。可见,市场营销的核心概念应当包含需求及相关的欲求、需要,产品及相关的效用、价值和满足,交换及相关的交易和关系,市场、市场营销及市场营销者。

1. 需求及相关的欲求和需要

需要是指消费者生理及心理的需求,如为了生存,人们需要食物、衣服、房屋等生理需求及安全、归属感、尊重和自我实现等心理需求。市场营销者不能创造这种需求,而只能适应它。

欲求是消费者深层次的需求。不同背景下的消费者欲求不同,它受社会因素及机构因素诸如职业、团体、家庭、教会等影响。市场营销者能够影响消费者的欲求,如建议消费者购买某种产品。

需求是指有支付能力和愿意购买某种物品的欲求。例如,同样想拥有一辆豪华轿车,但只有具有一定的购买力,该欲求才能变成为需求。市场营销者不仅要了解有多少消费者欲求其产品,还要了解他们是否有购买能力。

2. 产品及相关的效用和价值的满足

产品是指用来满足顾客需求和欲求的物体。产品包括有形和无形的、可触摸与不可触摸的。有形产品是为顾客提供服务的载体。无形产品或服务是通过其他载体,诸如人、地、活动、组织、观念等来提供的。当我们感到疲劳时,可以到音乐厅欣赏歌星唱歌(人),可以到公园去游玩(地),可以到室外散步(活动),可以参加俱乐部活动(组织),或者接受一种新的意识(观念)。服务也可以通过有形物体和其他载体来传递。市场营销者切记销售产品是为了满足顾客需求,如果只注意产品而忽视顾客需求,就会导致"市场营销近视症"。

效用是消费者对满足其需要的产品的全部效用的估价,通常根据对产品价值的主观判断和需支付的费用做出评价。价值是产品或服务所具有的、带给消费者并使消费者在消费过程中所感受到的满足程度,是人们满足欲望时的主观感受和评价。一般说来,消费者总是购买那些单位支出具有最大价值的产品,从而感觉到满意。顾客是否满意主要取决于得到的总价值和付出的总成本,总价值主要包括产品的使用价值、服务价值、形象价值和人员价值,总成本包括货币成本、时间成本、体力成本和精神成本。当总价值大于或等于总成本时消费者感觉到满意,否则就不满意。

3. 交换及相关的交易和关系

交换是向他人提供所需之物或价值,并获取相应价值的物或服务的行为。

交易是交换的基本组成单位。交换是一个过程,在这个交换过程中,如果双方就价值或物及服务达成了一项协议,即发生了交易。

交易营销是关系营销大观念中的一部分。精明能干的市场营销者都会重视同顾客、分销商建立长期、信任和互利的关系。而这些关系要靠不断承诺及为对方提供优质产品、良好服务及公平价格来实现,靠双方加强经济、技术及社会联系来实现。关系营销可以减少交易费用和时间,最好的交易是使协商惯例化。

4. 市场、市场营销及市场营销者

在交换中,把更主动、更积极地寻求交易的一方称为市场营销者,把相对被动的一方称为潜在顾客。换句话说,所谓市场营销者是指希望从他人那里获得资源并愿意以相应价值的货物和劳务作为交换的人。市场营销者可以是卖方,也可以是买方。买卖双方都表现积极时,可将双方都称为市场营销者。

分项任务 1.2　树立现代市场营销理念

市场营销观念又称市场营销管理哲学,是企业在一定时期处理企业、顾客和社会三者利益关系的基本指导思想和原则,是企业的经营理念。自 20 世纪初营销理论产生以来,市场营销观念出现如下发展和变革。

1.2.1 传统市场营销观念

1. 生产观念

生产观念是最古老的一种市场营销观念,即以生产为中心的企业经营指导思想,20世纪20年代以前,这一营销观念在美国占主导地位。该观念主张“我们会做什么,就生产什么”,那时社会生产力相对落后,市场关系表现为供不应求的卖方市场,产品在市场上成了“皇帝的女儿不愁嫁”,企业的一切生产经营活动以生产为中心。企业经营管理的主要任务是改善生产技术,提高劳动生产率,降低成本,增加销售量。

营销实例

福特公司1914年开始生产的T型车

20世纪初,美国福特汽车公司制造的汽车供不应求,亨利·福特曾傲慢地宣称:“不管顾客需要什么颜色的汽车,我只有一种黑色的。”福特公司1914年开始生产的T型车,就是在“生产导向”经营哲学的指导下创造出奇迹的。它使T型车生产效率趋于完善,降低成本,使更多人买得起。到1921年,福特公司T型车在美国汽车市场上的占有率达到56%。

(资料来源:孙国亮.市场营销学案例教学.北京交通大学出版社,2010)

2. 产品观念

产品观念是与生产观念并存的一种市场营销观念,都是重生产、轻营销。产品观念主张“我们会做什么,就努力做好什么”,认为消费者喜欢高质量、多功能和具有某些特色的产品,相信“只要产品好,不怕卖不掉”,企业的主要任务就是提高产品质量,生产物美价廉的产品。“好酒不怕巷子深”、“一招鲜,吃遍天”等都是这个时期的产品观念的生动写照。

3. 推销观念

推销观念盛行于20世纪三四十年代,当时社会生产力有了巨大发展,市场趋势由卖方市场向买方市场过渡,大量产品卖不出去,因而迫使企业重视采用广告术和推销术去推销产品。推销观念认为,消费者常有一种购买惰性或抗衡心理,若听其自然,消费者就不会自觉购买大量本企业的产品,因此企业管理的中心任务是积极推销和大力促销,以诱导消费者购买产品。其具体表现是:“我卖什么,就设法让人们买什么”。奉行该观念的企业相信产品是“卖出去的”,而不是“被买去的”。他们致力于产品的推广和广告活动,以求说服、甚至强制消费者购买。

营销实例

面粉公司的口号

美国皮尔斯堡面粉公司20世纪20年代以前的口号是:“本公司旨在生产面粉。”30年代左右,它的口号改为:“本公司旨在推销面粉。”

(资料来源:贾妍,李海琼.市场营销理论与操作.北京交通大学出版社,2009)

1.2.2 现代市场营销观念

在买方市场条件下,以消费者为中心,以销定产,奉行“顾客需要什么,企业就生产什么,销售什么”。这种观念20世纪50年代以后开始主导以美国为代表的西方企业的经营思想。

1. 市场营销观念

现代市场营销观念是以消费者为中心的观念,主张“顾客需要什么,就生产销售什么”,奉行“顾客至上”,将管理重心放在善于发现和了解目标顾客的需要,从而比竞争者更有效地提供满足目标市场需要的产品或服务。

按照现代市场营销观念,市场不是处于生产过程的终点,而是起点,不是供给决定需求,而是需求引起供给,哪里有需求,哪里才有生产和供给。目标市场、顾客满意、整合营销和赢利能力为其四大分支。

知识延伸

现代市场营销观念产生于20世纪50年代,其原因有两个方面:一方面,二战后生产力的迅速发展,使许多产品供过于求的情况加剧,竞争更加激烈;另一方面,各资本主义国家普遍实行高工资、高福利、高消费的所谓“三高”政策,使消费欲望不断变化,消费者对商品的购买选择性大大增强,最终使市场格局发生了根本性变化,原来的卖方市场迅速转变为买方市场。许多企业家认识到:在进行生产之前,必须首先分析和研究消费者的需要,在满足消费者需要的基础上,企业才能生存和发展。现代市场营销观念的出现,与传统的市场观念相比,是一个质的变化,如表1.2所示,西方市场学家称之为“企业经营哲学的一次革命”。20世纪50年代也被称为营销革命时代。

表1.2 推销观念与现代市场营销观念的比较

观念	出发点	中心	方法	目标
推销观念	厂商	产品	推销和促销（着眼于每次交易）	通过销售获取利润
营销观念	目标市场	顾客满意	整体营销（着眼于总体市场）	通过使顾客满意创造利润

营销实例

福特的起死回生

福特汽车公司在开始时“不管顾客喜欢什么颜色的汽车，只生产黑色的汽车”，因为当时它是老大，产品供不应求，顾客没有太多选择。后来随着大量竞争者的加入，顾客已受够了老大的气，转而投向其他厂家的怀抱，福特差点倒闭。后来只能是“顾客喜欢什么颜色的汽车，就生产什么颜色的汽车”，做到以顾客为导向，以市场为准则，这让福特又起死回生。

（资料来源：贾妍，李海琼. 市场营销理论与操作. 北京交通大学出版社，2009）

2. 社会营销观念

社会营销观念是20世纪70年代出现的，它是市场营销观念的发展和延伸，主要有用户的需求与利益、企业利益和社会利益三个方面。这种经营哲学强调企业向市场提供的产品和服务，不仅要满足消费者个别的、短期的需要，而且要符合消费者和社会的总体的、整个的、长远的利益。企业要正确处理用户需求与利益、企业经营目标和社会整体利益之间的关系，在满足目标市场需求的同时，还考虑将自身的长期利益目标和竞争战略、把用户利益和社会利益同时纳入企业的生产经营的决策系统，统筹兼顾，求得三者之间的平衡与协调。

20世纪80年代以后，企业面临着前所未有的激烈竞争，新的时代，新的竞争格局，必然促使企业营销观念进一步深化和发展。

1.2.3 现代营销观念的新发展

1. 大市场营销观念

大市场营销观念是指企业为了成功地进入特定市场，需要综合运用其自身可以施加影响的经济的、政治的、心理的和公共关系等手段，以赢得若干参与者合作的活动过程。

20世纪90年代以来，贸易保护主义回潮，政府干预加强，企业营销中所面临的问题，已不仅仅是如何满足现有目标市场的需求，企业面临的首要问题是如何进入壁垒森严的特定市场。1984年，菲利浦·科特勒提出大市场营销观念，主张企业开展市场营销活动，要善于调动政治权利和公共关系等企业自身可以施加影响的因素，设法取得具有影响力的政府官员、立法部门、企业高层决策者等方面对企业营销活动的合作和支持，启发和引导特定市场的需求，以打开并进入市场。然后，运用传动的市场营销组合去满足该市场的需求，达到占领该目标市场的营销目的。

营销实例

美国家用电器公司打开日本市场大门

一家美国家用电器公司进入日本市场推销某产品，公司确立了符合日本家电市场的产品、渠道、价格、促销策略，但由于日本实行贸易保护，设置了层层壁垒和进口障碍，未能进入日本市场。在这种情况下，这家公司通过美国政府派出外交官给日本下令施加政治压力，说服日本政府放宽限制；同时，向日本政府官员疏通、游说，向日本人民群众说明实际情况，争取日本人民的支持，终于打开了日本市场的大门。

（资料来源：许春燕，孟泽云. 新编市场营销. 电子工业出版社，2010）

2. 关系营销观念

所谓关系营销观念，就是为了建立、发展、保持长期的、成功的交易关系而进行的市场营销活动的一种营销观念。其核心是正确处理企业与消费者、竞争对手、供应商、分销商、政府机构和社会组织的关系，以追求各方面关系利益最大化；其特征是从追求每笔交易利润最大化转化为追求同各方面关系利益最大化。

关系营销是企业顺应市场环境变化的必然选择。面对日益残酷的竞争挑战，许多企业逐步认识到：保住老顾客比吸引新顾客收益要高，“任何善于与主要顾客建立和维持牢固关系的企业，都将从这些顾客中得到许多销售机会”（菲利浦·科特勒。）关系营销是现代市场营销观念发展的一次历史性突破，它与传统市场营销相比，可以获得更多、更长远的利益，是20世纪90年代以来市场营销发展的重要新趋势。

3. 绿色营销观念

绿色营销观念是在当今社会环境被破坏、污染加剧、生态失衡、自然灾害威胁人类生存和发展的背景下提出来的新观念。20世纪80年代以来，伴随着各国消费者环保意识的日益增强，世界范围内掀起了一股绿色浪潮，绿色营销观念由此也应运而生。

绿色营销观念是指企业必须把消费者需求与企业利益和环保利益有机地统一起来，充分顾及到资源利用与环境保护的问题，从产品设计、生产、销售到使用整个营销过程都要考虑到资源的节约利用和环保利益，做到安全、卫生、无公害的一种营销观念。

营销实例

格兰仕绿色回收废旧家电

2006年7月5日，格兰仕在北京推出"绿色回收废旧家电——光波升级 以旧换新"活动，消费者手中任何品牌的废旧家电，均可折换30～100元，用于购买格兰仕部分型号微波炉和小家电的优惠，同时格兰仕联合专业环保公司对回收的废旧小家电进行环保处理，为绿色奥运做出自己的贡献。活动推出后，北京市场连续3日单日销售突破1 000台，高端光波炉的销售同比增长69.6%。北京电视台、北京晚报、北京青年报、中国青年报、京华时报、中国经营报等都对活动进行了追踪报道。随后活动向山东、福建、辽宁、云南、吉林、重庆等十多个省市蔓延。格兰仕"绿色回收废旧家电"的活动成为2006年淡季小家电市场一道靓丽的风景。

（资料来源：一大把论坛，2006-09-08）

4. 文化营销观念

文化营销观念是指企业成员共同默认并在行动上付诸实施，从而使企业营销活动形成文化氛围的一种营销观念。它反映的是现代企业营销活动中，经济与文化的不可分割性。企业的营销活动不可避免地包含着文化因素，企业应善于运用文化因素来实现市场制胜。

在企业的整个营销活动过程中，文化渗透于其始终。一是商品中蕴涵着文化，商品不仅仅是有某种使用价值的物品。同时，它还凝聚着审美价值、知识价值、社会价值等文化的内容。"孔府家酒"之所以能誉满海外，备受海外华人游子的青睐，不仅在于它的酒味香醇，更在于它满足了海外华人思乡恋祖的文化需要。二是经营中凝聚着文化。日本企业经营的成功得益于其企业内部全体职工共同信奉和遵从的价值观、思维方式和行为准则，即所谓的企业文化。营销活动中尊重人的价值、重视文化建设、重视管理哲学及求新、求变精神，已成为当今企业经营发展的趋势。美国IBM公司"尊重个人，顾客至上，追求卓越"三位一体的价值观体系；日本松下公司“造物之前先造人”的理念；瑞士劳力士手表“仁心待人，严格待事”的座右铭，等等，充分说明了企业文化的因素是把企业各类人员凝聚在一起的精神支柱，是企业在市场竞争中赢得优势的源泉和保证。

5. 整体营销观念

1992 年，美国市场营销学界的权威菲利浦·科特勒提出了跨世纪的营销新观念——整体营销，其核心是从长远利益出发，公司的营销活动应囊括构成其内、外部环境的所有重要行为者，它们是供应商、分销商、最终顾客、职员、财务公司、政府、同盟者、竞争者、传媒和一般大众。前四者构成微观环境，后六者体现宏观环境。公司的营销活动，就是要从这十个方面进行。

随着营销实践的推动和发展，同时还出现了全员营销、全球营销、战略营销、服务营销、体验营销以及网络营销、博客营销等新市场营销观念和模式。

分项任务 1.3 开展科学营销管理

1.3.1 市场营销管理的任务

市场营销管理是指企业为实现其目标，创造、建立并保持与目标市场之间的互利交换关系而进行的分析、计划、执行与控制营销活动的过程。

市场营销管理的目标是达成期望的交易，满足各个方面的需求；营销管理的任务是对产品和服务的需求的管理；市场营销管理重视对 4P 为代表的市场营销组合的整合与协调，以实现期望的目标。

市场营销管理的基本任务是为了达到企业目标，通过营销调研、计划、执行与控制，来管理目标市场的需求水平、时机和构成。

市场营销管理的实质是需求管理，企业在开展市场营销的过程中，一般要设定一个在目标市场上预期要实现的交易水平，但实际需求水平可能低于、等于或高于这个预期的需求水平。根据需求水平、时间和性质的不同，可归纳出八种不同的需求状况。在不同的需求状况下，市场营销管理的任务有所不同。

1. 负需求

负需求的情况是指市场上的大部分人不喜欢某产品，甚至宁愿付出一定代价来躲避该产品。比如说，对于预防性注射、牙科手术，人们就有负需求。此时，市场营销管理的任务就是改变市场营销，分析该产品不受欢迎的原因，研究是否可以通过重新设计、降价、积极促销等方案改变顾客的印象和态度。

2. 无需求

无需求的情况是指顾客对产品根本不感兴趣或无动于衷。例如，农场主可能无意于某一新式耕作方法。此时，市场营销管理的任务是刺激市场营销，想方设法把产品的功效和人们的自然需求和兴趣结合起来。

3. 潜伏需求

潜伏需求的情况是指许多消费者都有不能由现有产品来满足的强烈需求。比如，无害香烟和大量节油的汽车等。此时，市场营销管理的任务是开发市场营销，估测潜在市场的规模，并开发产品和服务以有效地满足潜在的需求。

4. 下降需求

任何一个企业迟早会面对它的一种或几种产品需求下降的情况。市场营销者必须分析需求下降的原因，并判断通过改变产品特性、寻找新的目标市场或加强有效沟通等手段可否重新刺激需求。此时，市场营销管理的任务是改变、重振市场营销，通过创造性的再营销，扭转需求下降的局面。

5. 不规则需求

许多企业面临的需求可能每季、每天，甚至每小时都处于不规则状态下，造成了生产力的不足或闲置浪费。比如，娱乐场所和购物中心平日门可罗雀，而周末又人满为患；医院手术室周初登记人数过多，周末又过少。此时，市场营销管理的任务是协调市场营销，即通过灵活的定价、促销和其他激励办法来改变需求模式，使之平均化。

6. 充分需求

当企业的业务量达到满意程度时，所面临的就是充分需求。此时，市场营销管理的任务是维持市场营销，面对消费者偏好的改变和竞争者的加剧，设法保持现有的需求水平。同时，组织必须不断提高自己的产品质量，并密切关注消费者的满意程度，以确保良好的营销效果。

7. 过量需求

有些企业所面临的需求水平超出了它们的预期。此时，市场营销管理的任务是寻找暂时性或永久性地减少需求的办法，如提价、减少促销或服务等待来减少需求。

8. 有害需求

有害的产品会引起组织做出反对公众消费的努力。烟、酒、毒品、色情电影的限售、禁售活动此起彼伏。此时,市场营销管理的任务是反市场营销,使嗜好有害产品的公众戒掉它们,可用的方法有宣传其危害、提价、减少购买机会等。

知识延伸

企业创造需求的途径

1. 设计生活方式

现代企业不但可通过改变原有的生活方式来创造需求,而且可主动参与新生活方式的设计。长期以来,人们习惯于听音乐、欣赏音乐的生活方式;而日本生意人突发奇想,绞尽脑汁设计出卡拉 OK 的娱乐形式,使消费者从被动参与变为主动参与,从听音乐变为“大家一齐唱”,让普通人也可以过把“歌星”瘾。卡拉 OK 几乎征服了所有年龄层次和所有国家的消费者,旋风般流行于世界娱乐市场。这就是企业主动设计新生活方式的结果,它为企业带来了创新产品、开拓市场的新机遇。

2. 把握全新机会

哪里有未被满足的需求,哪里就有企业的市场机会。市场上既存在实际存在、但由于供不应求等原因而未被满足的现实需求,也存在实际存在、但未被利用和尚未实现的潜在需求,还存在目标不存在、但通过企业努力开发出新的产品后才形成的潜伏需求。对潜伏需求的开发可以创造全新机会。电视机、电话机等技术产品在尚未进入市场之前,消费者并未意识到他们需求这种产品,只是在这些产品开发出来以后,消费者才产生了需求,这就是索尼公司所说的“生产需求”、“创造市场”。20 世纪 70 年代,日本钟表业瞄准消费者的“潜伏需求”,成功研制出以迷你电池驱动的石英表,这一走时准、功能多、外观美、价格低的新产品,在很大程度上取代了传统的机械手表,这场钟表革命使日本人从瑞士人的头上摘取了世界钟表王国的皇冠。

3. 营造市场空间

企业推广产品,有时可以通过有预期目标的营销活动,人为地使市场形成供不应求或大量需求的局面。这种营销计划的制订与实施,不但是一种战术技巧,而且还可以起到创造需求的作用。吉列公司为了大量推广刮胡刀片,采用免费赠送刀架的办法,有效地营造了一个市场空间,促使顾客购买配套的刀片,实现了扩大销售、占领市场的预期目标。20 世纪 60 年代,美国柯达公司曾发起一场推广胶卷的竞争攻势。它的竞争招数从开发大众化自动相机开始,声称这种相机其他公司也可仿造。这样,相机产销量的剧增,导致胶卷市场需求旺盛,柯达乘虚而入,大量推出配套使用的胶卷,成功地拓展了全球胶卷市场。

1.3.2 市场营销管理过程

所谓市场营销管理过程，是指企业为实现目标，完成任务而发现、分析、选择和利用市场机会的管理过程。概括地讲，一个完整的市场营销管理过程包括分析市场机会、选择目标市场、设计市场营销组合、管理与控制营销活动四个步骤。

1. 分析市场机会

市场机会就是未满足的需要。为了发现市场机会，营销人员必须广泛收集市场信息，进行专门的调查研究，预测需求发展的趋势。营销人员不但要善于发现和识别市场机会，还要善于分析、评价哪些才是适合本企业的营销机会(即对企业的营销具有吸引力的，能享受竞争优势的市场机会)。市场上一切未满足的需要都是市场机会，但能否成为企业的营销机会，要看它是否适合企业的目标和资源，是否能使企业扬长避短，发挥优势，比竞争者或可能的竞争者获得更大的超额利润。

2. 选择目标市场

企业选择符合自身目标和资源的营销机会以后，还要对市场容量和市场结构进行进一步分析，确定市场范围，无论是从事消费者市场营销还是从事产业市场营销的任何企业，都不可能为具有某种需求的全体顾客服务，而只能满足部分顾客的需求。这是由顾客需求的多样变动性及企业拥有资源的有限性所决定的。因此，企业必须明确在能力可及的范围内满足哪些顾客的要求，首先进行市场细分，然后选择目标市场，最后进行市场定位。

3. 设计市场营销组合

市场营销组合是指企业开展市场营销活动中综合运用的各种可控因素的组合。这些因素或变数可以归纳为产品(product)、价格(price)、渠道(place)、促销(promotion)，简称“4P”理论。一次成功和完整的市场营销活动，意味着以适当的产品、适当的价格、适当的渠道和适当的促销推广手段，将产品和服务投放特定市场的行为。

4P市场营销组合理论的提出奠定了市场营销的基础理论框架，这一理论从微观的角度以企业个体作为分析单位，对企业营销活动过程与效果可能产生影响作用的因素抽象为两大类：一类是企业通常只能被动受其影响，以企业个体力量难以加以控制和反作用的宏观因素，如政治、法律、经济、自然、科学技术等环境因素，它们常称为不可控制因素或不可控变量，这也是企业所面临的外部环境；另一类是企业可以控制的营销因素，如产品、定价、分销、促销等4P市场营销组合因素，称之为企业可控因素或可控变量。

企业营销活动的实质是一个利用内部可控因素适应外部环境的过程，即通过对产品、价格、分销、促销这四大营销要素 、计划和实施，对外部不可控制因素作出积极动态的反应，通过适应外部经营不可控制的经济、政治、文化等环境，来满足顾客的需求，从而促成交易的成功，并满足个人与组织的目标，实现企业和顾客双赢，实现社会利益的最大化。对企业而言，在市场营销中一个有效的营销方案应把所有的营销组合因素融入一个协调的综合计划体系之中，这一协调的综合计划体系通过向消费者提供价值来实现企业的市场营销目标。4P市场营销组合因素是一个变量组合，它具有可控性、动态性、复合性和整体性特点。

营销实例

日本电视机打入中国市场采用的市场营销组合

1979年我国放宽对家用电器的进口。当时，日本电视机厂商首先分析了中国市场需求特点，认为中国有十亿人口，人均收入虽然较低，但中国人有储蓄习惯，已形成了一定的购买力，中国消费者有对电视的需求，中国存在一个很有潜力的黑白电视机市场。日本电视机厂商在分析中国电视机市场需求特点基础上，制定了相应的市场营销策略以满足中国消费者的需求，如表1.3所示。

表1.3 日本电视机进入中国市场所采用的营销组合

产品策略	为了使日本电视机能满足中国市场的需要，对产品进行以下修改：①中国电压系统与日本不同，必须将110伏改为220伏；②中国电力不足，电压不稳，需配置稳压器；③中国住房面积小，应以12～14英寸电视机为主；④要提供质量保证及修理服务
定价策略	考虑当时中国尚无外国电视机的竞争，定价比中国国产同类产品价格要高
分销策略	当时国内还未设立国营商店分销进口电视机的渠道，故要采取以下几种渠道：①由港澳国货公司和代理、经销商推销；②通过港澳同胞携带电视机进内地；③由日本厂商用货柜直接运送到广州流花宾馆发货

续表 1.3

促销策略	主要采用了广告:①在香港电视台发动宣传攻势,通过香港向内地居民宣传;②在香港《大公报》、《文汇报》等报纸大量刊登广告;③在香港电视台介绍有关日本电视机有关选购、使用和维修的相关知识

日本电视机厂在有针对性地采取市场营销策略的基础上,将电视机源源不断地推销中国市场。

(资源来源:赵兴军.现代市场营销学案例教程.北京交通大学出版社,2010)

知识延伸

4C 市场营销组合理论

20 世纪 80 年代,美国北卡罗来纳大学教授罗伯特·劳特朋针对 4P 理论存在的问题提出了 4C 营销理论。

所谓 4C 营销理论,就是企业在营销活动中,必须瞄准消费者的需求,考虑消费者所愿意支付的成本以及消费者的便利性,与消费者进行充分沟通的一种营销理论。

与以市场为导向的 4P 营销理论相比,注重以消费者需求为导向的 4C 营销理论有了很大的进步和发展,如表 1.4 所示。

表 1.4 4P 与 4C 的比较

类别	4P		4C	
阐释	产品(product)	产品体系,包括产品线、广度、产品定位等	客户(customer)	瞄准消费者需求,生产消费者所需要的产品
	价格(price)	价格体系,包括各个环节的价格策略	成本(cost)	考虑消费者愿意付出的价格而不是从成本角度考虑
	渠道(place)	渠道销售策略	便利(convenience)	考虑消费者如何便利地购买产品

续表 1.4

阐释	促销（promotion）	总体促销策略，包括产品流通过程中的每个对象	沟通（communication）	企业应积极与客户沟通，建立新型的利益关系
出发点	企业		消费者	
营销重心	消费者请注意		请消费者注意	
时间	20 世纪 60 年代中期		20 世纪 90 年代初期	

4. 管理与控制市场营销计划

只有有效地执行计划，才有可能实现企业的战略目标，管理与控制市场营销计划是营销过程中极其重要的步骤。

(1)组织与执行市场营销计划。市场营销计划是企业整体战略规划在营销领域的具体化，是企业的一种职能计划（市场营销计划内容与格式详见任务 8 综合实训）。其执行过程包括五个方面。

一是制订详细的行动方案。为了有效地实施营销战略，应明确营销战略实施的关键性决策和任务，并将执行这些决策和任务落实到个人或小组。

二是建立组织机构。不同的企业其任务不同，需要建立不同的组织结构。组织结构必须与企业自身的特点和环境相适应，规定明确的职权界限和信息沟通渠道，协调各部门和人员的行动。

三是设计决策和报酬制度。科学的决策体系是企业成败的关键，而合理的奖罚制度能充分调动人的积极性，充分发挥组织效应。

四是开发并合理调配人力资源。企业的任何活动都是由人来开展的，人员的考核、选拔、安置、培训和激励问题对企业至关重要。

五是建立适当的企业文化和管理风格。企业文化是指企业内部人员共同遵守的价值标准和行为准则，对企业员工起着凝聚和导向作用。企业文化与管理风格相联系，一旦形成，对企业发展产生持续、稳定的影响。

(2)控制市场营销计划。在市场营销计划的执行过程中，可能会出现一些意想不到的问题，这就需要一个控制系统来保证营销目标的实现。营销控制主要有年度计划控制、赢利能力控制、效率控制和战略控制。

年度计划控制是企业在本年度内采取制定标准、绩效测量、因果分析、改正行动等控制步骤，检查实际绩效与计划是否有偏差，并采取改进措施，以确保营销计划的实现与完成。

赢利能力控制是用来测定不同产品、不同销售区域、不同顾客群体、不同渠道以及不同订货规模的赢利能力，帮助管理人员决定各种顾客群体活动是否扩展、减少或取消。控制指标有销售利润率、资产收益率和存货周转率等。

效率控制包括销售人员效率控制、广告效率控制、促销效率控制和分销效率控制。通过对这些环节的控制，以保证营销组合因素功能执行的有效性。

战略控制是企业采取一系列行动，使实际的市场营销工作与原规划尽可能一致。在控制中通过不断的评审和信息反馈，对战略进行不断的修正。战略控制必须根据最新的情况重新评估计划和进展，这是难度最大的控制。

分项任务1.4　实训操作

一分钟自我推销演练

【实训任务】

你即将毕业，正参加一企业招聘营销人员的面试，请用一分钟时间进行自我推荐。

【实训目标】

培养学生口语表达和思辨能力。

【实训要求】

1. 上讲台自我推荐，神态大方，举止得体。

2. 根据招聘要求，讲清毕业院校、所学专业、个人专长及对企业认知和本人适应岗位优势等，逻辑通顺，语言流畅。

3. 时间把握适度(要求从上讲台到讲完用一分钟)。

4. 详略得当，突出重点。

【实训步骤】

1. 教师事先做好任务布置，要求学生做好准备并自我演练。

2. 跑步上讲台，问候并自我推荐。

3. 致谢，在教师示意下回到座位。

4. 教师点评。

◆任务小结

完成本任务,你应该清楚以下内容:

- 市场营销是个人或组织通过创造并同他人交换价值产品以满足需求和欲望的一种社会性经营管理活动。市场营销的目标是满足顾客需求与欲望,其核心是交换。

- 企业经营活动的指导思想:生产观念、产品观念、推销观念、市场营销观念、社会营销观念、大市场营销观念、关系营销观念、绿色营销观念和文化营销观念等理念。

- 市场营销管理的基本任务是为了达到企业目标,通过营销调研、计划、执行与控制,来管理目标市场的需求水平、时机和构成。在不同的需求状况下,市场营销管理的任务有所不同。市场营销管理过程是企业为实现目标,完成任务而发现、分析、选择和利用市场机会的管理过程,包括分析市场机会、选择目标市场、设计市场营销组合、管理与控制营销活动四个步骤。

◆本任务关键词

市场　市场营销　营销观念　市场营销管理

◆业务技能自测

◎选择(单项选择题)

1. 市场营销的核心是(　　)。

A. 生产　　B. 分配　　C. 交换　　D. 促销

2. 市场营销观念的中心任务是(　　)。

A. 推销已经生产出来的产品　　B. 发现并设法满足消费者的需要

C. 制造优质价廉的产品　　D. 制造大量产品并推销出去

3. 福特汽车公司创始人老福特曾说:"不管顾客需要什么颜色的车,我的车就是黑色的。"这种观念就是(　　)。

A. 生产观念　　B. 产品观念　　C. 推销观念　　D. 市场营销观念

4. 与顾客建立长期合作关系是(　　)的核心内容。

A. 关系营销　　B. 绿色营销　　C. 公共关系　　D. 相互市场营销

5. 市场营销管理的实质是(　　)。

A. 刺激需求　　B. 需求管理　　C. 生产管理　　D. 销售管理

◎判断

1. 市场是由一切具有特定欲望和需求并且愿意和能够以交换来满足这些需求的潜在顾客所组成的。（　　）
2. 市场营销者既可以是卖者也可以是买者。（　　）
3.“酒香不怕巷子深”是生产观念。（　　）
4. 一个完整的市场营销管理过程包括分析市场机会、选择目标市场、市场定位、管理与控制营销活动四个步骤。（　　）
5. 营销控制主要有年度计划控制、赢利能力控制、效率控制和战略控制。（　　）

◎简答

1. 简答市场营销的内涵。
2. 比较新旧营销观念的区别。
3. 归纳现代市场营销观念的核心要点。
4. 说明在不同的需求状况下市场营销管理应完成的任务。
5. 简要说明市场营销管理过程。

◎案例分析

35 次紧急电话

美国新闻记者基太守与丈夫从纽约到东京她的公婆家做客。一天午后，基太守在东京奥达克余百货公司买一台索尼牌唱机，作为送给长辈的纪念品。找寻柜台和两次填写售货单共费了7分钟时间，因为她填在第一张单上的名字被营业员拼错了。

等他们回到地处郊区的家里把箱子打开试用时，不禁大吃一惊，因为该机不能使用，经过检查，发现原来没有机芯，是一台空心唱机。基太守准备第二天上午10时赶去公司进行交涉。然而，就在第二天9点55分时，公司却先打来了紧急电话，耳机传来一连串赔礼道歉的话，最后才知道公司副经理立刻要送一台全新的唱机到她家里来。50分钟后，一辆汽车开来了，从车厢里下来公司的副经理和一名带着皮包的年轻职员。来到客厅的入口处，他俩便俯首鞠躬，表示特来请罪。

接着年轻职员一面行屈膝礼，一面把他的记录簿读给大家听。上面记载着公司怎样通宵达旦纠正错误的经过：昨日下午4点32分，售货员发现这个错误后，立即报告警卫人员，迅速寻找这位美国顾客，但为时已晚，遂即报告监理员，监理员再向监督报告，接着又是向副经理报告，经过讨论，大家认为只有一条线索可循，即这位顾客的名字和留下的一张“美国快递公司”的名片。但考虑她可能还留在东京，因此当晚连续打了32次紧急电话向东京和四周的旅馆询问，都毫无结果。公司只好特派专人打长途电话给纽约“美国快递公司”总部打听，深夜接到回电，得知这位顾客在纽约父母家中的电话号码。当晚公司再打电话前去联系，根据她母亲告知他们夫妇在东京婆家的电话号码，“因此今晨再打了第35次紧急电话后，终于见到了你们”。

这时青年抬起头来，把一台全新的价值280美元的唱机送到他们手中，另外还加送蛋糕一盒、手巾一套和著名的唱片一张。3分钟后，这两个精疲力竭的人告辞而去。不久副经理又急急忙忙赶回来向基太守说：“我忘记向你道歉了，昨天麻烦你在售货单上重签名字，以致耗费了您的宝贵时间，深感不安，希望您宽恕。”

【思考】奥达克余公司通宵达旦的35次紧急电话，体现了一种什么营销思想？公司如此对待工作失误的目的是什么？

【提示】奥达克余公司通宵达旦的35次紧急电话，体现了公司用市场营销理念来指导自己开展营销活动，公司如此对待工作失误的目的是要在消费者心目中树立起公司的一切营销活动都围绕满足消费者需求来开展的良好形象。

（资料来源：百度文库，2004-05-10）

任务2　分析市场机会

◆知识目标

1. 了解市场营销环境构成及特点。
2. 理解市场营销环境对企业营销活动的影响和作用。
3. 了解消费者市场、组织市场购买决策过程。
4. 掌握有效识别竞争者的步骤和方法。
5. 了解市场营销调研的程序、方法及掌握市场调查问卷的基本构成。
6. 掌握市场营销调研的内容及报告格式。

◆能力目标

具备有效分析市场营销环境、寻找企业机会、躲避企业威胁的能力；能灵活运用影响消费需求因素及购买决策过程制定有效决策刺激购买行为；会运用有效识别竞争者的步骤和方法；具备按照正确的程序和方法开展市场营销调研和设计市场调查问卷能力，具备资料整理分析、系统思考、团队合作、交往沟通能力，锻炼市场营销调研报告写作能力与技巧。

案例导入

中国电信“号码百事通”如何寻找市场机会

“号码百事通”在实现业务转型的过程中，有三类市场机会可以助力其市场的发展。

一是搜索市场。“号码百事通”从一开始就定位成语音Google，而且它的形式、表征都与互联网搜索有些类似，其实“号码百事通”的新意就在于引入了“电话搜索”的概念。从商业模式的内涵来分析，“号码百事通”的赢利模式与市场上主流的网络搜索公司的赢利模式相似，都实现了通过向后向商家出售推荐权进行赢利的模式。但是，从客户价值和运营模式的角度，“号码百事通”还与搜索公司存在着许多的不同。

二是电话购物市场。订餐、订房、订机票、订花……现在形形色色的预订类业务在“号码百事通”平台上开展，有人说，“号码百事通”将来就是一个厂商直销的渠道，开展电话销售的市场潜力巨大。

三是媒体市场。有人说，“号码百事通”越来越像一个媒体，因为它承载很多广告性质的业务。传统的媒体有报纸杂志、广播、电视，互联网则被誉为第四媒体。目前，有人在讨论第五媒体的出现：短信？WAP？手机？至今还没有定论。

（资料来源：杨瑞桢，杨艳．通信企业市场营销．人民邮电出版社，2009）

【思考】“号码百事通”是如何寻找市场机会的？

【提示】

1．118114 作为近年来中国电信新推的业务之一，是在开发市场机会方面比较典型的例子。

2．根据一体化增长策略寻找一体化市场机会的原则，118114 在原来 114 资源的基础上，采用后向一体化的策略整合了商家信息，并依托出售推荐优先权找到一块搜索业务市场。

3．从开创蓝海的角度，按照“从替代性行业中发现蓝海”的方式，118114 分别从互联网搜索、电话购物、媒体市场这些表面似乎并非相关的行业中发现了一些可以发挥自身优势、避开激烈竞争的蓝海市场。

对公司营销人员来说，其主要责任就是辨认有历史意义的市场变化。他们应该比公司的其他人员更善于追踪趋势和寻找机会。营销人员有两种优势：他们有得心应手的工具为他们收集营销环境的信息；他们还能花费更多的时间研究顾客和监视竞争对手。在本任务中，我们将讨论企业的市场营销环境力量，以及消费者市场、企业市场和它的竞争者。

分项任务 2.1　分析市场营销环境

成功的公司对它们的业务采用从外向内的观念。它们认识到，营销环境在一直不断地创造新机会和涌现威胁。这些公司认为，持续地监视和适应环境对它们的命运至关重要。

2.1.1 分析市场营销环境意义

1. 市场营销环境的概念

市场营销环境是指影响企业与目标顾客建立并保持互利关系等营销管理能力的各种角色和力量,它可分为宏观市场营销环境和微观市场营销环境。市场营销环境是指存在于企业营销系统外部的不可控制或难以控制的因素和力量,这些因素和力量是影响企业营销活动及其目标实现的外部条件。

2. 市场营销环境的特点

(1)客观性。市场营销环境作为一种客观存在,是不以企业的意志为转移的,有着自己的运行规律和发展趋势,对营销环境变化的主观臆断必然会导致营销决策的盲目与失误。营销管理者的任务在于适当安排营销组合,使之与客观存在的外部环境相适应。

(2)关联性。构成营销环境的各种因素和力量是相互联系、相互依赖的。如经济因素不能脱离政治因素而单独存在;同样,政治因素也要通过经济因素来体现。

(3)层次性。从空间上看,营销环境因素是个多层次的集合。第一层次是企业所在的地区环境,例如当地的市场条件和地理位置。第二层次是整个国家的政策法规、社会经济因素,包括国情特点、全国性市场条件等。第三层次是国际环境因素。这几个层次的外界环境因素与企业发生联系的紧密程度是不相同的。

(4)差异性。营销环境的差异主要因为企业所处的地理环境、生产经营的性质、政府管理制度等方面存在差异,不仅表现在不同企业受不同环境的影响,而且同样一种环境对不同企业的影响也不尽相同。

(5)动态性。外界环境随着时间的推移经常处于变化之中。例如,外界环境利益主体的行为变化和人均收入的提高均会引起购买行为的变化,影响企业营销活动的内容;外部环境各种因素结合方式的不同也会影响和制约企业营销活动的内容和形式。

(6)不可控性。影响市场营销环境的因素是多方面的,也是复杂的,并表现出企业不可控性。例如,一个国家的政治法律制度、人口增长及一些社会文化习俗等,企业不可能随意改变。

3. 分析市场营销环境的意义

(1)分析研究营销环境是企业开展营销活动的前提和基础。企业的市场营销活动主要是围绕着两个中心工作来开展的:其一是通过寻找、评价市场机会来选择目标市场;其二是企业在确定目标市场后,应科学地制定和实施市场营销组合决策,以满足目标市场消费者的特定需要,但企业在制定和运用市场营销决策时,总是受各种环境因素的影响的制约。

(2)分析研究营销环境是企业生存和发展的重要保证。由于营销环境具有动态变化的特征,企业的营销活动与营销环境的适应也总是处于一种动态平衡状态。企业的生存与发展依赖于它与环境的适应程度与应变能力。企业的应变能力(适应能力),实质上是指企业应市场营销环境变化而自我调整经营管理决策,以保持同变化着的营销环境相适应的能力。可见,在环境瞬息万变的今天,客观上要求每一个企业必须十分重视研究营销环境的变化,要善于发现和把握企业发展的机会,这是关系到企业生存和发展的一项重要工作。

2.1.2 分析营销宏观环境

随着全球面貌的迅速变化,企业必须监视六种主要的力量:人文、经济、自然环境、技术、政治-法律、社会-文化力量。虽然这些力量有一定的独立性,但营销者必须注意它们之间的相互作用,因为它们是新机会与威胁的舞台。

1. 政治法律环境

政治与法律是影响企业营销的重要的宏观环境因素。政治因素像一只有形之手,调节着企业营销活动的方向,法律则为企业规定商贸活动行为准则。政治与法律相互联系,共同对企业的市场营销活动发挥影响和作用。

(1)政治环境因素。政治环境指企业市场营销活动的外部政治形势和状况以及国家方针政策的变化对市场营销活动带来的或可能带来的影响。包括政治局势、方针政策和国际关系。

(2)法律环境因素。法律是体现统治阶层意志、由国家制定或认可、并以国家强制力保证实施的行为规范的总和。对企业来说,法律是评判企业营销活动的准则,只有依法进行的各种营销活动,才能受到国家法律的有效保护。因此,企业开展市场营销活动,必须了解并遵守国家或政府颁布的有关经营、贸易、投资等方面的法律、法规。如果从事国际营销活动,企业就既要遵守本国的法律制度,还要了解和遵守市场国的法律制度和有关的国际法规、国际惯例和准则。这方面因素对国际企业的营销活动有深刻影响。

2. 经济环境

经济环境指企业营销活动所面临的外部社会条件,其运行状况及发展趋势会直接或间接地对企业营销活动产生影响。

(1)直接影响营销活动的经济环境因素。市场不仅是由人口构成的,这些人还必须具备一定的购买力。而一定的购买力水平则是市场形成并影响其规模大小的决定因素,它也是影响企业营销活动的直接经济环境。主要包括:消费者收入水平的变化;消费者支出模式和消费结构的变化;消费者储蓄和信贷情况的变化。

(2)间接影响营销活动的经济环境因素。除了上述因素直接影响企业的市场营销活动外,还有一些经济环境因素也对企业的营销活动产生或多或少的影响。

①经济发展水平。企业的市场营销活动要受到一个国家或地区的整个经济发展水平的制约。经济发展阶段不同,居民的收入不同,顾客对产品的需求也不一样,从而会在一定程度上影响企业的营销。例如,以消费者市场来说,经济发展水平比较高的地区,在市场营销方面,强调产品款式、性能及特色,品质竞争多于价格竞争。而在经济发展水平低的地区,则较侧重于产品的功能及实用性,价格因素比产品品质更为重要。在生产者市场方面,经济发展水平高的地区着重投资较大而能节省劳动力的先进、精密、自动化程度高、性能好的生产设备。在经济发展水平低的地区,其机器设备大多是一些投资少而耗劳动力多、简单易操作、较为落后的设备。因此,对于不同经济发展水平的地区,企业应采取不同的市场营销策略。

②经济体制。世界上存在着多种经济体制,有计划经济体制,有市场经济体制,有计划-市场经济体制,也有市场-计划经济体制,等等。不同的经济体制对企业营销活动的制约和影响不同。例如,在计划经济体制下,企业是行政机关的附属物,没有生产经营自主权,企业的产、供、销都由国家计划统一安排,企业生产什么,生产多少,如何销售,都不是企业自己的事情。在这种经济体制下,企业不能独立地开展生产经营活动,因而,也就谈不上开展市场营销活动。而在市场经济体制下,企业的一切活动都以市场为中心,市场是其价值实现的场所,因而企业必须特别重视营销活动,通过营销,实现自己的利益目标。

③地区与行业发展状况。我国地区经济发展很不平衡,逐步形成了东部、中部、西部三大地带和东高西低的发展格局。同时在各个地区的不同省市,还呈现出多极化发展趋势。这种地区经济发展的不平衡,对企业的投资方向、目标市场以及营销战略的制定等都会带来巨大影响。

我国行业与部门的发展也有差异。今后一段时间,我国将重点发展农业、原料和能源等基础产业。这些行业的发展必将带动商业、交通、通信、金融等行业和部门的相应发展,也给市场营销带来一系列影响。因此,企业一方面要处理好与有关部门的关系,加强联系;另一方面则要根据与本企业联系紧密的行业或部门的发展状况,制定切实可行的营销措施。

④城市化程度。城市化程度是指城市人口占全国总人口的百分比,它是一个国家或地区经济活动的重要特征之一。城市化是影响营销的环境因素之一。这

是因为，城乡居民之间存在着某种程度的经济和文化上的差别，进而导致不同的消费行为。例如，目前我国大多数农村居民消费的自给自足程度仍然较高，而城市居民则主要通过货币交换来满足需求。此外，城市居民一般受教育较多，思想较开放，容易接受新生事物，而农村相对闭塞，农民的消费观念较为保守，故而一些新产品、新技术往往首先被城市所接受。企业在开展营销活动时，要充分注意到这些消费行为方面的城乡差别，相应地调整营销策略。

3. 人口环境

人口是构成市场的第一位因素。因为市场是由那些想购买商品同时又具有购买力的人构成的。因此，人口的多少直接决定市场的潜在容量，人口越多，市场规模就越大。而人口的年龄结构、地理分布、婚姻状况、出生率、死亡率、人口密度、人口流动性及其文化教育等人口特性，它们会对市场格局产生深刻影响，并直接影响企业的市场营销活动和企业的经营管理。企业必须重视对人口环境的研究，密切注视人口特性及其发展动向，不失时机地抓住市场机会，当出现威胁时，应及时、果断地调整营销策略以适应人口环境的变化。

4. 科学技术环境

科学技术的发展直接影响企业的经济活动。在现代，生产率水平的提高，主要依靠设备的技术开发(包括原有设备的革新，改装以及设计、研制效率更高的现代化设备)，创造新的生产工艺、新的生产流程。同时，技术开发也扩大和提高了劳动对象的利用广度和深度，不断创造新的原材料和能源。这些不可避免地影响到企业的管理程序和市场营销活动。科学技术既为市场营销提供了科学理论和方法，又为市场营销提供了物质手段。

科学技术的发展和应用影响企业的营销决策。科学技术的发展，使得每天都有新品种、新款式、新功能、新材料的商品在市场上推出。因此，科学技术进步所产生的效果，往往借助消费者和市场环境的变化而间接影响企业市场营销活动的组织。营销人员在进行决策时，必须考虑科技环境带来的影响。

总之，科学技术的进步和发展，必将给社会经济、政治、军事以及社会生活等各个方面带来深刻的变化，这些变化也必将深刻地影响企业的营销活动，给企业造成有利或不利的影响，甚至关系到企业的生存和发展。因此，企业应特别重视科学技术这一重要的环境因素对企业营销活动的影响，以使企业能够抓住机会，避免风险，求得生存和发展。

5. 自然环境

一个国家、一个地区的自然地理环境包括该地的自然资源、地形地貌和气候条件，这些因素都会不同程度地影响企业的营销活动，有时这种影响对企业的生存和发展起决定的作用。企业要避免由自然地理环境带来的威胁，最大限度利用环境变化可能带来的市场营销机会，就应不断地分析和认识自然地理环境变化的趋势，根据不同的环境情况来设计、生产和销售产品。

6. 社会文化环境

社会文化是指一个社会的民族特征、价值观念、生活方式、风俗习惯、伦理道德、教育水平、语言文字、社会结构等的总和。它主要由两部分组成：一是全体社会成员所共有的基本核心文化；二是随时间变化和外界因素影响而容易改变的社会次文化或亚文化。人类在某种社会中生活，必然会形成某种特定的文化。不同国家、不同地区的人民，不同的社会与文化，代表着不同的生活模式，对同一产品可能持有不同的态度，直接或间接地影响产品的设计、包装、信息的传递方法、产品被接受的程度、分销和推广措施等。社会文化因素通过影响消费者的思想和行为来影响企业的市场营销活动。因此，企业在从事市场营销活动时，应重视对社会文化的调查研究，并做出适宜的营销决策。

2.1.3　分析营销微观环境

1. 企业

企业开展营销活动要充分考虑到企业内部的环境力量和因素。企业是组织生产和经营的经济单位，是一个系统组织。企业内部一般设立计划、技术、采购、生产、营销、质检、财务、后勤等部门。企业内部各职能部门的工作及其相互之间的协调关系，直接影响企业的整个营销活动。营销部门与企业其他部门之间既有多方面的合作，也经常与生产、技术、财务等部门发生矛盾。由于各部门各自的工作重点不同，有些矛盾往往难以协调。如生产部门关注的是长期生产的定型产品，要求品种规格少、批量大、标准订单、较稳定的质量管理，而营销部门注重的是能适应市场变化、满足目标消费者需求的“短、平、快”产品，则要求多品种规格、少批量、个性化订单、特殊的质量管理。所以，企业在制订营销计划，开展营销活动时，必须协调和处理好各部门之间的矛盾和关系。这就要求进行有效沟通，协调、处理好各部门的关系，营造良好的企业环境，更好地实现营销目标。

2. 供应商

供应商是指对企业进行生产所需而提供特定的原材料、辅助材料、设备、能源、劳务、资金等资源的供货单位。这些资源的变化直接影响到企业产品的产量、质量以及利润，从而影响企业营销计划和营销目标的完成。

企业在寻找和选择供应商时，应特别注意两点：第一，企业必须充分考虑供应商的资信状况。要选择那些能够提供品质优良、价格合理的资源，交货及时，有良好信用，在质量和效率方面都信得过的供应商，并且要与主要供应商建立长期稳定的合作关系，保证企业生产资源供应的稳定性。第二，企业必须使自己的供应商多样化。企业过分依赖一家或少数几家供货人，受到供应变化的影响和打击的可能性就大。为了减少对企业的影响和制约，企业就要尽可能多地联系供货人，向多个供应商采购，尽量注意避免过于依靠单一的供应商，以免当与供应商的关系发生变化时，使企业陷入困境。

3. 营销中介

营销中介是指为企业营销活动提供各种服务的企业或部门的总称。

营销中介对企业营销产生直接的、重大的影响，只有通过有关营销中介所提供的服务，企业才能把产品顺利地送达到目标消费者手中。营销中介的主要功能是帮助企业推广和分销产品。

4. 顾客

顾客是指使用进入消费领域的最终产品或劳务的消费者和生产者，也是企业营销活动的最终目标市场。

顾客对企业营销的影响程度远远超过前述的环境因素。顾客是市场的主体，任何企业的产品和服务，只有得到了顾客的认可，才能赢得这个市场，现代营销强调把满足顾客需要作为企业营销管理的核心。

5. 竞争者

竞争是商品经济的必然现象。在商品经济条件下，任何企业在目标市场进行营销活动时，不可避免地会遇到竞争对手的挑战。即使在某个市场上只有一个企业在提供产品或服务，没有“显在”的对手，也很难断定在这个市场上没有潜在的竞争企业。企业竞争对手的状况将直接影响企业营销活动。如竞争对手的营销策略及营销活动的变化就会直接影响企业营销，最为明显的是竞争对手的产品价格、广告宣传、促销手段的变化，以及产品的开发、销售服务的加强都将直接对企业造成威胁。为此，企业在制定营销策略前必须先弄清竞争对手，特别是同行业竞争对手的生产经营状况，做到知己知彼，有效地开展营销活动。

6. 社会公众

社会公众是企业营销活动中与企业营销活动发生关系的各种群体的总称。公众大致包括以下几种：

(1)金融公众，指影响企业取得实现其市场营销目标构成实际或潜在影响的任何团体或个人。

(2)新闻公众,指报纸、杂志、广播、电视和互联网等各种传播媒介。

(3)政府公众,指负责管理企业经营业务活动的有关政府主管部门。

(4)社区公众,指企业所在地附近的居民群众以及街道办或乡、镇政府的工作人员。

(5)企业内部公众,包括企业内部职工,也包括董事会、监事会成员以及经理人员。

(6)社团公众,指消费者权益保护组织和环境保护组织等群众团体。

公众对企业的态度,会对其营销活动产生巨大的影响,它既可以有助于企业树立良好的形象,也可能妨碍企业的形象。所以企业必须采取处理好与主要公众的关系,争取公众的支持和偏爱,为自己营造和谐、宽松的社会环境。

2.1.4　应对市场营销环境的变化

在现在的战略规划报告里,SWOT 分析应该算是一个众所周知的工具。来自于麦肯锡咨询公司的 SWOT 分析,包括分析企业的优势(strengths)、劣势(weaknesses)、机会(opportunities)和威胁(threats)。因此,SWOT 分析实际上是将对企业内外部条件各方面内容进行综合和概括,进而分析组织的优劣势、面临的机会和威胁的一种方法。

通过 SWOT 分析,可以帮助企业把资源和行动聚集在自己的强项和有最多机会的地方,并让企业的战略变得更加明朗。

优劣势分析主要是着眼于企业自身的实力及其与竞争对手的比较,而机会和威胁分析将注意力放在外部环境的变化及对企业的可能影响上 。在分析时,应把所有的内部因素(即优劣势)集中在一起,然后用外部的力量来对这些因素进行评估。

1. 辨析外部环境机会和威胁

随着经济、社会、科技等诸多方面的迅速发展,特别是世界经济全球化、一体化过程的加快,全球信息网络的建立和消费需求的多样化,企业所处的环境更为开放和动荡。这种变化几乎对所有企业都产生了深刻的影响。正因为如此,环境分析成为一种日益重要的企业职能。

环境发展趋势分为两大类:一类表示环境威胁,另一类表示环境机会。环境威胁指的是环境中一种不利的发展趋势所形成的挑战,如果不采取果断的战略行为,这种不利趋势将导致公司的竞争地位受到削弱。环境机会就是对公司行为富有吸引力的领域,在这一领域中,该公司将拥有竞争优势。

对环境的分析也可以有不同的角度。比如,一种简明扼要的方法就是PEST分析,另外一种比较常见的方法就是波特的五力分析。

2. 分析企业内部优劣势

识别环境中有吸引力的机会是一回事,拥有在机会中成功所必需的竞争能力是另一回事。每个企业都要定期检查自己的优势与劣势,这可通过"企业经营管理检核表"的方式进行。企业或企业外的咨询机构都可利用这一格式检查企业的营销、财务、制造和组织能力。每一要素都要按照特强、稍强、中等、稍弱或特弱划分等级。

当两个企业处在同一市场或者说它们都有能力向同一顾客群体提供产品和服务时,如果其中一个企业有更高的赢利率或赢利潜力,那么,我们就认为这个企业比另外一个企业更具有竞争优势。换句话说,所谓竞争优势是指一个企业超越其竞争对手的能力,这种能力有助于实现企业的主要目标——赢利。但值得注意的是:竞争优势并不一定完全体现在较高的赢利率上,因为有时企业更希望增加市场份额,或者多奖励管理人员或雇员。

竞争优势可以指消费者眼中一个企业或它的产品有别于其竞争对手的任何优越的东西,它可以是产品线的宽度、产品的大小、质量、可靠性、适用性、风格和形象以及服务的及时、态度的热情等。虽然竞争优势实际上指的是一个企业比其竞争对手有较强的综合优势,但是明确企业究竟在哪一个方面具有优势更有意义,因为只有这样,才可以扬长避短,或者以实击虚。

由于企业是一个整体,而且竞争性优势来源十分广泛,在做优劣势分析时必须从整个价值链的每个环节上,将企业与竞争对手做详细的对比。如产品是否新颖,制造工艺是否复杂,销售渠道是否畅通,以及价格是否具有竞争性等。如果一个企业在某一方面或几个方面的优势正是该行业企业应具备的关键成功要素,那么,该企业的综合竞争优势也许就强一些。需要指出的是,衡量一个企业及其产品是否具有竞争优势,只能站在现有潜在用户角度上,而不是站在企业的角度上。

企业在维持竞争优势过程中,必须深刻认识自身的资源和能力,采取适当的措施。因为一个企业一旦在某一方面具有了竞争优势,势必会吸引到竞争对手的注意。一般地说,企业经过一段时期的努力,建立起某种竞争优势;然后就处于维持这种竞争优势的态势,竞争对手开始逐渐做出反应;而后,如果竞争对手直接进攻企业的优势所在,或采取其他更为有力的策略,就会使这种优势受到削弱。

而影响企业竞争优势的持续时间，主要的有三个关键因素：

一是建立这种优势要多长时间？

二是能够获得的优势有多大？

三是竞争对手做出有力反应需要多长时间？

如果企业分析清楚了这三个因素，就会明确自己在建立和维持竞争优势中的地位了。

显然，公司不应去纠正它的所有劣势，也不是对其优势不加利用。主要的问题是公司应研究它究竟是应只局限在已拥有优势的机会中，还是去获取和发展一些优势以找到更好的机会。有时，企业发展慢并非因为其各部门缺乏优势，而是因为它们不能很好地协调配合。例如有一家大电子公司，工程师们轻视销售员，视其为“不懂技术的工程师”；而推销人员则瞧不起服务部门的人员，视其为“不会做生意的推销员”。因此，评估内部各部门的工作关系作为一项内部审计工作是非常重要的。

波士顿咨询公司提出，能获胜的公司是取得公司内部优势的企业，而不仅仅只是抓住公司核心能力。每一公司必须管好某些基本程序，如新产品开发、原材料采购、对订单的销售引导、对客户订单的现金实现、顾客问题的解决时间等。每一程序都创造价值和需要内部部门协同工作。虽然每一部门都可以拥有一个核心能力，但如何管理这些优势能力开发仍是一个挑战。

3. 制定应对策略

下面以通信业为例介绍应对策略制定过程，如表 2.1 所示。

表 2.1　通信业 SWOT 分析模型

SWOT 矩阵	S(内部优势) 1. 运营资源(带宽、设备、平台)(S1) 2. 收费体系(收费渠道和收费系统)(S2) 3. 庞大的用户规模优势和资金优势(S3) 4. 移动运营牌照发放后，跨平台运营优势(S4) 5. 营业网点遍及全国的客服优势(S5)	W(内部劣势) 1. 缺乏即时通信方面的人才和业务开发经验(W1) 2. 改革和创新缺乏深度和系统化(W2) 3. 缺乏企业发展战略规划以及市场竞争意识(W3) 4. 传统电信企业，经营机制不完善(W4)

续表 2.1

O(外部机会) 1. 迅速发展的互联网宽带(O1) 2. 即时通信市场缺乏统一性，中国电信进入可充当互联互通的领导者角色(O2) 3. 中国互联网网民的快速增加(O3) 4. 个人用户对即时通信业务需求的扩大(O4) 5. 企业用户对即时通信的需求剧增，且安全性要求比较高(O5) 6. 用户对语音视频要求高(O6)	SO 战略 1. 以宽带用户和企业用户为目标市场(S3、O1、O5) 2. 将宽带接入与即时通信产品结合起来(S1、O1、O3、O4、O5) 3. 基于移动平台，发展移动即时通信(手机、小灵通)(S4、O1、O2) 4. 深入了解用户需求，对语音视频功能进行改进(S3、O6) 5. 和其他即时通信商寻求合作，实现互联互通(S5、O2)	WO 战略 1. 完善即时通信产业链建设，与提供内容服务的 ISP 保持伙伴关系，加强和扩展产业地位(W1、W2、O4、O5) 2. 和产业链上其他环节加强合作，互通平台(W1、W2、W3、O2)
T(外部威胁) 1. 现有即时通信服务商可能会结成产业联盟以及来自监管部门的压力(T1) 2. 国外即时通信服务商的进入加剧了行业竞争(T2) 3. VoIP 和 P2P 技术的发展使得语音价格再次降低(T3)	ST 战略 1. 与传统业务融合的低资费策略(S1、S4、T2) 2. 将产品与增值服务结合起来，以合作联盟的方式运营，分红特色增值服务的利益(S1、S4、T1)	WT 战略 着眼未来，保持与现有即时通信服务商的良好关系，取长补短(W1、W2、T1、T2)

营销实例

耐克(Nike)SWOT 分析

优势：耐克是一家极具竞争力的公司，公司创立者与 CEO 菲尔·奈特(Phil Knight)最常提及的一句话便是“商场如战场”(Business is war without bullets)。

劣势：耐克拥有全系列的运动产品。(译者注：可以理解为没有重点产品)

机会：产品的不断研发。

威胁：受困于国际贸易。

(资料来源：http://select.yeeyan.org/view/1602/1213)

分项任务 2.2 分析消费者、组织市场购买行为

案例导入

杭州“狗不理”包子店为何无人理?

杭州“狗不理”包子店是天津狗不理集团在杭州开设的分店，地处商业黄金地段。正宗的狗不理以其鲜明的特色(薄皮、水馅、滋味鲜美、咬一口汁水横流)而享誉神州。但正当杭州南方大酒店创下日销包子万余只的纪录时，杭州的“狗不理”包子店却将楼下1/3的营业面积租让给服装企业，依然“门前冷落车马稀”。

当“狗不理”一再强调其鲜明的产品特色时，却忽视了消费者是否接受这一“特色”。那么受挫于杭州也是势在必然了。

首先，“狗不理”，包子馅比较油腻，不合喜爱清淡食物的杭州市民的口味。

其次，“狗不理”包子不符合杭州人的生活习惯。杭州市民将包子作为便捷快餐对待，往往边走边吃。而“狗不理”包子由于薄皮、水馅、容易流汁，不能拿在手里吃，只有坐下用筷子慢慢享用。

另外，“狗不理”包子馅多半是蒜一类的辛辣刺激物，这与杭州这个南方城市的传统口味也相悖。

(资料来源：Http://wenku.baidu.com/view/sec527c65fbfc77da269b128.html)

【思考】

消费者行为的影响因素？产品设计如何适应和改变不同的消费环境？

【提示】

“狗不理”包子在杭州“失宠”，并非因其自身品质不优、品牌不名，而是从整个营销过程开始就没有注意到杭州消费者的生活方式和颇具个性化的“口味”。

一个产品价值的高低、能否畅销最终是由顾客决定的。“狗不理”包子馅较油腻、不合杭州市民的口味，又不符合杭州市民把包子作为快餐、边走边吃的生活方式，在杭州失宠就在所难免了。

消费者市场具有地区性、复杂性、易变性、替代性和发展性等特点，天津“狗不理”包子在进入杭州市场前，先需进行市场调研，了解“谁买？为什么买？在何处买？如何买？何时买？买多少？买什么品牌？”等问题，了解竞争对手的状况，企业自身的优缺点，外部的威胁和机会等问题。只有这样，才能“有的放矢”，采取相

应的营销战略和策略。

尤为重要的是,产品要有市场,主要还不是看产品是否有特色,消费者不接受,再有特色也枉然,消费者接受才有市场,才是真正的"特色"。

2.2.1 分析消费者购买行为

消费者购买行为是指消费者为满足其个人或家庭生活需要而发生的购买商品的决策过程。消费者购买行为是复杂的,其购买行为的产生是受到其内在因素和外在因素的相互促进交互影响的。企业营销通过对消费者购买的研究,来掌握其购买行为的规律,从而制定有效的市场营销策略,实现企业营销目标。

1. 影响消费者行为的内存因素

影响消费者购买行为的内在因素很多,主要有消费者的个体因素与心理因素。购买者的年龄、性别、经济收入、教育程度等因素会在很大程度上影响着消费者的购买。消费者心理是消费者在满足需要活动中的思想意识,它支配着消费者的购买行为。影响消费者购买的心理因素有动机、感受、态度、学习。

(1)动机。需要引起动机。需要是人们对于某种事物的要求或欲望。就消费者而言,需要表现为获取各种物质需要和精神需要。马斯洛的"需要五层次"理论,即生理需要、安全需要、社会需要、尊重需要和自我实现的需要。需要产生动机,消费者购买动机是消费者内在需要与外界刺激相结合使主体产生一种动力而形成的。

动机是为了使个人需要满足的一种驱动和冲动。消费者购买动机是指消费者为了满足某种需要,产生购买商品的欲望和意念。购买动机可分为生理性购买动机和心理性购买动机两类。

生理性购买动机指由人们因生理需要而产生的购买动机,如饥思食、渴思饮、寒思衣,又称本能动机。包括维持生命动机、保护生命动机动机和延续和发展生命的动机。生理动机具有经常性、习惯性和稳定性的特点。

心理性购买动机是指人们由于心理需要而产生的购买动机。根据对人们心理活动的认识,以及对情感、意志等心理活动过程的研究,可将心理动机归纳为感情动机、理智动机和惠顾动机三类。感情动机指由于个人的情绪和情感心理方面的因素而引起的购买动机。根据感情不同的侧重点,可以其分为三种消费心理倾向:求新、求美、求荣。理智动机指建立在对商品的客观认识的基础上,经过充分的中国消费者购买行为模式分析比较后产生的购买动机。理智动机具有客观性、周密性的特点。在购买中表现为求实、求廉、求安全的心理。惠顾动机指对特定的商品或特定的商店产生特殊的信任和偏好而形成的习惯重复光顾的购买动机。这种动机具有经常性和习惯性特点，表现为嗜好心理。人们的购买动机不同，购买行为必然是多样的、多变的。要求企业营销深入细致地分析消费者的各种需求和动机，针对不同的需求层次和购买动机设计不同的产品和服务，制定有效的营销策略，获得营销成功。

(2)感受。消费者购买如何行动，还要看他对外界刺激物或情境的反映，这就是感受对消费者购买行为的影响。感受指的是人们的感觉和知觉。所谓感觉，就是人们通过感官对外界的刺激物或情境的反应或印象。随着感觉的深入，各种感觉到的信息在头脑中被联系起来进行初步的分析综合，形成对刺激物或情境的整体反映，就是知觉。知觉对消费者的购买决策、购买行为影响较大。在刺激物或情境相同的情况下，消费者有不同的知觉，他们的购买决策、购买行为就截然不同。因为消费者知觉是一个有选择性的心理过程：有选择的注意，有选择的曲解，有选择的记忆。分析感受对消费者购买影响目的是要求企业营销掌握这一规律，充分利用企业营销策略，引起消费者的注意，加深消费者的记忆，正确理解广告，影响其购买。

(3)态度。态度通常指个人对事物所持有的喜欢与否的评价、情感上的感受和行动倾向。作为消费者态度对消费者的购买行为有着很大的影响。企业营销人员应该注重对消费者态度的研究。消费者态度来源于：与商品的直接接触；受他人直接、间接的影响；家庭教育与本人经历。

消费者态度包含信念、情感和意向，它们对购买行为都有各自的影响作用。信念指人们认为确定和真实的事物。在实际生活中，消费者不是根据知识，而常常是根据见解和信任作为他们购买的依据。情感指商品和服务在消费者情绪上的反应，如对商品或广告喜欢还是厌恶。情感往往受消费者本人的心理特征与社会规范影响。意向指消费者采取某种方式行动的倾向，是倾向于采取购买行动，还是倾向于拒绝购买。消费者态度最终落实在购买的意向上。研究消费者态度的目的在于企业充分利用营销策略，让消费者了解企业的商品，帮助消费者建立对本企业的正确信念，培养对企业商品和服务的情感，让本企业产品和服务尽可能适应消费者的意向，使消费者的态度向着企业的方面转变。

(4)学习。学习是指由于经验引起的个人行为的改变，即消费者在购买和使用商品的实践中，逐步获得和积累经验，并根据经验调整自己购买行为的过程。学习是通过驱策力、刺激物、提示物、反应和强化的相互影响、相互作用而进行的。“驱策力”是诱发人们行动的内在刺激力量。例如，某消费者重视身份地位，尊重需要就是一种驱策力。这种驱策力被引向某种刺激物——高级名牌西服时，驱策力就变为动机。在动机支配下，消费者需要做出购买名牌西服的反应。但购买行为发生往往取决于周围的“提示物”的刺激，如看了有关电视广告、商品陈列。他就会完成购买。如果穿着很满意的话，他对这一商品的反应就会加强，以后如果再遇到相同诱因时，就会产生相同的反应，即采取购买行为。如反应被反复强化，久之，就成为购买习惯了。这就是消费者的学习过程。企业营销要注重消费者购买行为中“学习”这一因素的作用，通过各种途径给消费者提供信息，如重复广告，目的是达到加强诱因，激发驱策力，将人们的驱策力激发到马上行动的地步。同时，企业商品和提供服务要始终保持优质，消费者才有可能通过学习建立起对企业品牌的偏爱，形成其购买本企业商品的习惯。

2. 影响消费者行为的外存因素

(1)相关群体。相关群体是指那些影响人们的看法、意见、兴趣和观念的个人或集体。研究消费者行为可以把相关群体分为两类：参与群体与非所属群体。参与群体是指消费者置身于其中的群体，有主要群体和次要群体两类：主要群体是指个人经常性受其影响的非正式群体，如家庭、亲密朋友、同事、邻居等。次要群体是指个人并不经常受到其影响的正式群体，如工会、职业协会等。非所属群体是指消费者置身之外，但对购买有影响作用的群体。有两种情况，一种是期望群体，另一种是游离群体。期望群体是个人希望成为其中一员或与其交往的群体，游离群体是遭到个人拒绝或抵制，极力划清界限的群体。企业营销应该重视相关群体对消费者购买行为的影响作用；利用相关群体的影响开展营销活动；还要注意不同的商品受相关群体影响的程度不同。商品能见度越强，受相关群体影响越大。商品越特殊、购买频率越低，受相关群体影响越大。对商品越缺乏知识，受相关群体影响越大。

(2)社会阶层。社会阶层是指一个社会按照其社会准则将其成员划分为相对稳定的不同层次。不同社会阶层的人，他们的经济状况、价值观念、兴趣爱好、生活方式、消费特点闲暇活动、接受大众传播媒体等各不相同。这些都会直接影响他们对商品、品牌、商店、购买习惯和购买方式。企业营销要关注本国的社会阶层划分情况，针对不同的社会阶层爱好要求，通过适当的信息传播方式，在适当的地点，运用适当的销售方式，提供适当的产品和服务。

(3)家庭状况。一家一户组成了购买单位，在企业营销中应关注家庭对购买行为的重要影响。研究家庭中不同购买角色的作用，可以利用有效营销策略，使企业的促销措施引起购买发起者的注意，诱发主要营销者的兴趣，使决策者了解商品，解除顾虑，建立购买信心，使购买者购置方便。研究家庭生命周期对消费购买的影响，企业营销可以根据不同的家庭生命周期阶段的实践需要，开发产品和提供服务。

(4)社会文化状况。每个消费者都是社会的一员，其购买行为必然受到社会文化因素的影响，文化因素有时对消费者购买行为起着决定性的作用。企业营销必须予以充分的关注。

3. 消费者购买决策过程

消费者购买是较复杂的决策过程，其购买决策过程一般可分为以下五个阶段，并制定相应的营销策略。

(1)确认需要。当消费者意识到对某种商品有需要时，购买过程就开始了。消费者需要可以由内在因素引起，也可以由外在因素引起。此阶段企业必须通过市场调研，认定促使消费者认识到需要的具体因素，营销活动应致力于做好两项工作：发掘消费驱策力；规划刺激、强化需要。

(2)寻求信息。在多数情况下，消费者还要考虑买什么牌号的商品，花多少钱到哪里去买等问题，需要寻求信息，了解商品信息。寻求的信息一般有：产品质量、功能、价格、牌号、已经购买者的评价等。消费者的信息来源通常有以下四个方面：商业来源、个人来源、大众来源和经验来源。企业营销任务是设计适当的市场营销组合，尤其是产品品牌广告策略，宣传产品的质量、功能、价格等，以便使消费者最终选择本企业的品牌。

(3)比较评价。消费者进行比较评价的目的是能够识别哪一种牌号、类型的商品最适合自己的需要。消费者对商品的比较评价，是根据收集的资料，对商品属性做出的价值判断。消费者对商品属性的评价因人因时因地而异，有的评价注重价格，有的注重质量，有的注重牌号或式样等。企业营销首先要注意了解并努力提高本企业产品的知名度，使其列入消费者比较评价的范围之内，才可能被选为购买目标。同时，还要调查研究人们比较评价某类商品时所考虑的主要方面，并突出进行这些方面宣传，对消费者购买选择产生最大影响。

(4)决定购买。消费者通过对可供选择的商品进行评价，并做出选择后，就形成购买意图。在正常情况下，消费者通常会购买他们最喜欢的品牌。但有时也会受两个因素的影响而改变购买决定：他人态度和意外事件。消费者修改、推迟或取消某个购买决定，往往是受已察觉风险的影响。“察觉风险”的大小，由购买金额大小、产品性能优劣程度以及购买者自信心强弱决定。企业营销应尽可能设法减少这种风险，以推动消费者购买。

(5)购后评价。消费者购买商品后，购买的决策过程还在继续，他要评价已购买的商品。企业营销须给予充分的重视，因为它关系到产品今后的市场和企业的信誉。判断消费者购后行为有两种理论：预期满意理论和认识差距理论。企业营销应密切注意消费者购后感受，并采取适当措施，消除不满，提高满意度。如经常征求顾客意见，加强售后服务和保证，改进市场营销工作，力求使消费者的不满降到最低。

2.2.2 分析组织市场购买行为

购买产品和服务的不仅有消费者，还有各种社会组织。组织市场的购买者是企业的重要营销对象，企业应当充分了解他们的特点和购买行为。

1. 组织市场的构成

组织市场的类型有三种：产业市场、中间商市场、政府市场。

产业市场又叫生产者市场或组织市场，通常由以下产业组成：农业、林业、水产业，制造业，建筑业，通信业，公用事业，银行业、金融业和保险业，服务业等。

中间商市场是指那些通过购买商品和服务并转售或出租给他人来获取利润的个人或组织。中间商不提供形式效用，而是提供时间效用、地点效用和占有效用。

政府市场是指那些为执行政府的主要职能而采购或租用商品的各级政府单位。政府市场上的购买者是政府的采购机构。政府市场是一个庞大的市场。

2. 组织市场购买行为特征

组织市场与消费者市场相比有其独有的特征，具体表现在以下几个方面：

(1)购买者少，购买规模大。组织市场的购买者是为一个组织或者团体所采购，购买者人数相对来说就显得较少。

(2)购买者在地区上集中。由于自然资源的分布和生产力布局等因素所决定，某些行业往往密布于一定的地理位置上，从而使某一类生产资料的购买者往往集中于少数地区。

(3)直接采购。对那些价格高、技术性强的机器设备和专门原材料，一般不通过中间商环节，厂商与用户往往是直接见面的。

(4)实行专业购买。由于对生产资料有技术方面的特殊要求，企业一般需要经过良好的培训、具备专业知识和具有一定采购经验的采购员，去生产资料市场完成采购工作。

(5)衍生需求，需求波动大。生产企业对生产资料的需求，常常取决于消费品市场对这些生产资料制品的需求。

(6)需求缺乏弹性。生产资料的购买者对商品和劳务的价格变动反应不大。

3. 组织市场购买行为类型

组织市场的购买者需求是周而复始的，但有时也会由于需要开发新产品或改

良产品品质而购买。购买行为受这些因素影响,大体有三种类型:

(1)直接再购,指采购方按照既定方案不做任何修订直接进行的采购业务。入选的供应商应尽最大的努力,保持产品和服务质量,以巩固和老客户之间关系;落选的供应商则应努力做一些新的工作,消除买方的不满,设法争取新的订单。

(2)修正再购,购买者对以前已经采购过的产品通过修订其规格、价格、交货条件或其他事项之后的购买。

(3)新购,组织购买者第一次购买产品的行为。新购的成本费用越高,风险越大,参加决策的人数就越多,所需信息量也越多,制定决策的时间也越长。在新购条件下,购买者所作的决策数量最多,购买者必须决定产品规格、价格限度、交货条件与时间、服务条件、支付条件、订购数量、可接受的供应商以及可选择的供应商。

4. 组织市场购买决策过程

(1)认识需要,指生产者用户认识自己的需要,明确所需要解决的问题。认识需要是生产者用户购买决策的起点,它可以由内在刺激或外在刺激引起。

内在刺激。比如,企业决定推出一种新产品,需要新设备或原材料来制造;机器发生故障,需要更新或需要新零件;已购进的商品不理想或不使用,须更换供应商。

外在刺激。采购人员通过广告、商品展销会或卖方推销人员介绍等途径了解到有更理想的产品,从而产生需要。供应商利用上述方式刺激买方认识需要。

(2)确定需要,指通过价值分析确定所需产品的品种、性能、数量和服务。标准化产品易于确定,而非标准化产品须由采购人员和使用者、技术人员乃至高层经营管理人员共同协商确定。卖方营销人员应向买方介绍产品特性,协助买方确定需要。

(3)说明需要,指说明所购产品的品种、性能、特性、数量和服务,写出详细的技术说明书,作为采购人员的采购依据。买方会委派一个专家小组从事这项工作,卖方也应通过价值分析向潜在顾客说明自己的产品和价格比其他品牌更理想。未列入买方选择范围的供应商可通过展示新工艺、新产品把直接再购变为新购,争取打入市场的机会。

(4)物色供应商,指采购人员根据产品技术说明的要求寻找最佳供应商。如果是新购获所需品种复杂,生产者用户为此花费的时间就会较长。调查表明,企业采购部门信息来源及重要性的排列顺序是:内部信息,如采购档案、其他部门信息和采购指南,推销员的电话访问和亲自访问;外部信息,如卖方的产品质量调查、其他公司的采购信息、新闻报道、广告、产品目录、电话簿、商品展览等。供应商应当进入“工商企业名录”和计算机信息系统,制订强有力的广告宣传计划,寻找潜在和现实的购买者。

(5)征求供应建议书,指邀请合格的供应商提交供应建议书。对复杂和花费大的项目,买方会要求每一个潜在供应商提出详细的书面建议,经选择淘汰后,请余下的供应商提出正式供应建议书。卖方的营销人员必须擅长调查研究、写报告和提建议。这些建议应当是营销文件而不仅仅是技术文件,能够坚定买方信心,使本公司在竞争中脱颖而出。

(6)选择供应商,指生产者用户对供应建议书加以分析评价,确定供应商。评价内容包括供应商的产品质量、性能、产量、技术、价格、信誉、服务、交货能力等。生产者用户在作出决定前,还可能与较为中意的供应商谈判,以争取较低的价格和较好的供应条件,供应商的营销人员要制定应对策略以防止对方压价和提出过高要求。生产者用户会同时保持几条供应渠道,以免受制于人,并促使卖方展开竞争,供应商要及时了解竞争者的动向,制定竞争策略。

(7)签订合同,指生产者用户根据所购产品的技术说明、需要量、交货时间、退货条件、担保书等内容与供应商签订最后订单。许多生产者用户愿意采取长期有效合同的形式,而不是定期采购订单。买方若能在需要产品的时候通知供应商随时按照条件供货,就可实行"无库存采购计划",降低或免除库存成本而由卖方承担。卖方也愿意接受这种形式,因为可以与买方保持长期的供货关系,增加业务量,抵御新竞争者。

(8)绩效评价,指生产者用户对各个供应商的绩效加以评价,以决定维持、修正或终止供货关系。评价的方法是询问使用者或按照若干标准加权评估等。供应商必须关注该产品的采购者和使用者是否使用同一标准进行绩效评价,以保证评价的客观性和正确性。

分项任务 2.3　分析竞争者行为

案例导入

高度竞争行业也有成功机会

出生于20世纪70年代的小朱,大学毕业后一直从事会展会务服务的工作,有着比较丰富的会务筹备经验。随着自己、同学、同事等纷纷步入婚姻,她发现上海的新人在筹备婚礼时基本都会选择婚庆公司或者婚庆服务社提供服务。与此同时她也发现上海从事婚庆行业的组织和人员虽然众多，但是能寻找到让所有人都说“好”的却很少。她认为虽然上海的婚庆行业竞争激烈，但是对善于经营的创业者来说还是有机会成功的。

2007年，她和两个朋友一起，在杨浦控江街道开业园区内注册创办了一家婚庆服务社，正式涉足婚庆礼仪代办服务行业。创业初期也曾经遇到过这样那样的困难，但在开业指导专家和区、街道开业指导工作人员的帮助下，她坚持了下来。经过近两年激烈的市场竞争，她的服务社业务越来越多，工作人员越来越多，利润也越来越高。

（资料来源：http//www.12333sh.gov.cn/cyfw/cygs/200911/t20091104_1100600.shtml）

【思考】高度竞争行业是否也有成功机会，如何寻找？

【提示】参与高度竞争行业也有成功机会；参与高度竞争行业必须准确定位；参与高度竞争行业应该具备个性；参与高度竞争行业应该不断学习。

2.3.1 分析竞争者

竞争者分析是指企业通过某种分析方法识别出竞争对手，并对它们的目标、资源、市场力量和当前战略等要素进行评价。

其目的是为了准确判断竞争对手的战略定位和发展方向，并在此基础上预测竞争对手未来的战略，准确评价竞争对手对本组织的战略行为的反应，估计竞争对手在实现可持续竞争优势方面的能力。对竞争对手进行分析是确定组织在行业中战略地位的重要方法。

1. 识别竞争者

识别竞争者是一项重要工作。一个企业可能被新出现的对手打败或者由于新技术的出现和需求的改变而被淘汰。识别企业竞争者必须从市场和行业两个方面分析。

(1)从行业的角度来看，企业的竞争者有：

①现有厂商，指本行业内现有的与企业生产同样产品的其他厂家，这些厂家是企业的直接竞争者。

②潜在加入者，当某一行业前景乐观、有利可图时，会引来新的竞争企业，使该行业增加新的生产能力，并要求重新瓜分市场份额和主要资源。另外，某些多元化经营的大型企业还经常利用其资源优势从一个行业侵入另一个行业。新企业的加入，将可能导致产品价格下降，利润减少。

③替代品厂商,与某一产品具有相同功能、能满足同一需求的不同性质的其他产品,属于替代品。随着科学技术的发展,替代品将越来越多,某一行业的所有企业都将面临与生产替代品的其他行业的企业进行竞争。

(2)从市场方面看,企业的竞争者有:

①品牌竞争者,企业把同一行业中以相似的价格向相同的顾客提供类似产品或服务的其他企业称为品牌竞争者。如家用空调市场中,生产格力空调、海尔空调、三菱空调等厂家之间的关系。品牌竞争者之间的产品相互替代性较高,因而竞争非常激烈,各企业均以培养顾客品牌忠诚度作为争夺顾客的重要手段。

②行业竞争者,企业把提供同种或同类产品,但规格、型号、款式不同的企业称为行业竞争者。所有同行业的企业之间存在彼此争夺市场的竞争关系。如家用空调与中央空调的厂家、生产高档汽车与生产中档汽车的厂家之间的关系。

③需要竞争者,提供不同种类的产品,但满足和实现消费者同种需要的企业称为需要竞争者。如航空公司、铁路客运、长途客运汽车公司都可以满足消费者外出旅行的需要,当火车票价上涨时,乘飞机、坐汽车的旅客就可能增加,相互之间争夺满足消费者的同一需要。

④消费竞争者,提供不同产品,满足消费者的不同愿望,但目标消费者相同的企业称为消费竞争者。如很多消费者收入水平提高后,可以把钱用于旅游,也可用于购买汽车,或购置房产,因而这些企业间存在相互争夺消费者购买力的竞争关系,消费支出结构的变化,对企业的竞争有很大影响。

2. 确定竞争者的目标和战略

在识别了主要竞争者之后,企业经营者接着应回答的问题是:每个竞争者在市场上寻求什么?什么是竞争者行动的动力?最初经营者推测,所有的竞争者都追求利润最大化,并以此为出发点采取各种行动。但是,这种假设过于简单。不同的企业对长期利益与短期利益各有侧重。有些竞争者更趋向于获得“满意”的利润而不是“最大利润”。尽管有时通过一些其他的战略可能使他们取得更多利润,但它们有自己的利润目标,只要达到既定目标就满足了。也就是说,竞争者虽然无一例外关心其企业的利润,但它们往往并不把利润作为唯一的或首要的目标。在利润目标的背后,竞争者的目标是一系列目标的组合,对这些目标竞争者各有侧重。所以,我们应该了解竞争者对目前盈利的可能性、市场占有率的增长、资金流动、技术领先、服务领先和其他目标所给予的重要性权数。了解了竞争者的这种加权目标组合,我们就可以了解竞争者对目前的财力状况是否感到满意,他对各种类型的竞争性攻击会作出什么样的反应等。企业必须跟踪了解竞争者进入新的产品细分市场的目标。若发现竞争者开拓了一个新的细分市场,这对企业来说可能是一个发展机遇;若企业发现竞争者开始进入本公司经营的细分市场,这意味着企业将面临新的竞争与挑战。对于这些市场竞争动态,企业若了如指掌,就可以争取主动,有备无患。

3. 判断竞争者的反应模式

(1)迟钝型竞争者。某些竞争企业对市场竞争措施的反应不强烈,行动迟缓。这可能是因为竞争者受到自身在资金、规模、技术等方面的能力的限制,无法作出适当的反应;也可能是因为竞争者对自己的竞争力过于自信,不屑于采取反应行为;还可能是因为竞争者对市场竞争措施重视不够,未能及时捕捉到市场竞争变化的信息。

(2)选择型竞争者。某些竞争企业对不同的市场竞争措施的反应是有区别的。例如,大多数竞争企业对降价这样的价格竞争措施总是反应敏锐,倾向于作出强烈的反应,力求在第一时间采取报复措施进行反击,而对改善服务、增加广告、改进产品、强化促销等非价格竞争措施则不大在意,认为不构成对自己的直接威胁。

(3)强烈反应型竞争者。竞争企业对市场竞争因素的变化十分敏感,一旦受到来自竞争挑战就会迅速地作出强烈的市场反应,进行激烈的报复和反击,势必将挑战自己的竞争者置于死地而后快。这种报复措施往往是全面的、致命的、甚至是不计后果的,不达目的决不罢休。这些强烈反应型竞争者通常都是市场上的领先者,具有某些竞争优势。一般企业轻易不敢或不愿挑战其在市场上的权威,尽量避免与其正面交锋。

(4)不规则型竞争者。这类竞争企业对市场竞争所作出的反应通常是随机的,往往不按规则出牌,使人感到不可捉摸。例如,不规则型竞争者在某些时候可能会对市场竞争的变化作出反应,也可能不作出反应;他们既可能迅速作出反应,也可能反应迟缓;其反应既可能是剧烈的,也可能是柔和的。

4. 分析竞争对策选择的因素

哈佛大学的迈克尔·波特教授提出了传统竞争力的五种因素:

(1)公司现有竞争对手的实力、活力和能力,竞争对手数量多不多?它们的资本雄不雄厚?它们是不是清清楚楚地瞄准了你。

(2)公司的供应商的实力、活力和能力,供应商数目是很多,让你的业务有足够的选择余地;还是只有几家,它们可以扼住你的咽喉?它们是充满挑衅,贪得无厌;还是较为谨慎稳妥,并把对客户情况的长远评价作为企业指导。

(3)公司的企业客户的实力、活力和能力,企业客户数量是很多,还是仅仅依靠一两家主要客户做生意?它们是倚恃激烈的竞争而对你求全责备,还是采用较为温婉的态度。

(4)公司潜在竞争对手的实力、活力和能力,这些对手现在还没有出现,但是形势一变,它们就可能参加进来。这样看来,它们可能比现有的竞争对手更加强大有力,资金更加雄厚,态度也更加强硬。

(5)产品或服务项目采用其他方式投产或发送的可能性,这常常叫做"替代方式"(substitution),这是最为致命的一点。新技术新方法可以颠覆旧秩序,建立新规则,使商业环境发生沧海桑田的变化。这就类似于公路运输和航空运输对铁路运输的冲击,集装箱货运对传统海运的冲击,超级市场对小商店的冲击,微处理器对运算的冲击,以及数字媒体对娱乐的冲击。

最近,新改进的竞争力理论在这五个因素之上又增加了第六个因素:互补企业因素。互补企业就是为客户提供互补型产品的其他企业。每个公司的产品都要和其他公司的产品互相结合,才能发挥更大的作用。有的产品甚至不与其他产品结合就无法使用。汽车需要汽油,汽油也需要汽车。计算机离不开软件,软件也离不开计算机。互补企业通常和你的公司在利益上同呼吸、共命运,它们的经营方向和你们通常是一致的。把它们叫做"旅伴"。你们双方齐心协力之时,便能共同前进,互相支持。可是,新技术新方法能够颠覆旧秩序,改变互补企业对你的影响,甚至使你的旅伴与你分道扬镳。

2.3.2 实施竞争定位

根据企业在行业中的地位,可以将竞争者分为市场主导者、市场挑战者、市场跟随者和市场补缺者。

1. 市场主导者战略

市场主导者是指在相关产品的市场上占有率最高的企业,是市场竞争的先导者,也是其他企业挑战、效仿或者回避的对象。主要采取如下战略:

(1)扩大市场需求量。处于市场主导地位的领先企业,其营销战略首先是扩大总市场,即增加总体产品需求数量。通常可以运用三条途径:

①发现新的用户。通过发现新用户来扩大市场需求量,其产品必须具有能够吸引新的使用者,增加购买者数量的竞争潜力。可以运用有效策略从寻找到新的使用者:市场渗透策略、市场开发策略、地理扩展策略。

②开辟产品的新用途。通过开辟产品的新用途扩大市场需求量。领先者企业往往最有能力根据市场需求动态,为自己的产品寻找和开辟新的用途。美国杜邦公司不断开辟尼龙产品的新用途就是一个公认的成功的范例。

③增加用户的使用量。通过说服产品使用者增加使用量也是扩大市场需求量

的有效途径。说服产品的使用者增加使用量的办法有许多,但最常用的是:促使消费者在更多的场合使用该产品;增加使用产品的频率;增加每次消费的使用量。

(2)保持现有市场份额。领先者企业必须防备竞争对手的进攻和挑战,保护企业现有的市场阵地。最佳的战略方案是不断创新,以壮大自己的实力。还应抓住竞争对手的弱点主动出击。当市场领先者不准备或不具备条件组织或发起进攻时,至少也应使用防御力量,坚守重要的市场阵地。防御战略的目标是使市场领先者在某些事关企业领导地位的重大机会或威胁中采取最佳的战略决策。可以选择采用六种防御战略:

①阵地防御。市场领先者在其现有的市场周围建造一些牢固的防卫工事。以各种有效战略、战术防止竞争对手侵入自己的市场阵地。这是一种静态的、被动的防御,阵地防御是最基本的防御形式。

②侧翼防御。市场领先者建立一些作为防御的辅助性基地。对挑战者的侧翼进攻要准确判断,改变营销战略战术。用以保卫自己较弱的侧翼,防止竞争对手乘虚而入。

③先发制人防御。在竞争对手尚未动作之前,先主动攻击,并挫败竞争对手,在竞争中掌握主动地位。具体做法是当某一竞争者的市场占有率达到对本企业可能形成威胁的某一危险高度时,就主动出击,对它发动攻击,必要时还需采取连续不断的正面攻击。

④反攻防御。面对竞争对手发动的降价或促销攻势,主动反攻入侵者的主要市场阵地。可实行正面回击战略,也可以向进攻者实行"侧翼包抄"或"钳形攻势",以切断进攻者的后路。

⑤运动防御。市场领先者把自己的势力范围扩展到新的领域中去,而这些新扩展的领域可能成为未来防御和进攻的中心。市场扩展可通过两种方式实现:市场扩大化和市场多角化。

⑥收缩防御。市场领先者逐步放弃某些对企业不重要的、疲软的市场,把力量集中用于主要的、能获取较高收益的市场。

(3)提高市场占有率。市场领先者实施这一战略是设法通过提高企业的市场占有率来增加收益、保持自身成长和市场主导地位。企业在确定自己是否以提高市场占有率为主要努力方向时应考虑:是否引发反垄断行为;经营成本是否提高;采取的营销策略是否准确。需要注意提高市场占有率不一定能给企业增加利润。只有当具备以下两项条件时利润才会增加:

①产品的单位成本能够随市场占有率的提高而下降,市场领先者常常拥有较高的生产和经营能力,能够通过提高市场占有率来获得规模经济成本,追求行业

中的最低成本，并以较低的价格销售产品。

②产品价格的提高超过为提高产品质量所投入的成本。通常，具有较高质量的产品才能得到市场的认可，并有可能获取较高的市场占有率。但高质量并不意味过高的投入成本。美国管理学家克劳斯比指出，质量是免费的，因为质量好的产品可减少废品损失和售后服务的开支，所以保持产品的高质量并不会花费太多的成本，而且，高质量的产品会受到顾客的欢迎，使顾客愿意付较高的价格。

(4)品牌策略。对于市场领先者来说，品牌是它最有力的武器，就像军队的旗帜，问题是如何挥动这面大旗，借力打力，从而带动销量战车向前冲锋。

①形成自己独特的公关事件活动带动销量。用自己在市场上的领导地位，形成自己独特的公关事件活动才是突出重围的办法，这样，你就能时时唤起消费者的记忆，而不是让消费者把你当做背景并视而不见，并且这样的活动竞争对手无法涉足，你可以形成自己独特的持久的记忆点，而且成本绝对非常低。只有这样，才可以把消费者吸引过来，你的实力、质量等优势才可以变成购买选择。

②利用 80/20 法则新老顾客分别对待带动销量。大多数企业都认识到吸引新顾客比留住老顾客要付出更大的代价，但把这句话落实到行动中去的很少。促销对品牌造成的伤害正是老顾客利益受到伤害的必然，大家都争夺新顾客，结果大家都把注意力放在短平快的手段上而忘了对顾客需求的发掘。对于市场领导者来说更是如此，消费基础本来就比较大，受到不合适促销的伤害也更大，这一点，在设计营销方案是一定要特别注意。

③以品牌为核心的主题促销带动销量。以品牌为核心的主题促销，其根本是从消费者的利益出发，选择和产品或品牌定位相关性比较高的主题活动来展现这种利益。

④以顾客为中心的体验式营销带动销量。以顾客为中心的体验式营销就是通过对事件和情景的安排和特定体验过程的设计，把顾客的购买消费过程变为完美的生活体验，使他们对品牌产生直观、深刻而美妙的印象，使品牌真正植根于他们的心底。所以，以顾客为中心的体验式营销是市场领导者挥动品牌大旗，从而带动销量战车的利器之一。

2. 市场挑战者战略

市场挑战者是指那些相当于市场领先者来说在行业中处于第二、第三和以后位次的企业。

(1)市场挑战者的一般营销战略：

①正面进攻。市场挑战者集中优势兵力向竞争对手的主要市场阵地正面发动进攻，即进攻竞争对手的强项而不是它的弱点。采用此战略需要进攻者必须在

提供的产品(或劳务)、广告、价格等主要方面大大超过竞争对手,才有可能成功,否则采取这种进攻战略必定失败。为了确保正面进攻的成功,进攻者需要有超过竞争对手的实力优势。

②侧翼进攻。市场挑战者集中优势力量攻击竞争对手的弱点。此战略进攻者可采取"声东击西"的做法,佯攻正面,实际攻击侧面或背面,使竞争对手措手不及。具体可采取两种策略:地理性侧翼进攻,即在某一地理范围内针对竞争者力量薄弱的地区市场发动进攻;细分性侧翼进攻,即寻找还未被领先者企业覆盖的商品和服务的细分市场迅速填空补缺。

③围堵进攻。市场挑战者开展全方位、大规模的进攻策略。市场挑战者必须拥有优于竞争对手的资源,能向市场提供比竞争对手更多的质量更优、价格更廉的产品,并确信围堵计划的完成足以能成功时,可采用围堵进攻策略。例如,日本精工公司对美国手表市场的进攻就是采用围堵进攻战略成功的范例。

④迂回进攻。市场挑战者完全避开竞争对手现有的市场阵地而迂回进攻。具体做法有三种:实行产品多角化经营,发展某些与现有产品具有不同关联度的产品;实行市场多角化经营,把现有产品打入新市场;发展新技术产品、取代技术落后的产品。

⑤游击进攻。以小型的、间断性的进攻干扰对方,使竞争对手的士气衰落,不断削弱其力量。向较大竞争对手市场的某些角落发动游击式的促销或价格攻势,逐渐削弱对手的实力。游击进攻战略的特点是不能依仗个别战役的结果决出战局的最终胜负。

(2)市场挑战者的特殊营销战略:

①价格折扣策略。挑战者可以用较低的价格提供与领导者品质相当的产品。

②廉价品策略,即提供中等或者质量稍低的但是价格低得多的产品。这种战略只有在有一足够数量的只对价格感兴趣的购买者的细分市场上是可行的。而这种策略只是过渡性的,因为产品质量不够高,通过这一策略所造成的市场营销的优势是不能持久的,企业必须逐渐提高产品质量,才可能在长时间内向领导者挑战。

③名牌产品策略,即努力创造一种名优产品,虽然价格也很高,却更有可能把领袖者的同类产品和市场份额挤掉一部分。

④产品扩张策略,即挑战者紧步领袖者之后尘,创制出许多不同种类的新产品,此即产品创新策略的变相形式。这种策略是否成功决定于新产品市场的预测是否合理,也决定于"领袖企业"和其他势均力敌的企业反应是否迅速和有效,以同样的方法和策略"回敬"该挑战者企业。

⑤产品创新策略。前面的产品扩散策略主要是向广度发展的产品发展策略，而这里的产品创新策略主要是向深度发展的产品策略，即企业在其新产品方面不断创新，精益求精。

⑥降低制造成本的策略。这是一种结合定价策略和成本管理以及技术研究等因素的产品发展策略。挑战者可以靠有效的材料采购、较低的人工成本和更加现代化的生产设备，来求得比她的竞争对手更加低的制造成本，企业用较低的成本，做出更具进攻性的定价来获取市场份额。

⑦改善服务的策略。挑战者可以找到一些新的或者更好的服务方法来为顾客服务。

⑧分销渠道创新策略。挑战者可以发现或发展一个新的分销渠道，以增加市场份额。

⑨密集广告促销策略。有些挑战者可以依靠他们的广告和促销手段，向领导者发动进攻，当然这一策略的成功必须基于挑战者的产品或者广告信息有着某些能够胜过竞争对手的优越之处。

3. 市场跟随者战略

市场跟随者是指安于次要地位，不热衷于挑战的企业。在大多数情况下，企业更愿意采用市场跟随者战略。

(1)紧密跟随。战略突出“仿效”和“低调”。跟随企业在各个细分市场和市场营销组合，尽可能仿效领先者。以至于有时会使人感到这种跟随者好像是挑战者，但是它从不激进地冒犯领先者的领地，在刺激市场方面保持“低调”，避免与领先者发生直接冲突。有些甚至被看成是靠拾取主导者的残余谋生的寄生者。

(2)距离跟随。战略突出在“合适地保持距离”。跟随企业在市场的主要方面，如目标市场、产品创新与开发、价格水平和分销渠道等方面都追随领先者，但仍与领先者保持若干差异，以形成明显的距离。对领先者既不构成威胁，又因跟随者各自占有很小的市场份额而使领先者免受独占之指责。采取距离跟随策略的企业，可以通过兼并同行业中的一些小企业而发展自己的实力。

(3)选择跟随。战略突出在选择“追随和创新并举”。跟随者在某些方面紧跟领先者.而在另一些方面又别出心裁。这类企业不是盲目跟随，而是择优跟随，在对自己有明显利益时追随领先者，在跟随的同时还不断地发挥自己的创造性，但一般不与领先者进行直接竞争。采取这类战略的跟随者之中有些可能发展成为挑战者。

4. 市场补缺者战略

所谓市场补缺者，是指精心服务于市场的某些细小部分，而不与主要的企业竞争,只是通过专业经营来占据有利的市场位置的企业。

(1)市场补缺者的主要战略是专业化市场营销:

①专门致力于为某类最终用户服务的最终用户专业化。

②专门致力于分销渠道中的某些层面的垂直层面专业化。

③专门为那些被大企业忽略的小客户服务的顾客规模专业化。

④只对一个或几个主要客户服务的特定顾客专业化。

⑤专为国内外某一地区或地点服务的地理区域专业化。

⑥只生产一大类产品的某一种产品或产品线专业化。

⑦专门按客户订单生产预订的产品的客户订单专业化。

⑧专门生产经营某种质量和价格的产品的质量和价格专业化。

⑨专门提供某一种或几种其他企业没有的服务项目专业化。

⑩专门服务于某一类分销渠道的分销渠道专业化。

(2)创造补缺市场、扩大补缺市场、保护补缺市场。企业不断开发适合特殊消费者的产品,这样就开辟了无数的补缺市场。每当开辟出这样的特殊市场后,针对产品生命周期阶段的特点扩大产品组合,以扩大市场占有率,达到扩大补缺市场的目的。最后,如果有新的竞争者参与时,应保住其在该市场的领先地位,保护补缺市场。作为补缺者选择市场补缺基点时,多重补缺基点比单一补缺基点更能增加保险系数,分散风险。因此,企业通常选择多个补缺基点,以确保企业的生存和发展。

总之,只要善于经营,随时关注市场上被大企业忽略的细小部分,通过专业化经营,精心服务于顾客,小企业总有机会获利。

分项任务 2.4 开展市场营销调研

案例导入

新可乐的沉浮:问题出在哪儿

1985 年,可口可乐公司犯了一个典型的营销大错误。在 1999 年的成功经营之后,放弃了原始配方可乐,取而代之的是有更甜更柔和味道的“新可乐”。起初,由于铺天盖地的广告及促销,“新可乐”销路不错。但销售量很快下降,每天可口可乐公司会收到来自愤怒的消费者的信件和电话。一个叫做“旧可乐饮用者”的组织发起各种抗议活动,分发 T 恤衫,并威胁要进行集体起诉,除非可口可乐公司重新使用旧配方。3个月之后,可口可乐公司就重新提供旧可乐,并将旧可乐称为“经典可乐”,与“新可乐”一起放在货架上销售。公司称“新可乐”仍将作为产品的“旗舰”,但消费者并不这么认为。到了1985年底,“经典可乐”的销售大大超过了“新可乐”,比例为2∶1。“新可乐”作为针对“百事”公司的“进攻性品牌”只占据了2%的市场份额。

在1990年的春天,公司重新包装了“新可乐”,并将其作为一个延伸品牌,以“可乐Ⅱ”的新名字重新推向市场。现在,“经典可乐”占据了美国软饮料市场的20%以上;而“可乐Ⅱ”只占据了微不足道的0.1%。

(资料来源:菲利普·科特勒.市场营销教程.俞利军译.华夏出版社,2001)

【思考】可口可乐公司为什么要推出“新可乐”?案例中的问题出在哪儿?“新可乐”与“经典可乐”面对的问题是什么?

【提示】从案例分析错误出在营销调研上。20世纪80年代初,百事可乐成为可口可乐在市场上一个巨大的威胁,为了赢得更多有消费者,可口可乐公司花了两年多的时间和400万美元来进行调研,以确定新配方。它进行了大约20万次口感测验——仅最终配方就进行了3万次,结果却失败了。其原因是:可口可乐公司将其营销调研范围限定得太窄。调查只限于口味,而没有考虑消费者已经形成的感觉,以及企业无形的资产——可口可乐的名称、历史、包装、文化遗产及产品形象。而且,对许多人来说,可口可乐与棒球、热狗和苹果派已经成为美国人的习俗,它代表了美国社会中最根本的东西。对许多消费者来说,可口可乐的象征性意义比它的口味更重要,而这些强烈情感是可乐的重要支撑。可口可乐的境遇表明,营销调研一方面是企业整个营销活动的第一步,做好市场调研,可以为后面的整个市场营销活动打下一个坚实的基础;另一方面,营销调研应贯穿于整个营销活动,企业应及时了解市场的变化,进行相应的改革。

市场营销调研是指个人或组织为某一个特定的营销决策问题而进行的收集、记录、整理、分析、研究市场的各种状况及其影响因素,并由此得出结论的系统活动过程。

“管理的重点在经营,经营的重点在决策。”企业的经营决策正确与否,关系到企业的兴衰存亡,正确的决策源自科学的市场调研。不少企业因为一个错误的决策导致破产,也有很多企业因为一个正确的决策赢得了巨大的成功。因此,越来越多的企业认识到市场调研工作的重要性,认识到科学的市场调研是企业决策的好帮手。只有重视市场调研工作,科学地、系统地、经常地开展市场调研工作,真正发挥市场调研对营销工作的促进作用,才能在激烈的市场竞争中不断取得胜利。可见，市场调研是企业决策者了解消费者、竞争对手及市场状况，把握顾客需求的一种重要手段，是辅助企业决策的基本工具。

市场调研是一项系统的工程，为了圆满完成调研任务，离不开严密科学的计划、组织、执行和控制，每一个流程和环节都要力求细致、严密。

2.4.1 确立调研课题

1. 明确调研立题的作用

市场调研是一项有目的的活动，市场调研的第一步工作需要确立调研课题。这是保证市场调研活动正确性、有效性的前提，是市场调研的重要准备工作。调研课题确立的准确与否，决定着调研能否取得成效。如果调研课题确定得不准确，整个调研将是无效劳动。

2. 寻找调研要解决的问题

市场调研所要解决的问题很多。所谓问题，就是企业营销与市场环境不适应的表现。调研人员应深入实际，发现问题。对问题进行全面分析，根据问题的轻重缓急，列出调研问题层次，将企业营销中迫切需要解决的问题放在首位，作为调研要解决的问题。调研所需解决问题的侧重点可以多种多样，要求对问题规定要适合，既不要太宽，也不要太窄。

(1)发现问题。发现问题是确立调研课题的前提。问题来源：一是企业营销存在的问题，例如产品质量问题、价格问题、服务问题。二是企业经营中发现的问题，如开发什么样的市场，开发什么产品，如何满足市场需求等。

这些问题都会在企业营销活动中表现出来，发现问题有多种渠道，可以来自经营者的观测，可以来自信息资料的分析，也可以来自业务部门或用户的反映。

(2)分析问题。分析问题是确立调研课题的关键。发现营销活动中存在的问题后，就要对问题进行分析，问题分析需要全面、客观，可将企业营销中迫切需要解决的问题放在首位，作为调研要解决的问题。

3. 确定调研要达到的目标

调研要解决的问题明确后，应确定具体的调研目标。即对需要解决的问题进行分析，判断问题的症结所在，弄清应该调查什么，从而确定调查目标。可以在探索性调研、描述性调研和因果性调研三种调研目标中作出选择。

根据营销调研的目的、功能、营销调研可以分为：探索性调研、描述性调研和因果性调研。

(1)探索性调查。探索性调查是为了使问题更明确而进行的小规模调查活动。这种调查特别有助于把一个大而模糊的问题表达为小而准确的子问题，并识别出需要进一步调研的信息。比如，某公司的市场份额去年下降了，公司无法一一查明原因，就可用探测性调查来发掘问题：是经济衰退的影响？广告支持的减少？销售代理效率低？还是消费者的习惯改变了？总之，探索性调查具有灵活性的特点，适合于调查那些知之甚少的问题，在多数情况下主要进行专家调查。

(2)描述性调查。如实描述问题的过去发展史、现状。描述性调查时寻求对"谁"、"什么事情"、"什么时候"、"什么地点"这样一些问题的回答。它可以描述不同的消费者群体在需要、态度、行为等方面的差异。描述的结果，尽管不能对"为什么"给出回答，但也可用做解决营销问题所需的全部信息。比如，某商店了解到该店67%的顾客主要是年龄在18～44岁的妇女，并经常带着家人、朋友一起来购物。这种描述性调查提供了重要的决策信息，使商店被重视直接向妇女开展促销活动。

(3)因果性调查。因果性调查是调查一个因素的改变是否引起另一个因素改变的调研活动，目的是识别变量之间的因果关系及其相关程度。如预期价格、包装、广告费用等对销售额的影响。

三种调查类型是一个连续的调查过程。当调查人员还不能肯定问题的性质时，适合进行探索性调查；当调查人员意识到了问题，但对有关情形缺乏完整的认识时，通常进行描述性调查；当调查人员需要对问题严格定义时，适合进行因果性调查。

4. 确立调研课题

根据确定的调研目标来确立调研课题，即明确调研项目的课题名称和调研内容。调研内容选择确立时，还需考虑费用安排，使调研课题的完成能得到支持。

(1)把调研目标转化为调研课题。调查目标明确了，就可以有针对性在把确定的调查问题转化为调研课题。先要为调研课题确立名称，即标题。课题名称要与调研目标保持一致；课题名称不宜过长，一般不超过15个字，如标题过长，应考虑立副标题。

(2)确立调研课题的注意点：课题解决的问题必须是企业营销中的关键问题；课题的组织必须是企业的可控因素；课题的完成应该是企业力所能及的。

(3)确立调研的具体内容。调研课题的完成还需要确立具体调研内容，即调研提纲。营销调研提纲的一般内容有五大部分：

①市场状况分析，主要对市场规模、特点、供求等状况进行资料收集。

②消费者分析，主要对消费者购买的特点、动机、影响因素进行资料收集。

③竞争者分析，主要对竞争对手的实力、目标市场、营销策略等状况进行资料收集。

④宏观环境分析，主要对影响和购买的人口、经济、政治法律、社会文化、科学

技术、自然物质等环境因素进行资料收集。

⑤企业营销机会与对策分析，主要对企业自身营销资源状况、竞争实力状况、营销战略和策略运用进行资料收集。

营销实例

"大学生创业"营销调研课题

调研要解决的问题：随科技的迅速发展，人们的生活日益趋向便捷、快速、方便，对于我国传统的手工艺制作，也很少有人问津，因此，我们想借此创业机会，在校园内开个DIY创意小屋。它包括编织、刺绣、串珠等，让我们传统的手工艺制作也能走进大学，丰富我们的生活。这一创业项目是否可靠，必须对上海DIY手工艺市场做一次深入调研。

调研课题名称：上海DIY手工艺市场调研

调研写作提纲：

一、上海DIY手工艺市场状况分析

二、上海DIY手工艺市场的消费者分析

三、上海DIY手工艺市场的竞争对手分析

四、影响DIY手工艺消费的宏观营销环境分析

五、大学生创业机会和对策分析

（资料来源：王妙，冯伟国. 市场营销学实训. 复旦大学出版社，2007）

2.4.2 制订调研计划

1. 明确调查计划作用

调查计划是营销调研的第二步，是指导市场调研工作的总纲，是整个市场调研活动的指南。市场调研活动要求制订一个收集分析所需信息的最有效的调查计划，以此来保证整个调查活动有条不紊地进行，提高营销调研的工作效率。

2. 制定调查计划的要求

制定调查计划过程中较为复杂的阶段，调查计划制定要求系统、具体、明确。

3. 确定调查计划的内容

调查计划应该有以下几方面内容：

(1)确定调查项目。必须依据调研课题及调研提纲来设置调查项目，影响调查目标的因素都可以成为调查项目，但要选择与调研主题密切相关的项目。营销调研

要求对市场状况、消费者购买、竞争对手、宏观环境、企业条件进行分析，因此调查计划一般有五大调查项目，每个调查项目根据调研都有自己的具体调查内容。

(2)确定资料来源。根据调查内容确定资料来源。营销调研所收集的资料分为第一手资料和第二手资料两种。第一手资料是为当前特定的调研目标而自己收集的信息。第二手资料是为其他特定的调研目标而收集的已存的现成资料。一般指企业在以往营销过程中收集、整理、可以运用、保存起来的信息，以及存在于企业外部有关市场营销信息的政府资料、商业资料、行业资料。

一般说来，一次调查活动两方面资料都需要收集，应该充分地运用第二手资料，但也应该安排第一手资料的收集。

(3)确定调查对象。确定了调查项目之后，就要确定调查对象和调查单位。这主要是为了解决向谁调查和由谁来具体提供资料的问题。例如对某市中小企业电子商务应用状况调查，那么该市所有的中小企业为调查对象，受调查的每一个中小企业就是调查单位。注意要对所调查对象有明确浅析的界定，如符合什么条件的为中小企业，在调查之前应该有一个清晰的定义。

(4)安排调查时间。市场调查是对一个时期现象进行的调查，所以要确定市场调查什么时间进行，什么时间结束，并规定每个阶段要完成的目标或任务。

(5)安排调查地点。要确定调查在什么地区进行，是选择一个区域，还是几个区域；是选择现场调查，还是网上调查，应该根据具体调查项目和资料性质进行选择和安排。

(6)拟定调查方法。当需要收集第二手资料时，应该采用资料调查方法(文案调查法)。当需要收集第一手资料时，应该采用实地调查法。总之，可以根据不同来源的资料来确定具体的调查方法。一般说来，首先考虑运用资料调查法，在满足不了调查需要的情况下，再考虑实地调查法。

(7)选择调研工具。在收集第一手资料时，使用的主要工具是调查问卷，问卷就是根据调查目的和内容而设计的。在收集第二手资料时，使用的主要工具是搜索。

(8)进行费用预算。调查费用一般包括劳务费、问卷费、差旅费和设备使用费。在编制设想预算时，通常先把某项调查所有活动或事件都一一列明，然后估算每项活动的费用，最后再汇总。预算仅仅是一种估计，应有一定的灵活性，即预算金额要有一个上下差异幅度。

(9)安排调查分工。市场调查一般都是团队集体活动，需要多人合作才能完成。在调查计划制订中，针对资料收集任务可以集体收集，也可以进行分工；但报告的撰写一定要具体分工，落实到每个公司成员，能够保证调研报告按时地完成。

营销实例

表 2.2 “大学生创业”调查计划

调查项目	市场 状况调查	消费者 状况调查	竞争者 状况调查	宏观营销 环境调查	创业优劣势 调查
资料来源	第二手资料	第一手资料	第二手资料 第一手资料	第二手资料	第二手资料 第一手资料
调查对象	网络	消费者	竞争者网络	网络	网络大学生
调查时间	第四周	第五、六、七周	第六周	第七周	第七周
调查地点	网站	小组自定	小组自定网站	网站	网站小组自定
调查方法	资料调查法	实地调查法	实地调查法 资料调查法	资料调查法	资料调查法 实地调查法
调查工具	搜索	问卷	观察搜索	搜索	观察搜索
费用预算	（不考虑）	（不考虑）	（不考虑）	（不考虑）	（不考虑）
调查分工	A同学	B同学	C同学	D同学	E同学

（资料来源：王妙，冯伟国．市场营销学实训．复旦大学出版社，2007）

2.4.3 选择调研方法

在拟定调查方法时，采用何种方式、方法不是固定和统一的，而主要取决于调研对象和调研任务。一般情况下，为准确、及时、全面地取得市场信息，尤其应注意多种调研方法的结合运用。

市场调研的方法按其来源，可以分为文案调查法和实地调查法。

1. 文案调查法

文案调查法又叫案头调研法和二手资料分析法，是指市场研究人员通过收集已有的资料、数据、报告和文章等有关的二手信息，并加以整理、分析、研究和利用的一种市场调研方法。其特点是：速度快；费用相对较省；不受时空限制；具有较强的机动性和灵活性。

2. 实地调查法

实地调查法包括观察法、询问法和实验法三种。

观察法是调查者在现场对被调查者的情况直接观察、记录，以利取得市场信息资料的一种调研方法。观察法在应用时因双方不正面接触，使观察结果较自然、客观、真实、具体、准确。但观察法存在时空条件限制，且仅限于表面现象，很难得到被观察者的内在信息，花费时间长，成本高。观察法可分为直接观察和间接观察；公开观察和非公开观察；自然环境观察和设计环境观察。

询问法是访问者通过询问访谈的形式，向被访问者提出问题，通过被访问者的口头回答或填写调查表等形式来收集市场信息资料的一种方法。询问法是收集第一手资料最主要的方法。具体分为：

(1)面谈询问，是调查者通过与被访者面对面进行访谈，获取信息资料的一种方法。面谈询问又分为街头拦截访问和入户访问两种方式，不论哪种方式都必须事先设计好周密的调研方案，按设计好的调研方案或提纲对调查对象进行访问。

(2)电话询问，是指通过电话向被访者进行询问，以获取信息资料的一种调研方法。这种方法抽样简便，速度快，效率高，容易接近不易接近的调查对象，适合于小样本调查。

营销实例

电话营销——关于价格手段的应用

推销员："是格郎尼特罗先生吗？"

格郎尼特罗："请讲。"

推销员："我叫罗伯特·李，是赛尔蒙体育用品公司的。我们公司开发出一种手套，您可能有兴趣看看。与市面上的手套相比，这批货有不少优点：重量小，因此容易装运。包装也更吸引人。我们提供新的上市优惠价，能给您节省一大笔钱，另外还有一些优惠条件。"

格郎尼特罗："听说你们的手套销量很大，是吗？"

推销员："是的，在我们经营的运动用品中，手套是主要品种。"

格郎尼特罗："但我们已经有供应商了。他们免费送货上门，可以在收到货后90天内付款，货出现问题也都能处理。你的手套，就说6号吧，一般多少钱？"

(资料来源：电话营销案例. colinyezh的博客，http://colinyezh.bokee.com/3747174.html，2005/12/02)

(3)邮寄询问，是指将设计好的调查问卷通过邮政网络系统寄给选定的调查对象，并由被访者按规定的要求和时间填写并寄回问卷的一种调查方式。这种方法以如何提高邮寄问卷的收回率为关键点。

(4)留置问卷询问，是指调查者将调查问卷交给被调查者，说明调查目的和要求，由被调查者自行填写回答，调查者按约定时间收回的一种方法。其优点是回收率高，被调查者可详细思考，认真作答，避免由于时间仓促或误解产生误差；其缺点是调查区域范围受到一定限制，难以进行大范围的留置问卷调查，时间长，费用相对较高。

(5)网络询问，又称网上调查或网络调研，是指企业利用互联网来搜集和掌握市场信息的一种方法。目前网络调查的方法主要有站点法、电子邮件法、随机IP法、视讯会议法、在线访谈法和搜索引擎法等。

实验法是指从影响调查对象的若干个因素中选择一个或几个作为实验因素，在控制其他因素不发生变化的条件下，观察实验因素的变化对调研对象的影响程度，从而为企业的营销决策提供参考依据，其结果较客观、准确、可靠，但往往费时、成本高，而且由于许多实际因素无法人为控制，实现结果可能有误差，不一定能推广。其具体形式有实验室实验、计算机模拟实验、心理实验和市场实验(试销、试用等)。

总之，可以根据不同来源的资料来确定具体的调查方法。一般说来，首先考虑运用文案调查法，在满足不了调查需要的情况下，再考虑实地调查法。

2.4.4 设计营销调查问卷

1. 明确调查问卷是实地调查的重要工具

询问调查是收集第一手资料的有效方法。实地调查法是采用接触调查对象的方法获得第一手资料。其特点是针对性强，运用面广，资料真实。常用的调查方法有询问法，观察法，实验法。其中询问法是实地调查用得最多、最有效的一种方法。

调查问卷是开展询问调查的重要工具。调查问卷是调查人询问时向被调查人发问并记录答案的文卷。其特点是可使调查内容标准化、系统化、便于统计处理和汇总分析，具有投入少，产出多，见效快的特点，在几个月甚至几个星期内即可获得翔实的资料，在市场调查中被广泛采用。

2. 把握调查问卷的基本结构

(1)问卷头。问卷头一般包括问卷号、问候语、填表说明等内容。

有些问卷需加编号，以便分类归档，或便于计算机处理。

凡需要被调查者自填的问卷，一般都有问候语。便于被调查者了解调查的目的和内容，进而消除顾虑，争取他们的合作。

填表说明让被调查者知道如何填写问卷。这部分内容包括填表要求、调查项目、调查时间、注意事项、问卷返回方式等。填表说明一定要详细清楚,格式位置要醒目。

(2)问卷体。问卷体即正文部分,一般包括以下两部分内容:

被调查者的基本情况,主要包括被调查者姓名(有时可以不写)、性别、年龄(有时可以不写)、文化程度、职业、家庭人口、住址、联系电话等。

调查问题,是调查问卷的主体部分,依据调查主体设计若干问题,要求被调查者回答,即把需要调查的内容明确化和具体化。

(3)问卷脚。一般要求设计调查人员姓名、调查日期,也可以对某些问题附带说明,还可以再次向被调查者致谢。

3. 明确调查问卷的设计要求

(1)简洁性。问卷内容要简明扼要,实际具体,通俗易懂,便于回答,准确反映调查目的。

(2)准确性。所提问题明确,避免提导向性或暗示性问题,更不得将调查人的主观意图强加于人。

(3)可行性。调查问卷的设计要适合被调查人的身份,素质和水平,使被调查人愿意回答。

(4)艺术性。问卷的设计应讲究方法,应幽默风趣,以激发被调查人回答问题的兴趣。

(5)选择性。问题的设计要层次分明,合理有序,选择性强。

4. 选择调查问卷的设计方法

(1)二项选择法,调查问卷中只给出两个对立答案,如“是”与“否”,“好”与“不好”,让回答者从中选一。如:您是否考虑订阅《中国动物保健》?

会□　　不会□

二项选择法的优点是回答方便,观点明确,无中立意见,便于整理;其缺点是不能表示程度上的差别。

(2)多项选择法,即让被调查人从预先准备好的多种答案中,选择其中一项或数项予以回答。如:您通过何种方式了解行业信息?

看杂志□　　上网□　　参加学术会议□　　与别人交流□　　其他□

其优点就可缓和二项选择法强制选择的不足,统计比较方便;其缺点是被选择的答案多,不便于归类。

(3)自由回答法,即调查问卷上没有事先拟定答案,不加任何限制,不受任何约束，让被调查者自由回答问题。如：您认为《中国动物保健》的缺陷是什么？

其优点是被调查者可尽量发表自己的意见，形成一种灵活的调查气氛，能较多地听取被调查者的建设性意见；其缺点是由于自由回答，答案各不相同，给调查资料的归纳带来一定的困难。

(4)顺位法，即由被调查者根据自己的认识，对所列答案定出先后顺序。如：为了解用户对购买齐鲁动物保健品厂的齐鲁系列耐热保护剂疫苗的主次影响因素，列出各因素请被调查者排序：

价格□　　质量□　　包装□

用此法调查，应注意所列顺位数目不宜过多，一般不超过十个。

(5)评定法，即要求顺位表示对某个问题的认识程度。如：请根据您对《中国动物保健》的认识，以5分为标准，给下列内容评分：5＝非常好；4＝较好；3＝一般；2＝较差；1＝非常差。请在相应的方格打勾。

	5	4	3	2	1
栏目设置	□	□	□	□	□
信息容量	□	□	□	□	□
文章质量	□	□	□	□	□
版面设计	□	□	□	□	□

(6)回想法，主要用于调查消费者对商品的品牌，企业，广告等的印象，或测定广告宣传的记忆程度。如：“请您说出您知道的饲料产品名？”

营销实例

《中国动物保健》读者调查问卷

感谢您对《中国动物保健》的关注，为了帮助我们提高刊物质量，更好地满足您的要求，现诚挚邀请您填写此卷，对于您的合作，我们表示衷心的感谢！

关于您：

姓名：　　电话：　　传真：　　邮编：

单位：　　E-mail：

地址：

读者调查问卷请寄至(100081)北京中关村南大街8号(中国兽药监察所院内)《中国动物保健》杂志社　编辑部收

凡在2007年12月31日前填妥此表并寄回的读者，在订阅本刊时，可凭此页优惠10%。

关于《中国动物保健》

1. 您如何得到或看到《中国动物保健》?

□订阅　□赠阅　□展会　□别人推荐　□其他

2. 您通过何种方式了解行业信息?

□看杂志　□上网　□参加学术会议　□与别人交流　□其他

3. 您阅读《中国动物保健》时最希望获得哪方面信息?

□新产品介绍　□专业技术　□行业新闻　□国际动态　□其他

4. 请根据您对《中国动物保健》的认识,以5分为标准,给下列内容评分:5=非常好;4=较好;3=一般;2=较差;1=非常差。请在相应的方格打勾。

	5	4	3	2	1
栏目设置	□	□	□	□	□
信息容量	□	□	□	□	□
文章质量	□	□	□	□	□
版面设计	□	□	□	□	□

5. 您是否考虑以后会订阅《中国动物保健》?

会□　不会□(请注明原因)

6. 您认为《中国动物保健》的缺陷是什么?

7. 您可以给《中国动物保健》提供哪些栏目的文章?

8. 您认为《中国动物保健》需要增加哪些方面的内容?

9. 您平时喜欢看的行业刊物有哪些?

调查员姓名:

调查时间:　年　月　日

(资料来源:潘彦维,李英,姜红.营销学基础.中国农业大学出版社,2008)

2.4.5　开展实地问卷调查及统计分析

1. 明确走访调查是获取第一手资料的有效方法

(1)走访调查的形式。走访调查是调查者走访被调查者,当面向被调查者提出有关问题，以获得所需要资料。走访调查根据调查人数的多少，可分为个别走访和集体座谈；根据调查的不同形式，可分为入户走访和街头访问。

（2）走访调查的优点：

①真实性。走访获得的资料，其真实性较高，回答率也较高。

②灵活性。走访调查时，可以直接按调查问卷发问，也可以自由交谈；可以当场记录，在取得被调查者同意后，也可以录音。

③直观性。走访调查可以直接观察被调查者所回答的问题是否客观、准确，而其他调查方法则无法有观察核对的机会。

④激励性。有些被调查者对走访调查甚感兴趣，因为有向他人发表意见的机会。

（3）走访调查的缺点：

①调查费用较高。

②被调查者受调查者的态度、语气影响较大。

③被调查者往往不配合。

2. 走访调查对调查人员素质要求

（1）良好心态。走访调查，尤其是街头拦截调查一定要调整好自己的情绪，需要具备一个良好的心态。要认识到做街头拦截调查是合情合理的事，自然不必遮遮掩掩，大大方方地微笑询问。即使遭到拒绝也不要在乎，要想到做街头拦截调查是我们去麻烦被调查者的。

（2）笑的魅力。笑容是街头调查中运用的一件利器。对被调查者展示自己的笑容能取得对方的信任，拉近双方的距离。这种笑容不是一种无奈的、尴尬的假笑，而是发自内心的、真诚的、友好的微笑。在街头拦截调查时，配合良好的心态，由始至终向每一位被调查者展示你的微笑。被调查者也会向你投以微笑，来配合我们完成问卷调查任务的。

（3）语言技巧。在进行街头调查时，要注意控制自己的语速，过快或过慢的语速都不利于被调查者接受。与被调查者交谈时吐字要清楚，声音要响亮。要学会对音量的控制，在开始介绍自己时声音要响亮，调查过程中对问题的发问声音可以轻些。具体情况要视调查环境而定，建议平时多进行些发声训练。

（4）善于观察。在调查中可以通过观察被调查者的肢体语言，了解他们对调查的态度，帮助我们有的放矢地选择好调查对象。比如，我们可以从路上行人的步速、手势，了解对方是否愿意接受我们的调查；还可以透过被调查者的行为举止来加以引导，当观察到被调查者对我们持有怀疑态度时，就应该多作解释，解除其不信任感。敏锐的观察在调查中能起到较好的效果。

3. 做好街头调查的准备工作

(1)了解问卷的内容。一般来说,街头拦截调查往往会使被调查者措手不及,这就需要调查者进行说明,介绍调查的目的和内容。为此,作为调查者必须对问卷内容了解,只有熟悉的内容才能清晰、熟练地进行介绍,赢得调查对象的信赖。

(2)了解相关的知识。视不同的调研内容要有相关知识的了解。当涉及某件商品或服务调查时,要先查找相关资料,有时还需要实地考察。如调查服装产品市场反应,就需要了解衣服的面料、款式、价格、渠道等,对调查事物有了先期的认识,就能对街头拦截调查胸有成竹。

(3)预先观察调查地点。到街头拦截的调查地点,实地了解一下那里的环境、人流等情况,看看哪里是做街头拦截调查的好地方。便于调查的地点一般是人流较多的购物休息之处。

(4)检查调查所需物品。一般调查需要两支笔、供问卷填写的硬板等。调查人员的着装也要求整齐些,等待调查的开始。

(5)了解有关职业规则。在街头调查中调查人员应明确受访者的权利和调查人员的义务,遵守有关职业道德。

尊重受访者的权利有:自愿;匿名;了解调查人员真实身份、目的、手段;对未成年人调查需要监护同意。

调查人员要遵守以下义务:不做出有损于市场调查行业声誉或让公众失去信任的举动,不探察他人隐私;不能对自己的技能经验与所代表机构的情况作不切实际的表述,不诱导被调查者;不能对其他调查人员作不公正的批评与污蔑;必须对自己掌握的调查资料保密;在没有数据支持下,不能有意散布市场调研中所得结论。

4. 开展街头调查

(1)寻找被调查对象。用眼睛环顾四周,寻找出可能会接受调查的目标对象。街头人群分为行走人群和留步人群。对留步人群,找单个在一边休息或似乎等人的对象上前询问;对行走人群主要观察对方是否单行,步履缓急,手中是否提有过多物品,神色是否松弛等。

(2)上前询问,注意姿态。根据判断,路人可以作为调查对象时,就应积极上前询问,对调查对象应该缓步侧面迎上。整个行走过程,目光应对准被调查者。当决定开口时,应在被调查者右前方或左前方一步停下。

(3)开口询问,积极应对。第一句话很重要,要有准确的称呼、致歉词和目的说明。如:“对不起先生,能打扰您几分钟做一个调查吗?”要结合上面良好心态、笑的魅力、语言表达都要协调地配合在一起。

对于问卷询问，调查对象不同反应：

①不理睬你，说明他对街头拦截调查极度拒绝，向他致歉就可以结束了。

②有礼貌拒绝，应针对对方的借口进行回应，如对方说没时间，可以应对说只需要一点点时间。最好能让其看看调查问卷，以求调动兴趣。

③可能对方流露出一些兴趣，问你是什么调查。这里要把握住机会，向他介绍调查的内容，及时地递上笔。只要对方接过，一般就能接受你的调查了。

④对方一口答应接受调查，积极配合，情况较少见。

(4)随步询问，灵活处理。在应对行走人群时，让对方自动停下脚步是一个很好的切入点，说明对方对你有兴趣。如果对方不愿停下脚步，就需要我们跟随对方走几步，同时用话语力争引起对方的兴趣。不可直截了当要求对方停下脚步。一般跟随十多米依然无法让对方停步，就应当终止。

(5)小心收集被调查者信息。调查被调查者的姓名、年龄、住址、电话等基本信息内容时要小心处理，在调查中尊重他们的权利，不能强求。在调查开始时，先要诚实地将自己的真实身份、调研目的、为何要了解他们的基本资料的原因告知被调查人。同时向他们告知我们的义务。询问他们是否愿意告知。只要处理得当，一般情况下，被调查者都会愿意留下他们的信息资料。

(6)调查完成后的必要工作。

①当被调查者回答完所有问题后，应当浏览一遍，不要有所遗漏。

②向被调查者表示感谢，与其告别。

③当完成一次调查后，先不要把问卷取下。展开新一位调查时，可以当着被调查者的面将已用过的问卷取下，这样可以使被调查者更易于接受调查。

④等到所有的问卷都完成后，需要整理所有问卷，然后交给负责人，以便形成有效的营销信息资料。

工作中注意：切不可作假；不要将问卷损毁。

5. 统计分析

实地调查结束后，即进入调查问卷的整理和分析阶段，收集好已填写的调查问卷后，由调查人员对调查问卷进行逐份检查，剔除不合格的调查问卷，然后将合格调查问卷统一编号，以便于调查数据的统计。调查数据的统计可利用 Excel 电子表格软件或如表 2.3 格式完成；将调查数据输入计算机，经 Excel 软件处理后，即可获得已列成表格的大量统计数据，利用上述统计结果，就可以按照调查目的的要求，针对调查内容进行全面的分析工作。

表 2.3 问卷统计表

序号	问题	选项	答案	选择人数	所占比例/%

2.4.6 撰写市场营销调研报告

撰写市场营销调查报告是市场调查的最后一项工作内容，市场调查工作的成果将体现在最后的调查报告中，调查报告将提交给企业决策者，作为企业制定市场营销策略的依据。

1. 市场营销调研报告的格式要求

市场营销调查报告没有统一的格式，一般由题目、目录、概要、正文、结论和建议、附件等几部分组成。

(1)题目。题目应该醒目，一般应打印在封面上，包括以下三项：

①该项调查的标题。有的调查报告还采用正、副标题的形式，一般正标题写明调查的单位和问题。

②委托方和调查单位的名称、地址。

③调查报告的日期。

(2)目录。如果调查报告的内容较多，为了方便读者阅读，应使目录列出调查报告的主要章节和附录部分。

(3)概要。概要部分是本项调查的简明介绍，在这部分应指明：

①谁委托该项调查或要求进行该项调查。

②说明该项调查的目的和范围。

③简要介绍调查对象和调查内容，包括调查时间、地点、对象及所要解答的问题。

④调查的方法。例如，市场调查中，资料收集的方法，是用询问法还是观察法或实验法。另外，对资料分析中使用的方法，如指数平滑分析、回归分析等方法及选用方法的原因简要说明。

⑤表明调查人员对这些调查的态度，以及对提供帮助的个人或机构表示感谢。

(4)正文。正文是市场调查报告的主要部分，包括以下几项内容：

①调查目的的详细陈述。在调查报告正文的开头，调查人员应当指出该项调

查的目的和范围，以便阅读者一目了然，准确地理解调查报告所叙述的内容。

②资料收集的具体过程。

③资料收集的方法。调查人员应当详细地介绍他们在收集资料时，所采用的方法，还应当说明为什么要用这种方法及在技术上无法克服的问题。同时，附录内应有一份空白调查问卷。

④资料收集的技术。例如，是采用抽样调查还是采用典型调查，如果采用抽样调查，应当详细地指出如何选择样本、样本数目及其代表性。

(5)调查结果。调查人员必须花费大量的时间和精力来分析、解释调查资料，以使用结构严谨和有效的方法得出调查结果。为了更有效形象地说明问题，调查人员通常采用表格和图形的形式，再加上一定的分析说明。例如，影响某种商品消费的因素调查：有消费者购买力因素，市场竞争情况，该商品的价格、质量及售后服务情况，销售网点的分布，等等。用图表的形式就能清晰地反映出该调查的结果，及每一种影响因素各占总数的百分比。

(6)结论和建议。调查结果的介绍是调查人员所得资料的简明描述，结论才是调查人员在仔细研究和分析所有资料后得出的判断。结论和建议是撰写调查报告的主要目的。在建议中，调查人员应有明确的态度，选择实事求是的观点，应以调查结果为基础，不能受感情或预感所支配，应尽可能简洁、准确地说明建议，易于决策者理解，避免使用第一人称"我"。

(7)附件。附件是指调查报告正文包含不了或没有提及、但与正文有关必须附加说明的部分。附件通常包括数据汇总表、原始资料、背景材料、空白的调查问卷、第二手资料来源的目录等。

营销实例

盐酸市场调查报告提纲

报告摘要：盐酸是化工、制革、电子、医药、冶金、电镀等多种行业的主要原料。

报告目录：

1. 盐酸概况

(1)盐酸的合成工艺；

(2)盐酸生产方法；

(3)盐酸的生产现状与生产企业；

(4)国内主要盐酸生产企业产能/产量统计；

(5)盐酸的应用领域。

2. 盐酸的消费与需求

(1)盐酸消费概况;

(2)消费结构;

(3)盐酸进出口统计;

(4)盐酸市场价格及市场分析。

3. 盐酸拟建和在建设项目

(1)盐酸项目;

(2)投资概况。

4. 结论与建议

(1)盐酸产业面临的问题;

(2)盐酸发展建议。

(附件)盐酸相关资料。

(资料来源:李志荣.国际市场营销——理论与实务.东北财经大学出版社,2007)

2. 市场营销调研报告的内容

(1)市场状况分析。

①产品特点分析。主要对企业进入某个市场的产品种类、品种及其数量进行分析;对该产品的功能、工艺进行分析;对产品寿命周期进行分析;对产品的季节性、地域性进行分析。

②市场规模分析。市场规模是指整个目标市场的购买量,通常是以市场销售总额和市场销售增长率表示。一般情况下,行业协会颁布和提供的是现期市场销售总额和现有销售增长率的信息资料。而预期的市场销售总额和市场销售增长率是由企业自己来预测分析的。

③市场供求分析。通常分析市场供给情况,即进入该产品市场的生产厂商的数量;主要的生产厂商的市场份额、品牌影响度和产品的差异性;分析市场供求的整体布局,生产供给与市场需求是否适应。

(2)消费者购买分析。

①消费者构成分析。对调研课题涉及的目标市场进行分析。分析哪些消费者对企业产品感兴趣,已经或计划购买该产品;分析这些购买者的职业、文化、性别、年龄和收入与市场购买量、企业占有率的内在关系。

②购买动机分析。分析目标群体的购买动机。分析消费者为什么购买,使用该产品,购买动机的分析重点从心理动机角度展开,分析这些动机对购买量的影响程度。

③购买特点分析。分析消费者购买决策的参加者是哪些成员，各个成员的决策地位；分析目标顾客购买习惯，何时购买，何地购买，购买方式如何，购买频率为多少，购买品牌是什么，分析这些购买特点是企业制定营销策略的依据所在。

④影响购买的信息渠道分析。影响消费者购买的信息渠道主要有四类：商业广告渠道，如广告、销售员、批发商、包装物、商品展示等；社会交往渠道，如家庭成员、朋友、邻居、熟悉的人等；公共宣传渠道，如大众媒体、消费者评价组织等；个人体验渠道，如使用产品、试用产品和租用产品等。分析目标群体最受影响和信息渠道有哪些，企业营销该如何应对，从而影响他们的购买决策。

⑤产品使用感受分析。分析目标消费群体对企业产品的性能、功效、包装、服务是否满意，使用后的具体感受怎样，使用感受反馈信息对企业改进产品、改善服务是很重要的依据。

(3)竞争对手分析。

①谁是主要竞争对手。企业的威胁除了来自目标市场竞争者外，一些潜在的竞争者也有可能威胁到企业的生存。企业不可能和所有竞争对手抗衡，应分析出自己主要的竞争对手。主要竞争对手的确定：一是同一目标市场的品牌竞争者；二是与自己营销实力相当的竞争者；三是对自己能构成威胁的竞争者。

②竞争对手的营销资源和实力分析。分析竞争对手销售的产品与自己公司的产品有何不同，分析其销售额和市场占有率为多少，竞争对手有何优势，对自己企业的威胁程度及采用的对策。

③竞争对手的目标市场分析。分析竞争对手的产品销给哪些客户，消费者对竞争对手的产品、品牌、包装的评价如何；分析它们市场定位与自己产品有否不同，不同之处在哪里，竞争对手的市场定位对企业是否有威胁。

④竞争对手的营销战略与策略分析。分析竞争对手的营销目标是什么，其实施的是低成本战略、差异化战略，还是聚焦战略，其战略对自己企业有否威胁。分析竞争对手的产品、渠道、价格、促销策略及其实施效果如何，其策略有否优势所在，对自己企业的威胁及其对策作出分析。

(4)宏观环境分析。

①人口环境分析。人口环境及其变化对市场需求有着长久整体的影响，是开展营销的基本依据，是宏观环境分析的重点。人口环境分析的主要内容有：人口总数、人口结构、家庭状况。

②经济环境分析。市场规模的大小是由社会购买力决定的，影响购买力的经

济环境因素主要有:社会经济发展水平、消费者收入水平、消费结构、消费者储蓄、信用消费。

③社会文化环境分析。社会文化是影响人们购买行为、欲望的基本因素。不同社会文化环境、个人受教育程度、生活方式、风俗习惯、价值审美观念都有明显差异,从而就有不同的消费习惯和购买特点。要求对调查地区消费者的民族、籍贯、受教育程度、宗教信仰、价值观念、风俗习惯进行分析,分析特定文化对人们消费习惯、购买行为有哪些影响及其对营销的影响。

④政治法律环境分析。任何国家都要运用政治和法律手段对社会经济进行规范和干预。要求对调查地区的政治法律环境进行分析,主要有影响消费者购买行为和企业营销的经济政策、法律法规等因素。

(5)企业营销机会与对策分析。

①市场机会与市场威胁。寻找出市场机会有哪些,即对企业营销开展的有利因素有哪些。找出市场威胁有哪些,即对企业营销开展的不利因素有哪些。

②企业的比较优势和劣势。分析企业的自身因素,比较市场竞争状况,尤其是主要竞争对手情况,判断自己的优势,存在哪些营销不足。分析的主要内容:企业营销资源,即人、财、物力资源;企业营销实力,即产品销售量、销售增长率、市场占有率;产品功能、质量、款式、包装;产品价格;品牌形象等分析,判断企业营销能力的优劣势。

③企业营销机会与对策。企业营销机会点是从市场机会与企业优势中获得的。通过分析,把市场机会转化为营销机会,积极行动起来获得这一营销机会。企业营销问题来自于不利的市场因素和企业劣势。企业应及时采取有效的对策,克服自身弱点,改善不利的市场环境,由被动变为主动。

3. 市场营销调研报告的写作步骤

(1)调查资料分析。对收集的资料进行分类整理后,运用“回归分析”、“相关分析”、“因素分析”、“判断分析”、“聚类分析”等分析方法,对有关影响企业营销的主要因素“市场”、“消费者”、“竞争者”、“宏观营销环境”及“企业营销条件”等资料进行客观、全面和准确的分析。即分析影响企业营销活动的主要环境因素有哪些?这些因素对企业的营销活动产生什么影响?分析这些因素中哪些是有利因素?哪些是不利因素?分析它们各自的影响程度如何?它们各自出现的概率有多大?

(2)提出调研结论。市场营销调研的目的性很强,调研结果必须要提出调研结论。调研结论就是在复杂、多变、严峻的营销环境中，分析市场机会与威胁，分析企业优势与劣势，寻找企业营销机会点和问题点，得出调研意见。调研结论是调研报告的最后部分，代表着调研报告人对前面整体分析的总结性意见，是调研报告的核心部分。

(3)撰写调研报告。市场营销调研最终要形成一份书面营销调研报告。营销调研报告是对影响企业营销的有关环境因素的调查结果，进行客观陈述，提出调研结论的书面表现形式，是整个调研工作的文字表现，也是调研结果被他人所知、所接受，便于利用的书面资料。为此，要组织好营销调研报告的撰写。

①明确撰写任务。要求参与人员要明确自己撰写哪部分内容，在规定时间内完成。

②做好撰写准备。调研报告撰写也是一项艰巨的任务，为此要做好撰写准备工作：案头资料及时准备，把收集的资料、成员的讨论、个人分析意见及时汇总起来，整合为营销调研所需资料；撰写时间合理安排，完成初稿、修改、校对、设计封面、前言和目录、正式打印、装订这些环节都需要一定的时间，因此要合理安排。

③掌握撰写方法。一般说来，营销调研报告撰写的要求有：分析所需资料运用要求准确，以营销环境理论为指导分析资料；全面、充实，满足课题论证需要；分析所需资料要求客观、真实，要有资料索引说明；资料分析要求紧扣主题，观点正确，得出调研结论；资料分析要求结构合理，层次清楚，注意逻辑性。

分项任务2.5 实训操作

实训1 市场营销环境分析应用

【实训任务】

结合你所熟悉或喜爱的企业进行营销环境分析，寻找营销机会。

【实训目标】

锻炼学生分析企业营销环境的能力。为今后从事营销工作奠定基础。

【实训要求】

学生按一定标准分成小组，结合选定的目标企业进行调查，分析其所面临的内、外部环境。

【实训步骤】

1. 学生按一定标准分成若干小组，对小组进行分工。

2. 以小组为单位进行讨论，确定分析的目标企业并进行分析方案设计。

3. 实地进行调查，收集所需要的营销环境分析信息。

4. 整理信息并分析选定企业的营销环境。

5. 形成总结。

6. 各组相互评价实训效果，教师点评。

实训2 认知自己的消费

【实训任务】

分析自己印象比较深刻的一次消费活动。结合其分析自身的购买行为的类型及影响你购买的原因有哪些？分析你整个购买过程各个环节的特征。

【实训目标】

培养学生购买行为分析的能力，提高其营销工作此环节的工作能力。

【实训要求】

以小组为单位，按照实训任务的要求进行讨论。

【实训步骤】

1. 以4～5人为一小组，选定一名组长。

2. 小组长把组员的讨论主题进行统计并公布于各个组员，每个组员按各自的主题分头进行准备。把讨论时的基本要求(比如：每个成员不得少于5分钟，安排记录同学等)告知组员。

3. 以小组为单位进行讨论，小组长进行点评。

4. 每组形成一份完整的分析报告。

5. 以各小组长为代表，进行全班范围内的组间汇报并互评，最后教师评价。

实训3 Mcdonald(麦当劳)如何走出“困局”

【实训任务】

针对当前电视上铺天盖地的广告的播放，试以Mcdonald的角度分析其竞争对手KFC(肯德基)的行为。

【实训目标】

通过对同学们目前所熟识的全球两大快餐巨头的竞争行为的分析，为日后分析所在企业竞争对手的行为奠定基础。

【实训要求】

以小组为单位针对 Mcdonald 当前面临的形势，提出其应有的竞争反应模式及相应的竞争战略。

【实训步骤】

1. 把全班同学按一定标准分成若干小组。

2. 观看近期 KFC 广告宣传片并以小组为单位进行讨论分析。

3. 结合步骤 2 的讨论情况，探讨 Mcdonald 可能做出的竞争反应。

4. 以小组为单位，为 Mcdonald 公司提出可供采用的竞争战略。

实训 4.1 营销调研立题

【实训任务】

某公司欲开发生产蓝莓饮料，市面上销售的各种蓝莓饮料价格差异很大，成分各不相同。要求学生以公司营销部门人员的身份为公司开发生产蓝莓饮料开展的市场调研活动确立调研课题。

【实训目标】

通过本次实训，帮助学生认识调研立题在市场调研活动中的重要作用（保证调研活动正确有效的前提），掌握调研立题的基本技能（根据有关项目要求，寻求调研要解决问题，确定调研目标，明确调研内容）。

【实训要求】

1. 要求教师对“营销调研立题”的技能应用价值、操作步骤、调研问题的寻找、调研目标的提出、课题名称和内容的确立给予耐心指导。

2. 要求学生对“营销调研立题”的实践给予充分认识，调动实训操作积极性。

3. 要求学生以小组为单位，根据“营销调研立题”要求，开展小组讨论，完成本小组的营销调研课题，明确本次调研要解决的问题，确定调研课题名称和调研提纲。

4. 要求教师能够提供“营销调研立题”范例，供学生参考。

【实训步骤】

1. 教师事先做好任务布置，给出范例，把学生分出小组做好调研准备工作。

2. 实地开展蓝莓饮料市场调研，发现蓝莓饮料市场存在问题。

3. 分析蓝莓饮料市场存在问题，确定具体的调研目标和采用的调研方法。

4. 确立调研课题,确定调研课题名称和写出调研提纲。

实训 4.2 制定调研计划

【实训任务】

根据上述调研课题为公司开发生产蓝莓饮料开展的市场调研活动制订一份“市场调研计划”。

【实训目标】

掌握市场调查计划制订的基本技能。了解营销调查所明确的调查项目、资料性质和资料来源;了解营销调查要求确定的调查对象、调查时间和调查地点;了解营销调查所运用的调查方法、调查工具。

【实训要求】

要求学生在教师指导下,以小组为单位能够独立完成本次“调查计划”制订。“市场调查计划”采用表格形式,便于操作和掌握。

【实训步骤】

1. 教师事先做好任务布置,要求学生明确实训目标和要求。
2. 要求学生按照调研计划的内容顺序制订“市场调研计划”。
3. 教师点评。

实训 4.3 设计调查问卷

【实训任务】

根据调研课题要求和调查计划安排,对公司营销调研的第一手资料采用“问卷”进行收集,设计一份市场调查问卷。

【实训目标】

掌握调查问卷设计基本技能。

【实训要求】

要求每个小组成员根据调查问卷设计要求,将所要调查的内容设计为不少于10项调查问题的问卷,能够准确地获取调研所需要的第一手资料。在此基础上,每个小组推荐一份较完整的调查问卷作为公司的调查所采用的问卷。

【实训步骤】

1. 要求教师对调查问卷设计的技能应用价值以及问卷的基本结构、设计程序、调查问题类型进行具体指导。

2. 要求学生对调查问卷设计的应用价值给予充分认识，调动问卷设计的积极性。

3. 要求学生根据调研课题涉及的消费者状况及问卷设计要求，完成不少于10个调查问题的设计任务。

4. 要求教师提供调查问卷设计的范例，供学生参考。

◆任务小结

完成本任务，你应该清楚以下内容：

● 市场营销环境包括宏观环境和微观环境两大方面；具有客观性、关联性、层次性、差异性、动态性、不可控性等特点。

● 影响消费者购买行为的因素有内存因素、外存因素，其购买决策过程分为确认需要、寻求信息、比较评价、决定购买、购后评价五个阶段。组织市场分为产业市场、中间商市场、政府市场三种类型；其购买决策过程包括认识需要、确定需要、说明需要、物色供应商、征求供应建议书、选择供应商、签订合同、绩效评价八个环节。

● 竞争者分析是指企业通过某种分析方法识别出竞争对手，并对它们的目标、资源、市场力量和当前战略等要素进行评价。

● 调研立题是市场调研的重要准备工作；调查计划是整个市场调研活动的指南；市场调研的方法按其来源，可以分为文案调查法和实地调查法（观察法、询问法和实验法）；调查问卷是实地调查的重要工具，其设计方法有：二项选择法、多项选择法、自由回答法、顺位法、评定法、回想法；做好街头调查的准备工作，开展好街头调查和资料的整理和分析工作，撰写市场营销调查报告，作为企业制定市场营销策略的依据。

◆本任务关键词

市场营销环境　消费者购买行为　组织购买行为　竞争者行为分析

营销调研立题　营销调研计划　调研方法　调研问卷　营销调研报告

◆业务技能自测

◎选择

1.(　　)调查具有灵活性的特点，适合于调查那些知之甚少的问题，在多数情况下主要进行专家调查。

A. 描述性调查　B. 探索性调查　C. 因果性调查　D. 实地调查

2. 调查问卷上没有事先拟定答案，不加任何限制，不受任何约束，让被调查者自由回答问题的设计方法为(　　)。

A. 二项选择法　B. 多项选择法　C. 自由回答法　D. 回想法

3.(　　)是向企业及其竞争者提供生产经营所需资源的企业或个人。

A. 供应商　B. 中间商　C. 广告商　D. 经销商

4. 营销微观环境分析的内容有:(　　)。

A. 人文技术　B. 营销中介　C. 政治-法律　D. 社会-文化　E. 企业　F. 经济　G. 供应商　H. 自然环境　I. 顾客　J. 竞争者　K. 社会公众

5. 哈佛大学的迈克尔·波特教授提出的五种传统竞争力因素有:(　　)。

A. 潜在加入者　B. 现有竞争对手　C. 替代品　D. 供应商　E. 客户　F. 互补企业

◎判断

1. 组织市场购买行为具有需求的自发性，需求波动小，需求缺乏弹性等特征。(　　)

2. 按照企业市场占有率高低，可以将竞争者分为市场主导者、市场挑战者、市场跟随者和市场补缺者。(　　)

3. 同一个国家不同地区的企业之间营销环境基本上是一样的。(　　)

4. 营销调查问卷的基本结构由问卷头、问卷体、问卷脚三部分组成。(　　)

5. 市场营销调查报告没有统一的格式，一般由题目、目录、概要、正文、结论和建议、附件等几部分组成。(　　)

◎简答

1. SWOT 是什么?

2. 竞争企业对企业的竞争有可能作出怎样的反应?

3. 影响消费者购买行为因素有哪些?

4. 组织市场购买行为有哪些类型?

5. 街头调查要做好哪些准备工作?

6. 如何开展街头调查工作?

◎案例分析

【案例 1】

“米沙”小玩具熊的滞销

1977 年，洛杉矶的斯坦福·布卢姆以 25 万美元买下西半球公司一项专利，生产一种名叫“米沙”的小玩具熊，用作 1980 年莫斯科奥运会的吉祥物。此后的两年里，布卢姆先生和他的伊美治体育用品公司致力于“米沙”的推销工作，并把“米沙”商标的使用权出让给 58 家公司。成千上万的“米沙”被制造出来，分销到全国的玩具商店和百货商店，十几家杂志上出现了这种带 4 种色彩的小熊形象。开始，“米沙”的销路良好，布卢姆预计这项业务的营业收入可达 5 000 万到 1 亿美元。不料在奥运会开幕前，由于前苏联拒绝从阿富汗撤军，美国总统宣布不参加在莫斯科举行的奥运会。骤然间，“米沙”变成了被人深恶痛绝的象征，布卢姆的赢利计划成了泡影。

（资料来源：吴健安. 市场营销学. 7 版. 高等教育出版社，2000）

【思考】

1. 分析“米沙”小玩具熊所面对的宏观市场营销环境。
2. 如何改变“米沙”小玩具熊销售的被动局面？

【提示】

1. 奥运带来的巨大市场；国际局势随时可能变化。
2. 尽快脱离奥运会吉祥物这一形象；进行促销。

【案例 2】

小灵通冲击中国电信业

小灵通以“有线的价格，无线的享受”在中国电信业发展中异军突起。据有关方面透露，到 2001 年底，小灵通在全国总用户已经达到 1 200 万户，成了不可轻易取消的业务种类。今年小灵通的发展目标是用户总数突破 2 500 万户，超过联通大力推广的 CDMA 义务。

小灵通是一个特殊的产物。经历了风风雨雨，几经波折，不断突破政策界限，跌跌撞撞发展起来的特殊业务，从不许发展到成为固定电话的补充和延伸，到变相拓展移动业务，从中小城市逐步向大中城市拓展。直接挑战信息产业部关于小灵通只许在京沪穗等大城市以外地区发展的最后一道防线，兵临北京、广州、上海城下，大军压境逼宫，形成全面突破之势。

在小灵通不断地挑战面前，我们的管理水平、管理手段、管理力度都不断地受到了考验。可以说，管理者的一些表现是不能令人满意的。信息产业部对小灵通的发展还是“不鼓励、不支持”。

小灵通是什么？一种无绳电话而已，它在中国允许发展时的标准是十分明确的，即应该是固定电话的补充和延伸，并且只许在京沪穗以外的中小城市发展，这些，信息产业部都是有十分明确的政策界定的。

换言之，小灵通要发展，就必须恪守固定电话的属性，不应有移动电话的功能与属性。小灵通的技术开始的确是落后的技术，但它在一定程度上又是经济适用技术，尤其是它建立在中国电信固定网络基础之上的服务功能，使它的建设成本大为降低。信息产业部给予了它低廉的价格，月租费 20～25 元，每分钟通话费 0.15～0.20 元，即使这个低资费在许多地方也没有执行，而是更低。

小灵通的技术手段不断改进，服务功能不断扩大，资费甚至也不断降低。在福建、广东、海南等地小灵通的资费五花八门，月租费最低的 18 元，前 3 分钟基本上 0.20 元，3 分钟以后有的 0.10 元，有的只有 0.08 元。在海南，城市之间的通话区间费都忽略不计，比固定电话还便宜。

在小灵通日甚一日的发展中，推广者日益不满足于固定电话的延伸和补充，不满足于城乡结合部和边远地区的发展限制，意欲分得移动市场的一杯羹。于是 450 兆的 CDMA 无线市话系统悄悄违规地开建了；于是，小灵通手机的功能渐渐地多了。有资深通信分析人士认为，对待小灵通的办法其实很简单，单向收费，降低资费就立即可以蒸发小灵通。而且如果两年前移动通信资费就降下来，根本就没有小灵通的发展空间。事实上，许多地方的移动运营商已经与小灵通展开了价格对决，资费水平降到了非常低的水平。

在信息产业部日前公布的《电信业务分类目录》中，也没有出现小灵通的字眼。原先小灵通的定义采用的是接入网技术，现在有些地方已经变成无线通信网了。在福建泉州，小灵通已建成了灵通网，实现了福州、泉州、厦门之间的漫游。高速、宽带、短信、彩信业务等，这些手机才有的功能，小灵通也在逐步地发展了。

它冲击了移动市场，降低了移动通信的利润空间。目前，海南移动出现了亏损，福建联通也出现了亏损。中国通信市场发展面临着考验。有分析人士认为，小灵通问题的出现是中国电信体制改革不彻底的产物，更是政府监管严重缺位的表现形式。电信改革是为了打破垄断，将固定电话与移动电话分开经营，并且引入竞争机制，激活电信市场。但由于改革不彻底，资源配置不科学，固定电话的自然垄断并没有真正被打破。这也是小灵通得以快速发展的一个十分重要的原因。

(资料来源：http://zhudapensir.blog.163.com/blog/static/122968162201052985430794)

【思考】

1. 从市场竞争的角度来看，请分析小灵通存在的合理性。

2. 作为挑战者小灵通今后的发展前景如何？

【提示】

1. 小灵通以其低资费的显著优点，冲击着中国电信业市场。

2. 可以说小灵通的兴起是借了中国电信体制改革不彻底及政府监管严重缺位的“光”，因此小灵通未来市场的发展空间将在很大程度上受限于相关电信体制及制度的出台。

任务3 选择目标市场战略

◆知识目标

1. 理解市场细分概念。

2. 掌握市场细分方法。

3. 了解目标市场选择的影响因素。

4. 掌握市场定位的步骤及方法。

◆能力目标

能灵活运用市场细分方法，进行目标市场的选择，并在此基础上进行科学的市场定位。

案例导入

宝洁公司推出个性鲜明产品的奥秘何在

消费者购买洗发用品，往往具有不同的购买目的。例如，有的是为了去头屑、止痒，有的是为了使头发柔顺、飘逸，也有的是为了营养发质等。

著名的宝洁公司为了充分占领中国市场，根据消费者这种购买动机的差异分别推出了“海飞丝”、“潘婷”、“飘柔”等个性鲜明的品牌产品，其中“海飞丝”的突出功能是去头屑，“潘婷”的突出功能是营养保健，而“飘柔”的突出功能是光滑柔顺。

(资料来源：张雅静. 市场营销学. 中国商务出版社，2009)

【思考】试评价宝洁公司这一营销策略的优缺点。

【提示】产品多样化满足了不同消费者的需要，但使消费者缺乏对公司统一形象的认识。

分项任务3.1 进行市场细分

3.1.1 市场细分的含义、客观依据与作用

1. 市场细分的含义

市场细分又称市场分隔或市场区隔,是指根据消费者对产品的需求与欲望、购买行为与习惯等方面的明显差异,把具有异质性需求的整体市场划分为若干需求大体相同的消费者群的小市场,它是一个辨别具有不同行为的消费者,并加以分类组合的过程。

2. 市场细分的客观依据

市场细分的客观依据主要体现在以下三点:

(1)市场细分的客观基础是消费者需求的差异性。在市场上,消费者总是希望买到能够较好满足自己需求的产品,根据消费者需求差异的大小,可以把市场分为两类:一类叫"同质性市场",在这样的市场上,消费者的需求差异很小,因此没有必要进行市场细分;另一类市场叫"异质性市场",即由于消费者所处的地理、社会环境不同,自身的心理素质以及购买的动机不同,造成了他们对产品的价格、质量、款式上需求的差异性。如有的消费者要求服装的款式新颖、面料质地精良,有的消费者则要求穿着舒适、面料耐磨,这些引起需求差异的原因就是市场细分策划的客观基础。

(2)消费者需求的相似性是市场细分的理论基础。只有认识并挖掘消费者需求的相似性,才有可能把需求大致相似的消费者归为一个群体,并针对这一消费群体的需求特点生产产品,从而一个相对独立并且比较稳定的市场细分才有可能得以建立和保持。在生活中,有相同社会背景、相同文化氛围、相同经济层次、相同生活习俗等客观条件的消费群体总显现出在某种需求、欲望、心理、行为、习惯等方面的相似性,这种相似性就成了市场细分的依据。

(3)企业资源的有限性。由于市场外部环境的不可控性和企业资源的有限性,使得任何一个企业都不可能满足市场上所有顾客的要求。不论是产品还是服务,即使是一个在市场上处于领导地位的大企业,也不会在市场营销的全过程中

占有绝对优势。企业在竞争的市场环境中，如果想要进行有效竞争以赢得自己的一席之地，就必须进行市场细分，然后选择自己最有利可图的细分市场，集中资源，制定有效的竞争策略，取得市场中的竞争优势。

3. 市场细分的作用

市场细分是现代企业从事市场营销的重要手段，它对于企业开展市场营销活动具有重要的意义。

(1)市场细分有助于企业深刻地认识市场。消费者的不同特征和不同需求纵横交错，市场由此而极其复杂。不进行深入的分析，要深刻认识如此混沌的市场整体是不可能的。市场细分为我们提供了极好的分析工具，通过按不同标准细分，仿佛按不同的角度把复杂的市场分开，再拼起来。既清晰地认识了每一个部分，又了解了部分之间的联系。

(2)市场细分有助于企业发现最佳的市场机会。在市场供给看似已十分丰富，竞争者似乎占领了市场各个角落时，企业利用市场细分就能及时、准确地发现属于自己的市场机会。百事可乐公司就是通过市场细分为自己发现了绝妙的市场机会，并在此基础上用一系列营销努力成功地改写了可乐市场上可口可乐一统天下的局面。当时可口可乐在消费者心目中几乎就是饮料的代名词，其他品牌的饮料根本无法与之相提并论。百事可乐首创不含咖啡因的“七喜”，并用饮料中是否含有咖啡因作为标准，硬是将饮料市场一劈为二；含有咖啡因的饮料市场和不含咖啡因的饮料市场。并成功地让消费者认同：可口可乐是前一个市场的霸主，而七喜则是后一个市场的领导者。

(3)市场细分有助于企业确定经营方向，开展针对性营销活动。通过市场细分，企业把市场分解开来，仔细分析比较，及时发现竞争动态，既可以避免将生产经营过度集中在某种畅销产品上，与竞争者一团混战。又可以选择有潜力且符合企业资源范围的理想顾客群作为目标，有的放矢地进行营销活动。

(4)市场细分对小企业具有特别重要的意义。与大企业相比，小企业的生产能力和竞争实力要小得多，它们在整个市场或较大的细分市场上无法建立自己的优势。借助市场细分，小企业可以发现某些尚未满足的需要，这些需要或许是大企业忽略的，或许是极富特殊性，大企业不屑去为之专门安排营销力量的。无论何种情况，只要是小企业力所能及的，便可见缝插针，拾遗补缺，建立牢固的市场地位，成为这一小细分市场的专家。小企业还可充分发挥“船小调头快”的优势不断寻找新的市场空隙，使自己在日益激烈的竞争中生存和发展。

营销实例

南昌日用化工总厂年产“草珊瑚”牙膏8 000万支，而每年只有300万元的广告宣传费，平均每支牙膏的促销费用仅4分钱左右，这是无法与大企业的广告宣传费用相比的。面对着市场上强大的对手，南昌日用化工总厂没有以卵击石，他们在进行认真的分析和调查后，细分市场，决定走“农村包围城市”的路子，把销售工作的重点放在竞争对手尚未涉足或较少涉足的农村和小城镇，先后在省外开拓了淮阳、盐城、临沂、陆丰、临河等一些小城镇的牙膏市场，销售额达3 000多万元。

（资料来源：李光明. 市场营销学. 清华大学出版社，2011）

3.1.2 市场细分的标准

1. 消费者市场细分

消费者市场细分的标准很多，造成消费需求特征多样化的所有因素，几乎都可视为市场细分的标准或依据，称为细分变量。一般认为主要细分依据是地理因素、人口因素、心理因素和行为因素四大类。

(1)地理因素。所谓按地理因素细分，就是企业按照消费者所在的地理位置以及其他地理度量（包括城市农村、地形气候、交通运输等）来细分消费者市场。因为处在不同地理位置的消费者对企业的产品各有不同的需求和偏好，他们对企业的营销策略，对企业的产品价格、分销渠道、广告宣传等也各有不同的反应。例如，对我国南北方居民饮食口味的差别历来有“南甜北咸”之说，这种差异无疑对食品和餐饮企业有重要影响。又如，美国的麦氏咖啡公司针对不同地区的消费者对咖啡浓度的偏好不同，将销售区划分为若干个地理区来经营。地理因素细分标准如表3.1所示。

表3.1 地理因素细分标准

标　准	因　素
地理区域	国家、地区、城市、乡村、南方、北方等
气候	亚热带、热带、寒带等
密度	都市、郊区、乡村、边远等
城市规模	特大城市、大、中、小城市等

营销实例

香港一家公司在亚洲食品商店推销它生产的蚝油时采用这样的包装装潢画：一位亚洲妇女和一个男孩坐在一条渔船上，船里装满了大蚝，效果很好。可是，这家公司将这种东方食品调料销往美国，仍用原来的包装装潢，却没有取得成功，因为美国消费者不能理解这样的包装装潢设计的含义。后来，这家公司在旧金山的一家经销商和装潢设计咨询公司的帮助下，改换了商品名称，并重新设计了包装装潢：一个放有一块美国牛肉和一个褐色蚝的盘子，这样才引起了美国消费者的兴趣。经过一年的努力，这家香港公司在美国推出的蚝油新包装装潢吸引了越来越多的消费者，超级市场也愿意经销蚝油了，产品终于在美国打开了销路。

（资料来源：郭国庆.市场营销.中国人民大学，2002）

市场潜量和成本费用会因市场位置不同而有所区别，因此，应选择那些企业能最好为之服务的，效益较高的地理市场为目标市场。

(2)人口因素。所谓按人口因素细分，就是企业按照人口变量来细分消费者市场。人口因素是影响消费者需求的重要因素，所以长期以来许多企业都把人口因素作为细分市场的主要标准而广泛运用。例如，我国服装、化妆品、理发等行业长期以来一直按性别细分市场，把消费者分为男性群体和女性群体，并选择其中一类作为自己的目标市场。以一句“金利来，男人的世界”的广告词唱响全球的金利来公司，把生产经营男用服饰作为自己的主要业务，并取得了巨大成功。人口因素细分标准如表3.2所示。

表3.2 人口因素细分标准

标准	因素
年龄	婴幼儿、少年、青年、中年、老年等
性别	男、女
民族	汉、满、维、回、蒙、藏、瑶、土家等
职业	职员、教师、科研人员、文艺工作者、企业管理人员、私营企业主、工人等
家庭收入(年)	1 000元以下、1 000～10 000元、10 000～20 000元、20 000～30 000元等
家庭人口	1～2人、3～4人、5人以上等
家庭生命周期	单身期、初婚期、婴幼儿期、少儿期、空巢期、鳏寡期等
受教育程度	小学程度以下、小学毕业程度、初中程度、高中程度、大学程度、研究生以上等
宗教	佛教、道教、基督教、天主教、伊斯兰教、犹太教等
种族	白色人种、黑色人种、黄色人种、棕色人种
国籍	中国、美国、英国、新加坡等

营销实例

妇女社会地位的提高，使各行各业越来越关注妇女在商品的选购决策中所起的巨大影响作用。以汽车行业为例，未来10年，预计约6%的新车由妇女购买。如何面对汽车市场的这一变化呢？汽车厂商的营销人员分析指出："卖给女人跟卖给男人的汽车，本质上讲应没有什么区别，只是一些男女间的微妙差别导致了不同。与男人相比，妇女更关心安全。"根据这些情况，汽车制造商设计出了更适于妇女驾驶的车型，具体表现在：行李箱更易开启，座位更易调整，安全带更舒适。同时，他们还加强了汽车的安全设施，如气囊和遥控门锁等。

（资料来源：菲利普·科特勒. 营销学导论. 俞利军译. 华夏出版社，1999）

(3)心理因素。所谓按心理因素细分，就是按照消费者的生活方式、人格特征、社会阶层、个性等心理变量来细分消费者市场。心理因素细分标准如表3.3所示。

表3.3　心理因素细分标准

标　准	因　素
生活方式	平淡型、时髦型、知识型、名士型等
人格特征	外向型或内向型、理智型或冲动型、积极型或保守型、独立型或依赖型等
社会阶层	上上层、上中层、上下层；中上层、中层、中下层；上下层、下层、下下层等

生活方式是指一个人或者一个群体对于生活、消费、工作和娱乐的不同看法或态度。例如，节俭朴素、崇尚时髦、爱阔气、讲排场等都是对不同生活方式的描述。生活方式不同的消费者对商品有着不同的需求；例如，妇女时装生产企业可以分别为"朴素的妇女"、"时髦的妇女"和"男性化的妇女"设计不同的服装，以适应她们不同生活方式的需要。

个性是指消费者的个人性格，个性不同也会产生消费者需求的差异。西方国家的有些企业根据消费者的不同个性对市场细分。这些企业通过广告宣传，试图赋予其产品与某些消费者的个性相似的"品牌个性"，树立"品牌形象"。例如，20世纪50年代后期福特汽车的购买者普遍被认为是感情易冲动、善于适应环境变化和雄心勃勃的消费者群。

(4)行为细分。所谓行为细分，就是根据消费者购买产品的时机、消费者所追求的利益、使用者情况、消费者对某种产品的使用率、消费者对品牌(或商店)的忠诚度、消费者待购阶段和消费者对产品的态度等行为变量来细分消费者市场。行为因素细分标准如表3.4所示。

表3.4 行为因素细分标准

标 准	因 素
购买时机与频率	日常购买、特别购买、节日购买、规则购买、不规则购买等
追求的利益	廉价、时髦、安全、刺激、新奇、豪华、健康等
使用者情况	从未使用者、曾经使用者、潜在使用者、初次使用者、经常使用者等
使用率	少量使用者、中量使用者、大量使用者等
品牌忠诚度	坚定忠诚者、适度忠诚者、转移忠诚者、游离忠诚者
对产品的态度	热爱、肯定、不感兴趣、否定、敌视等

①购买时机。许多商品都有自己特定的消费时间(如元旦、春节、五一、中秋节、国庆节等),消费者对这些产品的消费相应地形成了固定时间集中购买的特点,如中国人春节购买春联、鞭炮,中秋节购买月饼,端午节购买粽子等。随着改革开放的进行,目前许多西方节日如父亲节、母亲节、情人节、圣诞节等在我国年轻人的生活中也成了不可或缺的节日。企业若能及时抓住消费时机,把消费者特定时期的需求作为目标市场,采取适当营销策略满足消费需要,定能为企业带来丰厚的回报。

营销实例

某购物广场中秋节促销策划

促销目的:以中秋月饼的消费来带动卖场的销售,以卖场的形象激活月饼的销售。预计日均销量在促销期间增长10%～20%。

促销内容:

1. 买中秋月饼送可口可乐。

2. 礼篮:分为298元、198元、98元三个档次。

3. 促销期间(9月3日至9月12日)在卖场凡购满300元者,均可获赠一盒精美月饼(价值20元/盒)。

4. 在9月10日“教师节”进行面向教师的促销:凡9月9日和10日两天在新华都购物与消费的教师,凭教师证可领取一份精美月饼或礼品(价值20元左右)。

(资料来源:上班族网 http://www.chinasbz.com/2007)

②追求的利益。消费者基于不同的购买动机，在购买某类产品时往往寻求不同的利益。企业可以根据顾客所寻求的利益不同而实现市场细分。以购买牙膏为例，有些消费者购买高露洁牙膏，主要是为了防治龋齿；有些消费者购买芳草牙膏，主要是为了防治口腔溃疡、牙周炎。所以，企业可以按照不同消费者购买产品时所追求的不同利益，设计和生产适合目标市场需要的产品，并且用适当的广告媒体和广告词，把这种产品的信息传达给追求这种利益的消费者群。

③使用者情况。很多市场可按使用者的情况，细分为对某一产品的未使用者、曾使用者、以后可能使用者（潜在使用者）、初次使用者和经常使用者等类型。通常大企业凭借其雄厚的资金技术实力和较强的研发能力，在把经常使用者作为主要目标市场的基础上，同时把注意力集中在对未使用者、初次使用者和潜在使用者等市场的开拓上，力争占领更多的细分市场。而小企业因实力较弱，市场竞争力不强，多把经常使用者作为其目标市场。同时，不同使用状态下的消费者对企业营销刺激的反应有所不同，这要求企业针对不同类型消费者所采用的营销策略也应有所差异。

④使用率。不同使用频率的消费者往往会有一些不同的消费心理、人文特征、购买行为表现等，而具有相同使用频率的消费者群则在以上各方面存在着较大的相似性。例如，有人经过调查研究后发现，美国 50％的啤酒饮用者消费了 88％的啤酒。显然啤酒公司对吸引大量使用者更感兴趣。研究还发现某种产品的大量使用者常会具有某些共同的习惯。以啤酒的大量使用者为例，他们多为体力劳动者、年龄在 25～50 岁，每天看三个半小时以上的电视节目，而且特别喜爱体育节目。这些信息资料显然有助于营销人员拟订价格、设计广告和选择广告媒介。

⑤品牌忠诚度。企业还可以按照消费者对品牌的忠诚度细分市场。所谓品牌忠诚度，是指由于价格、质量等诸多因素的引力，使消费者对某一品牌的产品情有独钟，形成偏爱并长期购买这一品牌产品的行为。根据品牌忠诚度，一般可将消费者分为四类：坚定忠诚者，任何时候都只购买一种品牌；适度忠诚者，同时忠于两种或多种品牌；转移忠诚者，从忠于一种品牌转向忠于另一种品牌；游离忠诚者，此类消费者购买多种品牌的产品，不忠于任何一种品牌。每个市场都不同程度地包含上述四类消费者群。企业通过分析忠诚度不同的群体，可以发现问题，以便采取适当措施，改进市场营销组合。

⑥消费者态度。消费者态度是消费者个体评价或对待客观外界对象较为稳定的心理倾向。对某企业产品的态度有：热爱、肯定、不感兴趣、否定和敌对。企业对待不同态度的消费者群，应当酌情分别采取不同的市场营销措施。例如，对那些不感兴趣的消费者，企业要通过适当的广告媒体，大力宣传介绍本企业的产

品，使他们转变为感兴趣的消费者。

营销实例

五粮液黄金酒品牌定位战略

作为一个刚刚推出的新品牌，黄金酒从一面世就获得了业内和媒体的超高关注度，2010年，巨人集团在央视广告招标中投入2亿元，其中1亿元用于黄金酒的广告投放。该年，黄金酒完成销售额13亿元。

黄金酒的成功离不开成功的市场细分。首先目标是细分白酒市场，其次黄金酒与其他白酒的差异在于具有保健功能，最后这是在礼品市场专门送给长辈的酒。其定位迎合了在中国将白酒作为礼品这一习俗，黄金酒将保健酒以清香型白酒为酒基的传统改变为以五粮液特有的浓香型白酒为酒基，很大程度上适应了消费者的口感度。同时项目组的研究发现，真正喝酒的人都是喝高度酒，并认为好酒都是高度酒，高度酒更上档次。实际上，更多消费者会根据老人平时的饮酒喜好（包含香型和酒精度）来选择白酒，因此送长辈高度的白酒更为普遍。2010年秋季糖酒会上，黄金酒为迎合市场需求，推出45度和52度两款新品。

（资料来源：http：www.360doc.com/content/11/0307/09-1819726_98823157.shtml，2011-03-07）

2. 组织市场细分

许多用于细分消费者市场的变量，同样适用于产业市场，如追求的利益、使用者情况、使用数量、品牌忠诚度和态度等。但对产业市场的细分还有以下主要依据：

（1）最终用户的要求。按最终用户的要求细分工业品市场是一种通用的方法。在产业市场上，不同的最终用户所追求的利益不同，对同一种产品的属性看重不同的方面。如购买轮胎时，飞机制造商对该产品的安全性要求比农用拖拉机制造商高得多，而汽车制造商在生产比赛用车和标准车时，对轮胎的质量等级也有不同的要求。最终用户的每一种要求就可以是企业的一个细分市场，企业为满足最终用户的不同需求，应相应地运用不同的营销组合，提供他们所真正追求的利益。

（2）用户规模。用户规模是以用户对企业的产品需求量的大小来判断的，这是细分产业市场的又一个重要变量。许多企业为大小不同的用户分别建立了专门的服务系统，以便更好地适应各种规模的用户的特点。如办公家具制造商将其用户分成两类：像银行这样的大客户，由该公司的全国性用户经理与地区经理一起管理；其他较小的用户则通过地区推销人员联系。

(3)用户的地理分布。产业用户的地理分布往往受一个国家的资源分布、地形气候和经济布局的影响制约。如我国钢铁业主要集中在东北钢铁工业区、上海钢铁工业区等;轻工业区主要分布在东部和东南沿海地区,如长江三角洲、珠江三角洲等。这些不同的产业地区对不同的生产资料具有相对集中的需求。

(4)经营状况。经营状况是指企业生产经营规模、资金状况、技术实力、竞争能力、市场占有率、经济效益等方面的情况。对经营状况好坏不同的企业客户,生产企业应在营销策略使用上区别对待。

企业营销实践中,许多企业对产业市场的细分通常不只使用一个标准,而是用几个标准,甚至用一系列标准来细分。例如,美国一家铝制品公司曾同时采用最终用途、产品应用、客户规模三个标准来细分市场,如图3.1所示。

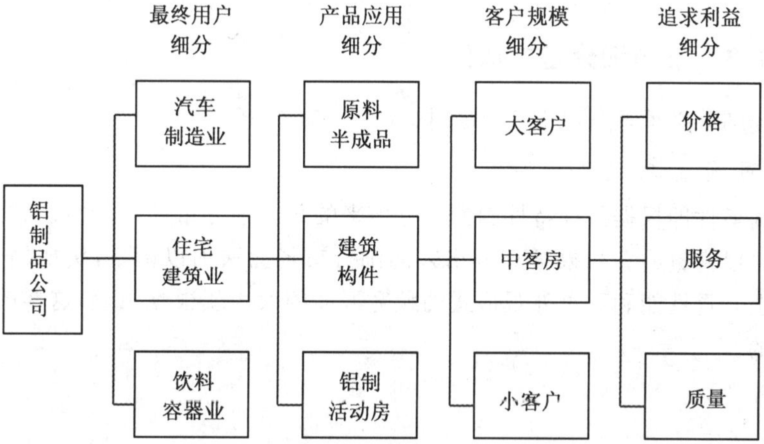

图3.1　铝制品公司细分市场示意图

营销实例

北京地区快餐市场细分

北京某区粮食系统准备调整自己的经营范围,选择餐饮业作为发展自己的新市场。粮食局对北京餐饮市场进行了调查,经过认真分析,对餐饮市场作了如下细分:

外企员工午餐　突出营养、卫生、价格中高等,系列午餐;

会议团体用餐　突出吃好、卫生,公款或集体付款,高价;

一般外出用餐　解急求饱型,低价;

外地旅游者用餐　突出解急解渴，营养，在旅游点出售，中价；

成人西式快餐　突出优雅的用餐环境，快餐不快，适宜2～3人用餐，高价；

社区快餐　以固定顾客为主，特别是中小学生，兼顾学生午休，强调卫生，中价；

市民早餐　突出卫生，用餐，擦手方便，中低价；

中式小吃　品尝型，品种多，数量少，单价低，总价高。

粮食局对市场进行了全面分析后，决定分两步进入北京快餐市场。第一步是以连锁店的方式，经营市民早餐和社区快餐。第二步以增项方式发展中式小吃型快餐。这样的选择既能发挥粮店国有企业品牌的优势，又符合市场竞争态势。

（资料来源：刘子安. 现代营销学案例与习题集. 中国对外经济贸易出版社，2002）

3.1.3 市场细分基本原则

市场细分必须具备以下四个条件。

1. 可衡量性

可衡量性即根据某种特性因素划分出来的每个细分市场，其规模和购买力的大小是可以衡量的。如果被划分出来的细分市场无法加以衡量，例如，彩色电视机市场上看重性能和看重外观形式的顾客群体的大小就很难衡量，这样的细分就是无效的。

营销实例

德国宝马汽车在美国市场上的成功就是得益于对美国市场的有效细分和对各子市场购买情况的准确测量。20世纪70年代中期，德国宝马汽车在美国市场上将目标对准当时的高级轿车市场。经需求测量却发现，该子市场的消费者不但不喜欢，甚至还嘲笑宝马，认为宝马就像是一个大箱子，既没有自动窗户也没有皮座套，无法同其他车媲美。显然，这个市场对宝马的高超性能并无兴趣。于是，生产厂家决定将目标转向收入较高、充满生气、注重驾驶感受的青年市场。因为该市场的消费者更关心汽车的性能，更喜欢能够体现不同于父辈个性和价值的汽车。为吸引这个市场的消费者，厂家突出宣传车的高超性能。结果到1978年，该车的销售量虽然还未赶上奔驰，但已达到3万多辆，到1986年，已接近10万辆。然而20世纪八九十年代，美国经济开始走向萧条，原来的目标消费者已经成熟，不再需要通过购买高价位产品来表现自我，加上日本高级轿车以其物美价廉的优势打入美国市场，宝马面临新的挑战。经需求测量发现，消费者之所以喜欢宝马，是因为它能给驾驶人一种与众不同的感觉，即“人”驾驶车而不是“车”驾驶人。驾驶宝马，消费者感到安全、自信，从宝马身上，他们不仅可以感觉汽车、控制汽车，还可以得到如何提高驾驶技术的反馈。于是，厂家又将目标市场对准下列三种人：相信高技术驾驶人应该驾驶好车的消费者；为了家庭安全希望提高驾驶技术的消费者；希望以高超驾驶技术体现个人成就的消费者。到1992年，尽管整个美国汽车市场陷入萧条，宝马的销售量却比1991年提高了27%。

（资料来源：郭国庆.市场营销.中国人民大学出版社，2002）

2. 可进入性

所谓可进入性是指企业可以通过确定某一营销组合，能达到某一细分市场，使该市场的消费者得以购买本企业的产品。如果企业的广告宣传、销售网点等营销组合因素，没有能力进入被划分出来的细分市场，显然这样的市场细分是没有意义的。

营销实例

日本本田公司在向美国消费者推销其汽车时，就遵循了可进入性原则，从而成功地进行了市场细分，选择了自己的目标市场。同奔驰、奥迪、富豪等高级轿车比，本田的汽车不仅价格较低，技术也较高，足以从竞争对手口中争食。然而，本田公司没有这样做。根据本田公司当时的预测，20世纪80年代末90年代初，随着两人家庭的增多，年轻消费者可随意支配的收入将越来越多，涉足高级轿车市场的年轻人也将越来越多。与其同数家公司争夺一个已被瓜分的市场——一部分早就富裕起来并拥有高级轿车的中老年消费者市场，不如开辟一个尚未被竞争对手重视的，因而可完全属于自己的市场——刚刚和将要富裕起来的中青年消费者市场。

（资料来源：郭国庆.市场营销.中国人民大学出版社，2002）

3. 可盈利性

可盈利性是指企业进行市场细分后所选定的子市场的规模足以使企业有利可图。因为消费者的数量是企业利润的来源之一。如果细分市场缺乏可盈利性，这个市场就不值得企业进行营销。

营销实例

美国李(Lee)牌牛仔裤始终把目标市场对准占人口比例较大的那部分“婴儿高峰期”的消费者群体,从而成功地扩大了该品牌的市场占有率。20世纪六七十年代,李牌牛仔裤以15～24岁的小青年为目标市场。因为这个年龄段的人正是那些在“婴儿高峰期”出生的,在整个人口中占有相当大的比例。可是,到20世纪80年代初,昔日“婴儿高峰期”一代已成为中青年。为适应这一目标市场的变化,厂商只是将原有产品略加改进,使其正好适合中青年消费者的体型。结果,20世纪90年代初,该品牌牛仔裤在中青年市场上的份额上升了17%。

(资料来源:郭国庆.市场营销.中国人民大学出版社,2002)

4. 稳定性

市场细分的目的在于正确选择目标市场,集中力量开拓经营,扩大销售,增加企业盈利。这就要求细分的市场不但要有一定的市场容量和发展潜力,而且要有一定程度的稳定性,即占领市场后的相当长时期内不需要改变自己的目标市场。因为目标市场的改变必然带来企业经营设施和营销策略的改变,而这种变动过快给企业带来的风险和损失也会随之增加。因此,一般说来,目标市场越稳定,越有利于企业制定长期的营销战略和策略,越有比较稳定的利润。

此外,还须指出的是,市场细分程度要合理,不能认为市场的细分是越细越好。近年来,西方市场营销学反对“超细分策略”,而主张将许多过于狭小的市场组合起来,以便利用较低的价格去满足这一市场较广的需求。尤其在我国当前市场处在以中低消费能力为主的情况下,一般不宜将市场划分得过细,应因时因地制宜并与日渐增长的物质文化的实际需求相适应,宜粗则粗,以务实为尚。

3.1.4 市场细分的步骤

市场细分策略的实施是一个复杂而细致的工作,要有科学的细分程序与步骤。企业在进行市场细分时,一般没有通用的标准,根据企业实践,通常需要经过以下几个基本步骤:

1. 了解基本情况

弄清消费者对产品或服务介入的程度:

(1)消费者对这种产品、服务或该行业了解有多深?他们愿意且能够讨论到何种程度?

(2)这是一种新产品还是现有产品?

(3)市场细分研究的目的是什么？是增加现有顾客对产品的忠诚度，还是吸引新的顾客，还是将客户从竞争对手那边吸引过来？

(4)市场细分研究是为短期规划服务，还是为长期战略服务？

(5)公司管理者和销售者对现有市场结构的看法如何？

2. 确定基础变量

不同市场区域选择的基础变量不同，一定要充分考虑与主题的相关性。对于不同产品进行市场细分时，必须根据其特点，以消费市场细分指标为基础并结合以往市场研究经验，重新构造细分变量指标。一般选择大约20个基础变量和行为变量。

3. 依据需求选定产品市场范围

每一个企业，都有自己的任务和追求的目标，作为制定发展战略的依据。它一旦决定进入哪一个行业，接着便要考虑选定可能的产品市场范围。产品市场范围应以市场的需求而不是产品特性来定。比如一家住宅出租公司，打算建造一幢简朴的小公寓。从产品特性如房间大小、简朴程度等出发，它可能认为这幢小公寓是以低收入家庭为对象的，但从市场需求的角度来分析，便可看到许多并非低收入的家庭也是潜在顾客。举例来说，有的人收入并不低，市区已有宽敞舒适的居所客观存在，但又希望在宁静的乡间再有一套房间，作为周末生活的去处，所以，公司要把这幢普通的小公寓看做是整个住宅出租业的一部分，而不应孤立看成只是提供给低收入家庭居住的房子。

4. 列举潜在顾客的基本需求

选定产品市场范围以后，公司的市场营销专家们，可以通过“头脑风暴法”，从地理变数、行为和心理变数等方面，大致估算一下潜在的顾客有哪些需求，这一步能掌握的情况有可能不那么全面，但却为以后的深入分析提供了基本资料。比如，这家住宅出租公司可能会发现，人们希望小公寓住房满足的基本需求，包括遮蔽风雨，停放车辆，安全，经济，设计良好，方便工作、学习与生活，不受外来干扰，足够的起居空间，满意的内部装修、公寓管理和维护等。

5. 分析潜在顾客的不同需求

公司再依据人口变数作抽样调查，向不同的潜在顾客了解，上述需求哪些对他们更为重要。比如，在校外租房住宿的大学生，可能认为最重要的需求是遮风蔽雨、停放车辆、经济、方便上课和学习等；新婚夫妇的希望是遮蔽风雨、停放车辆、不受外来干扰、满意的公寓管理等；较大的家庭则要求遮蔽风雨、停放车辆、经济、足够的儿童活动空间等。这一步至少应进行到有三个分市场出现。

6. 移去潜在顾客的共同需求

现在公司需要移去各分市场或各顾客群的共同需求。这些共同需求固然很重要,但只能作为设计市场营销组合的参考,不能作为市场细分的基础。比如说,遮蔽风雨、停放车辆和安全等项,几乎是每一个潜在顾客都希望的。公司可以把它作为产品决策的重要依据,但在细分市场时则要移去。

7. 为分市场暂时取名

公司对各分市场剩下的需求,要作进一步分析,并结合各分市场的顾客特点,暂时安排一个名称。

8. 进一步认识各分市场的特点

现在,公司还要对每一个分市场的顾客需求及其行为,作更深入的考察。看看各分市场的特点掌握了哪些,还要了解哪些。以便进一步明确,各分市场有没有必要再作细分,或重新合并。比如,经过这一步骤,可以看出,新婚者与老成者的需求差异很大,应当作为两个分市场。同样的公寓设计,也许能同时迎合这两类顾客,但对他们的广告宣传和人员销售的方式都可能不同。企业要善于发现这些差异。要是他们原来被归属于同一个分市场,现在就要把他们区分开来。

9. 测量各分市场的大小

以上步骤基本决定了各分市场的类型。公司紧接着应把每个分市场同人口变数结合起来分析,以测量各分市场潜在顾客的数量。因为企业进行市场细分,是为了寻找获利的机会,这又取决于各分市场的销售潜力。不引入人口变数是危险的,有的分市场或许根本就不存在顾客。

3.1.5 市场细分的方法

1. 完全无细分

完全无细分即有意识地不根据消费者需求的不同加以细分。这样做的目的是强调市场中的共性,漠视个性,以减少生产、营运成本。在实际营销中,越来越多的产品必须按细分因素进行细分,但是,有少数的产品是不需要的,如电力、煤炭、自来水等。由于此类产品消费共性大,价格高低是消费者最关心的问题,为了减少成本,企业可以采取不加细分的方法。

2. 完全细分

完全细分又称为极端细分或超细分,即认为每一个购买者都可能是一个单独的市场,完全可以按照这个市场所包括的购买者数目进行最大限度地细分,细分后的小市场也就是构成此市场的购买者数目。

在实际营销中，当整个市场内只有少数几个购买者，而且这些购买者的需求都有很大的差异时，有少数产品确实具有按照这种方法细分的特性。比如，美国的波音和道格拉斯飞机，这两种飞机的主要骨架制造商，只面临一些大购买者，因此可以把每个购买者当做一个市场，满足他们各自不同的要求。

营销实例

福特汽车公司曾经在20世纪50年代打算专门为1.2米的侏儒生产特制汽车，如特殊的产品设计、与大众化汽车不同的生产线及工装设备，这必然造成成本的大量增加，但更好地满足了特殊消费者的需求。通过市场调研与细分后，发现这一汽车细分市场的需求极其有限，人口较少，盈利前景暗淡，最终放弃了这一构想。

（资料来源：www.sxjrzyxy.com/jpkc/scyx）

3. 按一个因素细分

按一个因素细分即对某些通用性比较大，挑选性不太强的产品，按一个对购买者需求影响最强的因素加以细分。如儿童书籍市场，影响此市场的最主要因素是儿童的生理年龄，因此，可以首先按照儿童的年龄划分为学龄前儿童、学龄儿童、少年等书籍市场。

4. 按两个以上因素细分

大多数产品的销售都受购买者多种因素的影响。如不同年龄范围的消费者，因生理或心理的原因对许多商品有不同的要求；同一年龄范围的消费者，因收入的不同，也会产生需求的差异；同一年龄范围和同一收入阶层的消费者，更会因性别、居住地区及其他许多情况的不同而呈现复杂的、互不相同的需求，因此，大多数产品都需按照两个或两个以上的因素细分。各销售企业应根据不同的产品情况，适量控制一定的因素组合。因为，虽然企业细分市场运用的细分变量越多，所获得的精确程度越高，但是每个细分市场的消费者也会越少，企业的细分成本也就递增。所以，细分后的市场应该是有效、精确、低成本的。

5. 按系列因素细分

按系列因素细分即以多层变量为依据，由宏观到微观、由粗到细、层层深入地进行系统划分。如某大型制鞋厂的市场细分可以分为以下几步：第一步是宏观细分，按最终用户的要求把鞋市场分为国内城市市场、国内农村市场、国外市场等。考虑成本与价格，选定国内城市市场为目标市场。第二步就按产品在该市场的具体应用范围进一步细分为男性皮鞋、胶鞋、布鞋等，女性皮鞋、胶鞋、布鞋等。假设选定男性皮鞋市场为目标市场，第三步再按年龄划分为老年、中年、青年、少年市场。假设又选定中年市场为目标市场，第四步按收入不同可分为高收入、中等收入、低收入等。假设该厂选定高收入为目标市场，第五步在我国城市高收入的中年男性市场的范围内进行细分，按消费者的不同需求，可分为重视质量、重视价格、重视售后服务以及重视名牌、重视外观等。该厂在权衡轻重以后决定选择为重视产品外观的城市高收入中年男性顾客服务。经过系列因素逐级细分，该厂的目标市场就十分具体了。

分项任务 3.2　选择目标市场

3.2.1　目标市场的概念和选择条件

目标市场是指企业在细分市场的基础上，经过评价和筛选所确定的作为企业经营目标而开拓的特定市场，即企业可望能以某相应的商品和服务去满足其需求，为其服务的那几个消费者群体。

市场细分的目的在于发现市场机会，从一系列细分市场中，选择出最适合企业经营的市场组成部分。企业选出并决定为之服务的那些细分市场就是企业的目标市场。为了正确选择目标市场，需要掌握评估和选择细分市场的各种方法。

营销实例

麦当劳的主要目标市场

1. 小孩和家庭，这是麦当劳所设定的首要目标顾客群，是公司“欢乐餐”与特别促销活动的焦点。

2. 青少年，具有反叛或反传统的思想倾向，不希望受约束，渴望理解，希望人们能坦诚以待。对于这一顾客群，公司制作了专门的广告片，片中邀请青少年的偶像做一些青少年们喜欢做的事情。

3. 青年，多指年龄在 18～34 岁的人。这些人正在开创自己的事业或建立家庭。公司为这些人提供快速高效的餐饮服务。

4. 少数民族，在美洲大陆主要是指亚裔、非裔及西班牙语系的消费者。公司投入大量资金，通过有线电视网播放带有浓重民族性的广告片。

5. 年长者，多指年龄在54岁以上的人。公司针对这一顾客群，主要推销其餐饮的经济性，同时也鼓励年长者参与餐厅的工作。

（资料来源：傅浙铭.营销八段——市场定位方略.广东经济出版社，1999）

1. 目标市场的选择与评估

目标市场选择是指企业从可望成为自己的几个目标市场中，根据一定的要求和标准，选择其中某个或某几个目标市场作为可行的经营目标的决策过程和决策。

任何企业拓展市场，都应在细分市场的基础上发现可能的目标市场并对其进行选择。因为，首先，对企业来说，并非所有的细分市场和可能的目标市场都是企业所愿意进入和能进入的。其次，作为一个企业，无论规模多大，实力多强，都无法满足所有买主的所有需求。由于资源的限制，企业不可能有足够的人力、财力、物力来满足整体市场的需求，为保证企业的营销效率，避免资源的浪费，必须把企业的营销活动局限在一定的有限市场范围内。否则，势必会分散企业的力量，达不到预期的营销目标。鉴于上述原因，企业必须在细分市场的基础上，根据自身的资源优势，权衡利弊，选择合适的目标市场。

知识延伸

市场细分与目标市场及目标市场选择的关系

市场细分是按不同的购买欲望和需求划分消费者群的过程，而确定可能的目标市场是企业选择某几个市场的过程；目标市场选择则是在几个可能的目标市场中选择最有价值的目标市场，作为营销对象的决策过程。所以发现目标市场和进行目标市场的选择，都有赖于市场细分。市场细分是发现可能目标市场和进行目标市场选择的前提和条件，发现可能目标市场和目标市场选择则是市场细分的目的和归宿。

评价细分市场是进行目标市场选择的基础。一个企业可从以下三个方面对各细分市场做出评价：

(1)细分市场的潜量。细分市场潜量是指一定时期内，各细分市场中的消费者对某种产品的最大需求量。首先，细分市场应该有足够大的市场需求潜量。如果某一细分市场的潜量太小，则意味着该市场狭小，没有足够的发掘潜力，企业进入后发展前景黯淡；其次，细分市场的需求潜量规模应恰当，对小企业来说，需求潜量过大并不利：一则需要大量的投入，二则对大企业的吸引力过于强烈，唯有对企业发展有利的潜量规模才是具有吸引力的细分市场。要正确估测和评价一个市场的需求潜量，不可忽视消费者（用户）数量和他们的购买力水平这两个因素中的任何一个，市场调查是细分市场的基础，必须认真对待。

（2）细分市场内的竞争状况。对于某一细分市场，进入的企业可能会有很多，从而就可能导致市场内的竞争。这种竞争可能来自市场中已有的同类企业，也可能来自即将进入市场的其他企业，企业在市场中可能占据的竞争地位是评价各个细分市场的主要方面之一。很显然，竞争对手实力越雄厚，企业进入的成本和风险越大。而那些竞争者数量较少、竞争者实力较弱或市场地位不稳固的细分市场更有吸引力。可能加入的新竞争者是企业的潜在对手，他们会增加生产能力并争夺市场份额。问题的关键是新的竞争者能否轻易地进入这个细分市场，根据行业利润的观点，最有吸引力的细分市场是进入的壁垒高、退出壁垒低的市场。此外，是否存在具有竞争力的替代品也是评价细分市场的方面之一。

（3）细分市场所具有的特征与企业总目标和资源优势的吻合程度。企业进行市场细分的根本目的就是要发现与自己的资源优势能够达到最佳结合的市场需求。企业的资源优势表现在其资金实力、技术开发能力、生产规模、经营管理能力、交通地理位置等方面。既然是优势，必须是胜过竞争者的。消费需求的特点如能促进企业资源优势的发挥将是企业的良机，否则会出现事倍功半的情况，对企业是资源的浪费，严重时甚至造成很大的损失。

2. 选择目标市场的模式

目标市场的选择策略即关于企业为哪个或哪几个细分市场服务的决定，通常有以下五种模式供参考，如图 3.2 所示。

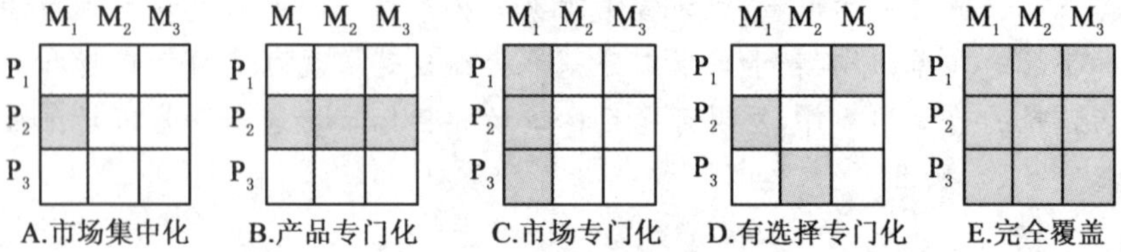

图 3.2 目标市场选择的五种模式

（1）市场集中化。如图 3.2A 所示。市场集中化是一种最简单的目标市场模式，通过密集营销，更加了解该细分市场的需要，可建立巩固的市场地位，即企业只选取一个细分市场，只生产一类产品，供应某一单一的顾客群进行集中营销。

选择市场集中化模式一般基于以下考虑:企业具备在该细分市场从事专业化经营或取胜的优势条件;限于资金能力,只能经营一个细分市场;该细分市场中没有竞争对手;准备以此为出发点,取得成功后向更多的细分市场扩展,公司通过生产、销售和促销的专业化分工,能提高经济效益,一旦公司在细分市场上处于领导地位,它将获得很高的投资收益。但同时隐含较大的经营风险。

(2)产品专门化。如图3.2B所示。企业集中生产一种产品,并向所有顾客销售这种产品。例如服装厂商向青年、中年和老年消费者销售高档服装,企业为不同的顾客提供不同种类的高档服装产品和服务,而不生产消费者需要的其他档次的服装。这样,企业在高档服装产品方面树立很高的声誉,但一旦出现其他品牌的替代品或消费者流行的偏好转移,企业将面临巨大的威胁。

(3)市场专门化。如图3.2C所示。这是指企业集中满足某一特定顾客群的各种需求。例如,向建筑工程公司供应推土机、打桩机、起重机、搅拌机等建筑所用的施工机械。市场专业化策略由于产品类型众多也能有效地分散经营风险。由于集中于某一特定顾客群,当这类顾客群购买力下降时,实行市场专业化策略的企业也会发生收益下降的风险。

(4)有选择专门化。如图3.2D所示。企业选择几个细分市场,每一个对企业的目标和资源利用都有一定的吸引力。但各细分市场彼此之间很少或根本没有任何联系。这种策略能分散企业经营风险,即使其中某个细分市场失去了吸引力,企业还能在其他细分市场赢利。

(5)完全覆盖。如图3.2E所示。企业力图用各种产品满足各种顾客群体的需求,即以所有的细分市场作为目标市场,如上例中的服装厂商为不同年龄层次的顾客提供各种档次的服装。一般只有实力强大的大企业才能采用这种策略。如IBM公司在计算机市场、可口可乐公司在饮料市场开发众多的产品,满足各种消费需求。

目标市场是公司进行市场细分的结果,一旦进行了市场细分,公司的营销力量就可以集中在不同的目标市场上,使企业利润上升,市场占有率扩大。

营销实例

日本索瓦蕾服装公司,1954年成立时,就下决心要在妇女流行服装市场上占据一席之地。40多年来,它始终围绕着公司的长期发展目标选择具体的目标市场。公司建立初期,当时只是几个人组成的缝纫组,就根据日本女装仿欧美式样的特点裁剪、缝制法式流行女装。20世纪60年代初,日本妇女掀起西服热,它便承包、定做女式西服，由缝纫组发展成为小型服装厂，在社会上开始站住了脚。从此，它不再局限于跟在其他企业后面赶“潮流”，而开始了解妇女时装需求心理和女装市场行情，在目标市场系列中选择出最佳目标市场——黑色礼服市场。因为它了解到，随着人们生活水平的提高，妇女们希望有一身参加红白喜事时穿的黑色礼服代替日本传统和服。于是索瓦蕾服装公司在大企业尚未经营的领域里开始了黑色礼服的制作，10年之中，年营业额连续翻番。当它注意到黑色礼服在大城市市场趋于饱和时，宁肯牺牲眼前的利益，转变产品方向。80年代以来，开始制作花色女式流行服装和装饰品，并逐年扩大比例。这个例子说明，根据企业的长期发展目标选择目标市场，企业就能一步一个脚印地向前发展，最后到达胜利的彼岸。

（资料来源：http://jgx.zjwchc.com/qygl/anlie/view.asp? id=364）

3.2.2 目标市场策略

在目标市场选择好之后，企业必须决定如何为已确定的目标市场设计营销组合，即采取怎样的方式，使自己的营销力量到达并影响目标市场。这时，可以有以下不同的考虑：通过无差异市场营销和差异市场营销策略，达到覆盖整个市场；或借助集中市场营销策略，占领部分细分市场。

1. 无差异市场营销

所谓无差异市场营销策略，是指企业在市场细分之后，不考虑各子市场的特征，而只注重子市场的共性，决定只推出单一的市场营销组合，力求在一定程度上适合尽可能多的顾客的需求。实行无差异营销策略的企业把整体市场看作一个大的目标市场，不进行细分，用一种产品、统一的市场营销组合对待整体市场。早期可口可乐公司的营销活动就是无差异市场营销的典型例子。面对世界各地的消费者，可口可乐都保持同一的口味、包装，甚至连广告语也统一为“请喝可口可乐”。

采用无差异性营销策略的最大优点是成本的经济性。大批量的生产销售，必然降低单位产品成本；无差异的广告宣传可以减少促销费用：不进行市场细分，也相应减少市场调研、产品研制与开发，以及制订多种市场营销战略、战术方案等带来的成本开支。但是，无差异性营销策略对市场上绝大多数产品都是不适宜的。因为消费者的需求偏好具有极其复杂的层次，某种产品或品牌能够受到市场普遍欢迎的情况是很少的。即便一时能赢得某一市场，如果竞争企业都如此仿照，就会造成市场上某个局部竞争非常激烈，而其他部分的需求却没有得到满足。

2. 差异性市场营销

差异性市场营销策略与无差异市场营销截然相反，它充分肯定消费者需求的不同，并针对不同的细分市场分别从事营销活动。企业根据不同的消费者推出多种产品并配合多种促销手段，力图满足各种消费者不同的偏好和需要。

差异性市场营销策略的优点很明显：企业同时为多个细分市场服务，有较高的适应能力和应变能力，经营风险也得到分散和减少；由于针对消费者的特色开展营销，能够更好地满足市场深层次的需求，从而有利于市场的发掘、提高销售总量。这种策略的不足在于目标市场多，经营品种多，管理复杂，成本大，还可能引起企业经营资源和注意力分散，顾此失彼。一般认为并非所有的市场都可以进行差异性目标市场战略，企业采取差异化市场营销策略必须满足以下条件：企业的人力、物力、财力应比较雄厚，能进行多品种生产，企业的技术水平、设计能力能够适应多品种生产的要求，企业的营销管理人员水平较高，能适应多种市场的要求；产品销售额的提高大于营销费用增加的比例。

3. 集中性市场营销

集中性市场营销策略，指企业集中所有力量，在某一细分市场上实行专业生产和销售，力图在该细分市场上拥有较大的市场占有率。企业运用此策略是遵循“与其四面出击，不如一点突破”的原则，例如德国的大众汽车公司集中于小型汽车市场的开拓和经营，美国的惠普公司专攻高价的计算机市场，都是集中市场营销的成功范例。

实行集中性目标市场策略的优点是：可以提高企业在一个或几个细分市场上的占有率；可以降低成本和减少销售费用；可以使企业创名牌，增加销售量，提高利润率。许多中小型企业就是采用这一战略逐步发展成为大中型企业的。

采用这种策略的缺点是风险较大。这种策略所确定的目标市场范围比较狭窄，企业实行这种战略时要做好应变准备，加强风险意识。首先，应对市场认真进行调查研究，找准方向；然后，应具备出奇制胜的专门人才或专门技术，以吸引细分市场上的目标顾客。否则，就不适宜采用这种策略。

营销实例

娃哈哈营养食品厂是杭州一家区属校办企业。建厂之初，一无资金、二无设备、三无技术力量，要挤进市场，就要寻找“市场缝隙”。通过对全国营养液市场的调查分析，发现国内生产的营养液，虽然林林总总已有 38 种，但都属老少皆宜的全能型产品，没有一种是儿童专用营养液。而这个细分市场上有 3 亿消费者，

1/10就是3 000万。中国儿童大多是独生子女，是每个家庭的“掌上明珠”，儿童市场的潜力自然很大。于是他们采用集中性营销策略，选择儿童专用营养液这个细分市场作为目标市场，终于一炮打响，娃哈哈营养液风靡全国。他们在时机成熟的情况下，迅速扩大市场，生产娃哈哈系列营养保健食品。为扩大生产规模，还兼并了具有30多年历史、在全国食品行业中位居十强之列的杭州罐头食品厂，爆出了“小鱼”吃“大鱼”的新闻。由此可见，寻找“市场缝隙”，实行集中性营销，创造适于自身成长的“小气候”，是小企业变劣势为优势的有效选择。

（资料来源：李福学. 市场营销策划实务. 大连理工大学出版社，2008）

3.2.3 目标市场策略选择考虑因素

上述三种策略各有利弊，企业在进行决策时要具体分析产品和市场状况及企业本身的特点。影响企业目标市场策略的因素主要有企业资源特点、产品特点、产品生命周期阶段、市场特点和竞争对手的策略。

1. 企业资源特点

资源雄厚的企业，如拥有大规模的生产能力、广泛的分销渠道、产品标准化、好的内在质量和品牌信誉等，可以考虑实行无差异性市场营销策略；如果企业拥有雄厚的设计能力和优秀的管理素质，则可以考虑施行差异性市场营销策略；而对实力较弱的中小企业来说，适用于集中力量进行集中性营销策略。企业初次进入市场时，往往采用集中性市场营销策略，在积累了一定的成功经验后再采用差异性市场营销策略或无差异性市场营销策略，扩大市场份额。

2. 产品特点

产品的同质性表明了产品在性能、特点等方面的差异性的大小，是企业选择目标市场时不得不考虑的因素之一。一般对于同质性高的产品如食盐等，宜实行无差异性市场营销；对于同质性低或异质性产品，差异性市场营销或集中性市场营销是恰当的选择。

3. 产品生命周期阶段

产品因所处的生命周期的阶段不同，而表现出的不同特点亦不容忽视。产品处于导入期和成长初期，消费者刚刚接触新产品，对它的了解还停留在较浅的层次，竞争尚不激烈，企业这时的营销重点是挖掘市场对产品的基本需求，往往采用无差异性市场营销策略或针对某一特定子市场实行集中市场营销。等产品进入成长后期和成熟期时，消费者已经熟悉产品的特性，需求向深层次发展，表现出多样性和不同的个性来，竞争空前地激烈，企业应适时地转变策略为差异性市场营销或集中性市场营销，满足新需求，延长产品生命周期。

4. 市场特点

供与求是市场中两大基本力量，它们的变化趋势往往是决定市场发展方向的根本原因。供不应求时，企业重在扩大供给，无暇考虑需求差异，所以采用无差异性市场营销策略；供过于求时，企业为刺激需求、扩大市场份额殚精竭虑，多采用差异性市场营销或集中性市场营销策略。

从市场需求的角度来看，如果消费者对某产品的需求偏好、购买行为相似，则称之为同质市场，可采用无差异性市场营销策略；反之，为异质市场，差异性市场营销和集中性市场营销策略更合适。

5. 竞争对手的策略

企业可与竞争对手选择不同的目标市场覆盖策略。如竞争者采用无差异性市场营销策略时，选用差异性市场营销策略或集中性市场营销策略更容易发挥优势。企业的目标市场策略应慎重选择，一旦确定，应该有相对的稳定，不能朝令夕改。但灵活性也不容忽视，没有永恒正确的策略，一定要密切注意市场需求的变化和竞争动态。

分项任务3.3 进行市场定位

3.3.1 市场定位

企业在市场细分的基础上，选择并确定了自己的目标市场，这仅仅是为企业划定了营销范围，还没有确定本企业在目标市场上的位置，紧接着应该考虑目标市场各个方位的竞争情况。因此，在确定了企业的目标市场以后，接下来面临的就是市场定位。

1. 市场定位的概念

市场定位战略是企业根据自己的力量和目标顾客的要求，为本企业在目标市场上确定位置的谋略。所谓市场定位，是指勾画或确立企业(产品)在目标顾客群中的形象和地位。其实质是取得目标市场的竞争优势，确定产品在顾客心目中的适当位置并留下深刻的印象，以便吸引更多的顾客，由此提高企业产品在顾客心目中的地位。

营销实例

作为国内保健品市场的后来者，深圳太太药业集团，近年来取得了不俗的市场表现。成功的关键在于市场的选择和定位的准确。

产品刚上市时，定位于治疗黄褐斑。所谓"三个女人一个黄"，产品是有一定市场潜力的，但是，相对于女性保健需要，这一定位显然过窄，不利于企业的长远发展。

20 世纪 90 年代中期，产品定位转变为"除斑、养颜、活血、滋阴"。这一定位全面，但与众多的其他女性保健品没有多大区别，失去了产品特色。这样的过低定位，向消费者传递的产品信息过于混乱、肤浅。

1996 年以后，产品定位逐渐稳定于"令肌肤重现真正的天然美"。通过重点强调产品中含有 F. L. A，能够调理内分泌，来突显产品特色，并邀请著名女影星陈冲做广告，"发自内在的魅力……挡也挡不住！"成为了广告经典之作。

(资料来源：傅浙铭. 营销八段——定位方略. 广东经济出版社，1999)

2. 市场定位的必要性

"定位"这个词是由艾尔·里斯(Al Ries)和杰克·屈劳特(Jack Trout)于 1972 年提出来的，他们说："定位并非对产品本身采取什么行动，而是针对潜在顾客的心理进行的创造性活动。也就是说，将产品在潜在顾客的心目中确定一个适当的位置。"通常，消费者对市场上的产品有自己的认识和价值判断，提到一类产品，他们会在内心按自己认为重要的产品属性将市场上他们所知的产品进行描述和排序。如提到汽车，卡迪拉克以其豪华、宝马以其功能、沃尔沃以其安全性而著称。随着市场上商品越来越丰富，与竞争者雷同、毫无个性的产品，很可能"泯然众人矣"，无法吸引消费者的注意。从这个意义上来说，目标市场定位又是一种竞争性定位。透过定位声明，可将观念形诸文字，并执行下列两大重要功能：一是转变为对潜在顾客的"销售主张"，说明顾客应该与该公司，而非与竞争对手维持业务关系的原因；二是对全组织传达一种特定目的与方向，协调员工朝向创造满意顾客的共同目标而努力。

3.3.2 市场定位的步骤

营销者应该了解企业市场定位工作的步骤。一般来说市场定位包括三个步骤：

1. 调查研究影响市场定位的因素

识别潜在竞争优势是市场定位的基础。为实现此目标，首先必须进行规范的市场研究，切实了解目标市场需求特点以及这些需求被满足的程度。这是能否取得竞争优势、实现产品差别化的关键。其次，要研究主要竞争者的优势和劣势。可以从三个方面评估竞争者：一是竞争者的业务经营情况；二是竞争者核心营销能力，主要包括产品质量和服务质量水平等；三是竞争者的财务能力，包括获利能力、资金周转能力及偿还债务能力。

2. 选择竞争优势和定位战略

企业应通过与竞争者在经营管理、技术、采购、生产、营销、财务、产品等方面进行比较分析，找出本企业的相对竞争优势，进行恰当的市场定位。

3. 准确地传播企业的定位观念

选定的竞争优势不会自动地在市场上显示出来。企业要通过一系列的宣传促销活动，将其独特的竞争优势准确传播给潜在顾客，并在顾客心目中留下深刻印象。为此，企业首先应使目标顾客了解、知道、熟悉、认同、喜欢和偏爱本企业的市场定位，在顾客心目中建立与该定位相一致的形象。其次，企业通过一切努力强化产品在目标顾客心目中的形象，保持目标顾客对产品的了解，稳定目标顾客的态度和加深目标顾客的感情以巩固产品在市场上的形象。最后，企业应注意目标顾客对其市场定位理解出现的偏差或由于企业市场定位宣传上的失误而造成的目标顾客模糊、混乱和误会，及时纠正与市场定位不一致的形象。

3.3.3 市场定位的方法

1. 初次定位

初次定位是指新成立的企业初入市场，企业新产品投入市场，或新产品进入新市场时，企业必须从零开始，运用所有的市场营销组合，使产品特色符合所选择的目标市场。但是企业要进入目标市场时，往往是竞争者的产品已在市场露面或形成了一定市场格局。这时，企业就应认真研究竞争对手该产品在目标市场上的位置，从而确定本企业产品的有利位置。

2. 重新定位

重新定位是指企业变动产品特色，改变目标顾客对其原有的印象，使目标顾客对其产品新形象有一个重新的认识过程。企业产品在市场上的定位即使恰当，但在出现下列情况时也需要考虑重新定位：一是竞争者推出的市场定位与本企业产品的市场定位相类似，侵占了本企业品牌的部分市场，使本企业品牌的市场占有率有所下降；二是消费者偏好发生变化，从喜爱本企业某品牌转移到喜爱竞争者的某品牌。

3. 对抗性定位

这是一种以强对强的市场定位方法，与在市场上占据支配地位的、亦即最强的竞争对手"对着干"。显然，这种定位有时会产生危险，但不少企业认为能够激励自己奋发上进，一旦成功就会取得巨大的市场优势。例如，可口可乐与百事可乐之间持续不断地争斗，"汉堡包王"与"麦当劳"对着干，等等。实行对抗性定位，必须知己知彼，尤其应清醒地估计自己的实力，不一定试图压垮对方，只要能够平分秋色就已经是巨大的成功。

4. 避强定位

这是一种避开强有力的竞争对手的市场定位。当企业意识到自己无力与强大的竞争者抗衡时，则远离竞争者，根据自己条件及相对优势，突出宣传自己与众不同的特色，满足市场上尚未被竞争者对手发掘的潜在需求。

其优点是：能够迅速地在市场上站稳脚跟，并能在消费者或用户心目中迅速树立起一种形象。由于这种定位方式市场风险较小，成功率较高，常常为多数企业所采用。

营销实例

伊利的避强定位策略

据有关资料显示：国际跨国公司已占领了中国彩电市场的60%，洗发、护发用品市场的80%，养育了三代中国人的八大饮料国有名牌产品中除健力宝外几乎都被美国可口可乐公司或百事可乐公司控股。1997年夏天，北京街头几乎所有的冷饮网点都被国外的"和路雪"和"雀巢"覆盖，而在如此激烈的冰激凌市场竞争中，"伊利"却独秀一枝，作为国有品牌取得了极佳的战绩。这里不能说没有伊利公司正确地进行市场定位的功劳。

大多数经销商说，"和路雪"、"雀巢"的定位与普通人的收入水平有相当的距离，2元以上的产品人们问的多买的少，而6～8元的产品更是很少有人问津。相比之下，两年前还名不见经传的"伊利"冰激凌却以"低价优质"这一市场定位赢得了众多消费者的青睐。对于大多数工薪消费者来说，他们在选择冰激凌时除了需要好的口感外，价格是更主要的决定因素。伊利正是在这一点上迎合了大多数人的需要，他们希望能在同样产品中占据价格上的优势，而在同样的价格中以高质量取胜。伊利之所以能迅速地在北京打开销路，正是利用"低廉的价格、较高的品质"这一避强定位策略。而之所以能实施这一低价定位，也是由于公司利用了许多别的企业没有的优势：能源方面，北京的煤大概每吨 800～1 000 元，而内蒙古地区每吨只有 400～600 元；电费、人员工资方面，内蒙古也比北京要便宜得多。而目前铁路运费又相对不高，低廉的成本使用伊利的产品能够以较低的价位出现。

（资料来源：http://www.docin.com/p-8109288.html）

5. 比附定位

比附是指拿不能相比的东西来勉强相比。比附定位法则是指拿自己的产品或服务跟类似的知名产品或服务比，以便在消费者心目中为自己确立一个有利位置的方法。这种方法其实是一种“借光”定位方法。例如，在景点的推广中，借用著名景区的市场影响来突出或抬高自己，如把“三亚”誉为“东方的夏威夷”，把小浪底水库誉为“北方的千岛湖”。

营销实例

金嗓子喉宝是一种由广西金嗓子制药厂利用中草药制成的保健咽喉糖含片。广西金嗓子制药厂原来是生产糖果的柳州市糖果厂。在 20 世纪 90 年代初，该厂面临较大困难，几乎倒闭，而自从金嗓子问世以来，不仅扭亏为盈，而且年销售额近 3 亿元，并保持着迅猛的发展趋势。其成功的原因很多，其中主要是实施了正确的市场细分、目标市场选择和市场定位策略。

市场细分：

咽喉含片均为药粉压制而成，一含即溶，很难在咽喉部较长时间保持药效，而急性咽喉炎和咽喉不适者如不能长时间施药，则很难治愈；润喉糖虽然不会一含即溶，但无治疗作用。这两类产品间存在一个空缺，即中间型治疗保健产品。由于环境污染加剧，空气质量恶化，气候变化无常，吸烟嗜酒者增加，以及卡拉 OK 在全国流行，用嗓过度者、患咽炎者、咽喉不适者及口腔异味者日益增多，对咽喉治疗保健药的潜在需求大增。

目标市场选择：

对此类产品可能有需求的消费者的一般特征是：有一定工资收入的中年男性、烟酒爱好者、爱唱歌者、教师、导游。从竞争产品看，原有的名牌均已占统治地位，草珊瑚、西瓜霜、健民咽喉片等已占有市场的大部分份额，知名度高。

市场定位：

由于存在很大的市场（潜在的和现实的），金嗓子企业决定生产金嗓子产品，顾客定位为男性且有一定收入者。为此，企业采取了高质量、高价格的策略，使金嗓子成为身份的象征。另外,该企业还注意到竞争对手均为老名牌、实力雄厚,因此企业采取差异化策略:产品差异化、价格差异化、渠道差异化,避实就虚,扬长避短。

兵书上讲,"有备而战","不打无准备之仗",金嗓子就这样在充分准备后戎装上阵,一炮打响,唱响全国!

(资料来源:郭国庆. 市场营销. 中国人民大学出版社,2002)

3.3.4 市场定位的工具

企业选择竞争优势,进行市场定位时主要使用以下五种工具:

1. 产品差别化

产品差别化是指从产品质量、款式等方面实现差别,进行市场定位。寻求产品特征是产品差别化战略经常使用的手段。在全球通信产品市场上,摩托罗拉、诺基亚、西门子、菲利浦等全球化竞争对手,通过实行强有力的技术领先战略,在手机、IP 电话等领域不断地为自己的产品注入新的特征,走在市场的前列,吸引顾客,赢得竞争优势。

产品质量是指产品的耐用性、有效性和可靠程度等。产品款式是产品差别化的一个有效工具,对汽车、服装、房屋等产品尤为重要。日本汽车行业中流传着这样一句话:"丰田的安装、本田的外形、日产的价格、三菱的发动机。"这句话道出了日本四家主要汽车公司的核心专长。

2. 服务差别化

服务差别化是指以向目标市场提供与竞争者不同的优异服务来进行市场定位。企业的竞争力越能体现在顾客服务水平上,市场差别化就越容易实现。因为,服务差别化战略能够提高顾客总价值,保持牢固的顾客关系,从而击败竞争对手。

服务差别化战略在很多市场状况下都有用武之地,尤其在饱和的市场上。对于技术精密的产品,如汽车、计算机、复印机等更为有效。例如,美国第一银行在超级市场开设了服务周全的分支机构,并且在假日和晚上为顾客提供便利的服务;IBM 以高质量的安装服务闻名于世,它总是把顾客购买的所有零件及时送到,并且,当要求把 IBM 设备搬走和安装到别处时,它能经常把竞争者的设备也帮忙搬走。企业还可以根据维修服务进一步区分。许多汽车购买者宁愿多付一点钱,多跑一段路,到提供第一流服务的汽车经销商那儿买车。

3. 人员差别化

人员差别化战略是指通过聘用和培训比竞争者更为优秀的人员以获取差别优势。市场竞争归根到底是人才的竞争。例如,日本航空公司多年来一直在"北京—东京—夏威夷”这条航线上与美国最大的航空公司“联航”和韩国的“韩航”展开激烈的竞争。“联航”的规模实力与硬件设备都是超一流的，而“韩航”的价格比“联航”低30%，二者都颇有竞争力。但是，“日航”依靠整合的优良服务，贯穿入关—空中—出关的全过程，赢得各国旅客的赞美，凡乘过此航线的旅客，很难再选择其他航空公司。“日航”优良服务的根基在于他们的高素质航空员工队伍，从机长到空中小姐都训练有素。

一个受过良好训练的员工应具有以下基本的素质和能力：一是能力。具有产品知识和技能。二是礼貌。友好对待顾客，尊重和善于体谅他人。三是诚实。使人感到坦诚和可以信赖。四是可靠。强烈的责任心，保证准确无误地完成工作。五是反应敏锐。对顾客的要求和困难能迅速反应。六是善于交流。尽力了解顾客，并将有关信息准确地传达给顾客。

4. 形象差异化

形象差异化战略是指在产品的核心部分与竞争者类同的情况下塑造不同的产品形象以获取差别优势。企业或产品想要成功地塑造形象，必须具有创造性思维，需要持续不断地利用企业所能利用的所有传播工具。具有优秀创意的标志要能够融入某一文化的气氛，进而实现形象差别化的战略。例如，“麦当劳”的金色模型“M”标志，与其独特文化气氛相融合，使人无论在美国纽约、日本东京还是中国北京，只要一见到这个标志，马上会联想到麦当劳舒适宽敞的店堂、优质的服务和新鲜可口的汉堡薯条。

5. 渠道差异化

渠道差异化通过设计分销渠道的覆盖面、建立分销专长和提高效率，企业可以取得渠道差异化优势。如戴尔电脑、雅芳化妆品，就是通过开发和管理高质量的直接营销渠道而获得差异化的。

值得注意的是，企业在产品定位时应该尽量避免以下常犯错误：

(1)定位不足，是企业差异化设计与沟通不足，消费者对企业产品难以形成清晰的印象和独特的感受，认为它与其他产品相比没有什么独到之处，甚至不容易被消费者识别和记住。

(2)定位过分，指企业将自己的产品定位过于狭窄，不能使消费者全面地认识自己的产品。如一家同时生产高、低价位产品的企业使消费者误以为只能提供高档产品。定位过分限制了消费者对企业及其产品的了解，同样不利于企业实现营销目标。

(3)定位模糊，指由于企业设计和宣传的差异化主题太多，或定位变换太频繁，致使消费者对产品的印象模糊不清。混乱的定位无法在消费者心目中确立产品鲜明、稳定的位置，必定失败。

营销实例

荣事达冰箱的市场定位是否过宽

1998年底，荣事达电冰箱公司推出一种新品冰箱，号称“全能冰箱”，即采用多重利益定位的方法，宣称该款冰箱具有“全无氟”、“长寿命”、“节能”、“静音”、“新造型”、“保鲜”、“抗菌”等优异特性及31项独特功能，拥有8项专利技术，成为综合性能较佳的“全能好手”。

荣事达电冰箱公司是荣事达集团公司与美国美泰克公司建立的合资企业，厂房建设堪称国际一流，设备在国际范围内精挑细选。在两年的产品设计研制过程中，“荣事达”工程技术人员与美方技术人员更是追寻世界的高新技术，并充分考虑我国国情，使“荣事达”电冰箱确实能具有上述种种优异特性。

制冷剂采用R134a，发泡剂采用环戊烷，均是国际上规定的CFC的长期替代物质，实现了“双绿色、全无氟”。

“心脏”部件压缩机采用目前世界上销量最大的“恩布拉克”公司生产的高效循环往复压缩机，可有效实现节能和静音。

拥有亚洲唯一的双线平板喷涂生产线，可对箱体进行三种涂层保护，抗蚀防锈。

采用进口的发泡设备，可实现门体整体发泡，门胆与门壳成为一体，无需螺钉固定，不仅美观，而且大大提高了门体密封的可靠性，增强了箱体的强度和刚性，结实耐用而不变形。

生产线上，充氦、氦检、焊接等工序选用的均是由意大利和德国进口的国际一流设备，在安全检测准确方面可达到高于国家标准的要求。

“荣事达”还斥资建立了高度自动化商检房，可对冰箱的制冷性能、外观等指标进行综合检测。

然而目前我国电冰箱市场上的其他诸多电冰箱生产厂家，大多采用单一利益定位的方法。各个品牌的电冰箱只选出一个自己最具有优势和独特性的属性，通过各种广告媒体反复突出这些诉求，以招徕广大的消费者。目前市场上各品牌冰箱单一利益定位的诉求主要有“省电冰箱”、“抗菌冰箱”、“电子冰箱”、“双绿色、全无氟冰箱”、“保健冰箱”、“保鲜冰箱”等。

（资料来源：http://www.ceconlinebbs.com/FORUM_POST_900001-90005_819568_0.HTM，2005-10-02）

分项任务 3.4　实训操作

实训 1　市场细分练习

【实训任务】

以身边同学为对象，任选细分标准，将他们划分为不同的市场群体，并设计为某一细分市场或某些细分市场有效地提供产品。

【实训目标】

培养学生观察、调研及市场细分能力。

【实训要求】

1. 选择标准准确有效。
2. 有新意，有创新。
3. 能提供有效供应产品。
4. 简述清晰，理由充分，详略得当，突出重点。

【实训步骤】

1. 教师事先做好任务布置，要求学生课下进行市场调查及资料整理。
2. 撰写市场细分报告书。
3. 讲解本人报告书。
4. 教师点评。

实训 2　康师傅方便面市场定位策划评析

【实训任务】

任选康师傅方便面中的两种产品，通过市场调查探究其市场定位策划的主要方法和特点。

【实训目标】

培养学生的市场定位策划能力。

【实训要求】

1. 市场调查方法得当有效。
2. 报告完整，论述清晰。

3. 市场定位分析准确。

4. 讨论积极。

【实训步骤】

1. 教师事先做好任务布置，将学生分成小组。

2. 各小组进行市场调查。

3. 撰写市场细分报告书。

4. 讲解本组报告书。

5. 教师点评。

◆任务小结

完成本任务，你应该清楚以下内容：

● 目标市场营销战略主要包括三个步骤：第一步是市场细分，第二步是选定目标市场，第三步是产品定位。所谓市场细分，是指企业根据消费者对产品的需求、欲望、购买行为与购买习惯的差异，把整个市场划分为两个或更多个消费者群体，从而确定企业目标市场的过程。市场细分的依据要根据市场性质的不同而选择。

● 目标市场也叫目标顾客群，就是企业营销活动所要满足的市场需求，是企业决定要进入的市场，即企业的服务对象。目标市场的选择主要有五种类型：密集单一市场、选择性专业化、产品专业化、市场专业化、市场全面覆盖。目标市场覆盖范围大小不同，所能采取的市场营销策略也不相同。归结起来有三种：无差异市场营销、差异性市场营销和集中性市场营销。

● 选择目标市场后，勾画企业形象和所提供的价值，以使目标顾客理解和正确认识本公司有别于其他竞争者的行为，就是市场定位。一般可分为初次定位、重新定位、对抗性定位、避强定位和比附定位五种方法。并采用产品差别化战略、服务差别化战略、人员差别化战略和形象差异化战略等指导企业完成市场定位工作。

◆本任务关键词

市场细分　目标市场　市场定位

◆业务技能自测

◎选择

1. 有效的市场细分必须具备以下条件(　　)。
A. 市场要有同质性、应变性、市场范围相对性
B. 市场要有可进入性、可变性、垄断性、同质性
C. 市场具有可测量性、需求大量性、效益性、应变性
D. 市场要有差异性、可衡量性、可进入性、盈利性、稳定性
2. 童鞋厂只生产儿童鞋,满足小孩穿鞋需求的目标市场模式为(　　)。
A. 市场集中化　B. 产品专业化　C. 市场专业化　D. 选择专业化
3. 上海自来水公司的水供应千家万户,应该采用(　　)。
A. 无差异战略　B. 差异性策略　C. 密集型策略　D. 相关型策略
4. 若强大的竞争对手实行的是无差异市场战略,企业则应实行(　　)。
A. 大量市场战略　B. 多样化市场战略　C. 集中性市场战略
D. 无差异市场战略　E. 差异性市场战略
5. 消费者市场细分标准通常可以分为(　　)。
A. 地理标准　B. 人口标准　C. 心理标准　D. 行为标准　E. 时间标准
6. 影响企业目标市场策略选择的因素有(　　)。
A. 企业资源　B. 产品特点　C. 市场特征　D. 产品生命周期
E. 竞争对手策略

◎判断

1. 划分为城镇市场和农村市场,其划分标志是人口因素。(　　)
2. 市场专业化是指企业只选取一个细分市场,只生产一类产品,供应给一类顾客群,进行集中营销。(　　)
3. 某制鞋总公司宣称能为所有的人提供各种各样的鞋,这是市场专业化。(　　)
4. 产品具有同性质,需求弹性较小的产品,宜取无差异市场策略。(　　)
5. 消费者需求爱好相似,购买行为基本一致,宜取差异性市场策略。(　　)

◎简答

1. 从理论和实践的结合上,分析细分市场评估应从哪些方面着手?
2. 联系企业营销实例,分析三大目标市场营销战略的优缺点。
3. 联系企业营销实例,分析企业进行市场定位的程序。
4. 从理论和实践的结合上,试论市场定位方法的优缺点。

◎案例分析

【案例 1】

市场细分显机遇　均分江山建奇功

日本泡泡糖市场年销售额约为 740 亿日元,其中大部为"劳特"所垄断。可谓江山唯"劳特"独坐,其他企业再想挤进泡泡糖市场谈何容易。但江崎糖业公司对此却并不畏惧。公司成立了市场开发班子,专门研究霸主"劳特"产品的不足和短处,寻找市场的缝隙。经过周密调查分析,终于发现"劳特"的四点不足:

第一,以成年人为对象的泡泡糖市场正在扩大,而"劳特"却仍旧把重点放在儿童泡泡糖市场上;

第二,"劳特"的产品主要是果味型泡泡糖。而现在消费者的需求正在多样化;

第三,"劳特"多年来一直生产单调的条板状泡泡糖,缺乏新型式样;

第四,"劳特"产品价格是 110 日元,顾客购买时需多掏 10 日元的硬币,往往感到不便。

通过分析,江崎糖业公司决定以成人泡泡糖市场为目标市场,并制定了相应的市场营销策略。不久便推出功能性泡泡糖四大产品:司机用泡泡糖,使用了高浓度薄荷和天然牛黄,以强烈的刺激消除司机的困倦;交际用泡泡糖,可清洁口腔,祛除口臭;体育用泡泡糖,内含多种维生素,有益于消除疲劳;轻松性泡泡糖,通过添加叶绿素,可以改变人的不良情绪。并精心设计了产品的包装和造型,价格定为 50 日元和 100 日元两种,避免找零钱的麻烦。功能性泡泡糖问世后,飓风一样席卷全日本。江崎公司不仅挤进了由"劳特"独霸的泡泡糖市场,而且占领了一定的市场份额,从零猛升至 25%,当年的销售额达 175 亿日元。

(资料来源:http://ks.cn.yahoo.com/question/1307091504331.html,2007-07-15)

【思考】

1. 江崎公司是如何发现市场机会的?
2. 江崎公司目标市场选择在哪里?
3. 江崎公司的目标市场策略是什么?

【提示】

1. 大胆挑战,细心分析,再强的对手都有不足点。
2. 现在的市场需要多样化,做别人没有做的。
3. 创新。

【案例 2】

海尔集团目标市场营销战略

海尔集团的前身是一家生产普通家电产品亏损额达 147 万元，濒临倒闭的集体小厂。1985 年，海尔股份有限公司成立。经过二十几年的发展，海尔集团已成为中国家电行业特大型企业。在海尔的发展过程中，海尔成功地运用了目标市场营销战略。

海尔集团根据市场细分的原则，在选定的目标市场内，确定消费者需求，有针对性地研制开发多品种、多规格的家电产品，以满足不同层次消费者需要。如海尔洗衣机是我国洗衣机行业跨度最大、规格最全、品种最多的产品。在洗衣机市场上，海尔集团根据不同地区的环境特点，考虑不同的消费需求，提供不同的产品，如针对江南地区“梅雨”天气较多，洗衣不容易干的情况，海尔集团及时开发了集洗涤、脱水、烘干于一体的海尔“玛格丽特”三合一全自动洗衣机：以其独特的烘干功能，迎合了饱受“梅雨”之苦的消费者。此产品在上海、宁波、成都等市场引起轰动。针对北方的水质较硬的情况，海尔集团开发了专利产品“爆炸”洗净的气泡式洗衣机，即利用气泡爆炸破碎软化作用，提高洗净度 20%以上，受到消费者的欢迎。针对农村市场，研制开发了下列产品：

1.“大地瓜”洗衣机，适应盛产红薯的西南地区农民图快捷省事，在洗衣机里洗红薯的需要。

2. 小康系列滚筒洗衣机，针对较富裕的农村地区。

3.“小神螺”洗衣机，价格低、宽电压带、外观豪华，非常适合广大农村市场。

海尔集团以高质量和高科技进行市场定位，占领市场。海尔集团市场竞争的原则不是首先在量上争第一，而是在质上争第一，依靠高科技推出新产品。它所涉足的除冰箱外的其他产品均起步较晚，这些产品的市场竞争激烈，但海尔集团经过认真的市场调查，清醒地估计自己的实力后，认为应该进入这些产品市场中参与竞争。它采用针锋相对式市场定位策略，1992 年推出空调产品，1995 年推出洗衣机产品，由于技术领先、质量可靠，深受消费者欢迎。目前，海尔集团已跻身于世界五百强的行列。

（资料来源：http://guide.ppsj.com.cn/art/1871/18711/index.html，2006-08-26）

【思考】

1. 试分析海尔集团采取了何种目标市场战略？

2. 海尔集团采取的市场定位策略是什么？其产品是怎样进行市场定位的？

【提示】

1. 建立在市场细分基础上的差别市场营销策略。

2. 利用地理环境因素及消费者对产品的功能需求开发适销对路的产品。海尔把所在家电行业市场细分为高中低端市场，瞄准中高端白色家电，海尔集团致力于向全球消费者提供满足需求的解决方案。

任务4　筹划目标市场的产品

◆知识目标

1. 理解产品整体概念。
2. 掌握产品市场生命周期理论。
3. 了解新产品开发、品牌、包装策略。

◆能力目标

能灵活运用产品整体概念、产品市场生命周期理论，正确辨别产品市场生命周期，有效制定开发新产品策略以及产品的品牌、包装策略。

案例导入

苹果的传奇设计

1998年后苹果公司复兴，虽然苹果公司的每个产品几乎都是艺术品级的设计精品，但苹果公司真正的能称得上传奇产品只有两个：这就是iMac和iPad，这两个产品真正实现了苹果巨人的复活，使得苹果时代又一次到来了。

iPad自上市以来已售出1 480万部。2010年11月至2011年1月，iPad销售额达46亿美元，占苹果总收入的17%。

苹果下一代iPad产品——iPad 2，于2011年3月3日正式发布，3月11日在美国上市。与一代相比最大的区别在于iPad 2将更薄、更轻并且拥有前置摄像头，而且将同时发售黑色版与白色版。

（资料来源：互动百科网 www.hudong.com，应用-iPad版）

【思考】苹果iPad产品为什么成为了2010年人们的新时尚？

【提示】产品整体概念从核心产品、形式产品、期望产品、附加产品、潜在产品五个层次深入分析产品能够最大限度地满足消费者的多层次需求，通过产品组合开发来延长产品市场生命周期，并配合品牌、包装策略，实现最大限度地满足消费者的多层次需求。

如何制定整体产品策略来实现上述目的呢？你必须先了解产品策划的基本知识。

分项任务 4.1　制定整体产品策略

产品是市场营销组合中最重要的因素。一个企业的成败兴衰,它的市场营销活动效益如何,首先取决于它提供什么样的产品来满足目标市场需求。

4.1.1　产品整体概念理解

营销意义上所讲述的产品概念是一个整体概念,它是指商品交换活动中,企业为消费者提供的能满足消费者需求的所有有形或无形因素的总和。营销者在提供产品时要考虑五个层次,如图 4.1 所示。

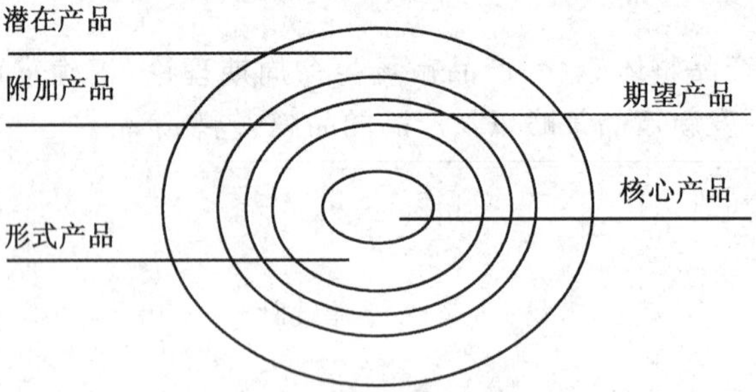

图 4.1　产品的五个层次

1. 核心产品

核心产品是指消费者希望通过交换活动得到的最为核心或最为基本的效用或利益,是产品整体概念中最基本、最主要的部分。如消费者购买电脑并不是为了获得一个带有显示屏、装有各种部件的机器,而是为了获得能满足自己学习、工作、娱乐等方面需要的效用。

营销实例

1979 年帅牌制锁公司请来著名的专业射击手杰姆·贝尔进行了一次实弹射击。他用杀伤力很大的狙击步枪对准 40 把帅牌挂锁,每把锁打两枪,子弹在锁中心打出了两个半英寸深的大洞,结果只有一把锁中枪后弹开,其余 39 把锁仍然是锁口紧闭。公司根据这次实验策划了一次全国性的广告宣传，声称电影中的警察常用枪击打开挂锁，但在帅牌挂锁面前，警察也无可奈何。后来警察、记者都进行了对比实验，结果仍是如此，经媒体报道后帅牌挂锁更加走俏市场。

（资料来源：潘彦维，李英，姜红．营销学基础．中国农业大学出版社，2008）

2．形式产品

形式产品是指核心产品价值借以存在并传递给消费者的具体形式或外在表现形式。对于实体产品，它主要由产品的质量、特色、款式、品牌、包装五大因素构成。对于服务产品则由服务的程序、服务人员、地点、时间、品牌等构成。

营销实例

贵州茅台酒尽管品质上佳，但由于包装简陋，在国际博览会上无人理会，眼看与奖牌无缘。参展人员急中生智，假装失手，当众打碎一瓶，茅台酒特有的香气立即吸引了所有的人，大家一致交口称赞。茅台酒终于获得金奖，从此誉满全球。

（资料来源：潘彦维，李英，姜红．营销学基础．中国农业大学出版社，2008）

3．期望产品

期望产品是指购买者购买产品时期望得到的与核心产品密切相关的一整套属性和条件。例如，旅馆的客人除希望得到“休息和睡觉”的利益外，还期望得到清洁的床位、洗浴香波，浴巾、衣橱、电话、电视、上网、安静的环境。

4．附加产品

附加产品也称延伸产品，是指消费者购买前三个层次产品时，附带获得的各种利益的总和。它是生产者为了满足消费者因获得前三个层次产品利益而派生出的延伸性需求，而提供的产品或服务的总称。它通常包括销售服务、保证、优惠、信贷、配送、安装、赠品等内容。

营销实例

无锡小天鹅股份有限公司坚持做到上门服务随叫随到，并且提出了“12345”服务规划，即进了用户门，必须换一双干净鞋；进门后向用户说两句道歉语：“对不起”，“给您添麻烦了”；维修时使用三块抹布，一块专门用来铺在地上垫机器，一块用来擦机器，一块用来自己擦手；维修时做到四不，即不抽用户烟，不喝用户茶，不吃用户饭,不收用户钱;如果按预约时间晚去一天,厂家罚维修员5元钱。

(资料来源:潘彦维,李英,姜红.营销学基础.中国农业大学出版社,2008)

5. 潜在产品

潜在产品是指产品最终可能的所有增加和改变的利益。它是在核心产品、形式产品、期望产品、附加产品之外,能满足消费者潜在需求的,尚未被消费者意识到,或者已经被意识到但尚未被消费者重视或消费者不敢奢望的一些产品价值。它与附加产品的主要区别是:顾客没有潜在产品仍然可以很好地满足其现实需求。但得到潜在产品,消费者的潜在需求会得到超值的满足,消费者对产品的偏好程度与忠诚程度会得到大大强化。

营销实例

把流水的声音变成商品

费涅克是一位美国商人,他每次休假旅游都要去有瀑布、有流水的地方,因为在这种地方,它可以享受到所没有的恬静。在潺潺的流水声中,他忘却生意场上紧张的角逐,使自己的神情松弛下去。在瀑布声中,他可以忘掉烦恼,领略大自然的豪爽,使自己和自然融为一体。

瀑布的水声忽然激发了他的灵感。城市中辛苦了一天的人们回到家中,听一听这令人舒心的流水声,那也是一种享受。于是,他带上立体录音机,专门到一些人烟稀少的地方游逛。他录下了许许多多条小溪、小瀑布、小河流水的声音以及小鸟鸣叫的声音,然后把这些磁带带回城里加以复制,再高价出售。费涅克一炮打响,收到了意想不到的效果,生意十分兴隆,前来购买“水声”的顾客川流不息。从此,费涅克靠流水声而成了大富翁。

(资料来源:雅瑟.小故事大道理全集.海潮出版社,2005)

4.1.2 产品组合及其策略

1. 产品组合及其相关概念

产品组合是指企业生产或经营的产品结构,即企业根据市场需求和自身资源、技术条件确定生产或销售的全部大类产品和产品项目的组合。

产品大类是指在技术上和结构上密切相关,具有相同使用功能,规格不同而能满足同类需求的一组产品。

产品项目是指某种产品大类中不同型号、规格、价格、外观的产品。

产品组合的宽度是指一个企业生产经营的产品大类的多少，即拥有多少条产品线。多则称之为宽，少则称之为窄。产品组合的宽度主要反映企业营销活动中所涉及的产品或业务面的宽窄问题。例如，表 4.1 中某企业共经营五大类产品，即有 5 条产品线，因此，其产品组合宽度为 5。

产品组合的长度是指企业产品组合中包含在各条产品线中的所有产品项目的总数。产品组合的长度反映企业营销活动中所经营的产品项目内容的多少。多则称之为长，少则称之为短。表 4.1 中该企业经营的五大类产品中，共有 25 个具体产品项目，因此，其产品组合长度为 25。

产品组合的深度是指企业产品组合中平均每条产品线所包含的产品项目数。一条产品线中所包含的项目越多，说明企业经营的某一大类产品花色品种越齐全，开发的深度较大。所以，表 4.1 中该企业经营第一条产品线含 9 个产品项目，因此，其产品组合深度为 9。

产品组合的关联度是指各条产品线在最终使用、生产条件、分销渠道或其他方面相互关联的程度。例如，表 4.1 中该企业 2、3、4 产品线关联度就比较大，但 1、5 产品线之间关联度就比较小。

营销实例

表 4.1　宝洁公司的产品组合

	产品组合的宽度				
	纸巾	洗涤剂	牙膏	香皂	尿布
产品线长度	象牙雪 1930	格里 1952	象牙 1879	帮宝适 1961	媚人 1928
	洁拂 1933	佳洁士 1955	柯柯 1885	露肤 1976	白云 1958
	汰渍 1946		拉瓦 1893		普夫 1960
	快乐 1950		佳美		旗帜 1982
	奥克多 1952		爵士 1952		
	达士 1954		舒肤佳 1963		
	大胆 1965		海岸 1974		
	吉思 1966		玉兰油		
	黎明 1972				

（资料来源：[美]菲利蒲·科特勒.营销管理.中国人民大学出版社，2001）

2. 产品组合策略

产品组合决策，一般是从产品组合的宽度、长度、深度和关联度等方面做出决策与规划。

(1)扩充产品组合策略。扩充产品组合策略主要包括通过增加企业产品组合的宽度或增加产品组合的深度从而增加产品组合的长度两个方面的策略，第一，在原产品组合中增加一条或几条产品线；第二，在现有产品线内增加新的产品项目。当企业预测现有产品线的销售与利润在未来有可能下降，或不足以实现企业的发展目标时，就应考虑在产品组合中增加产品线，扩大产品经营范围；当企业打算增加产品特色，或为更多的细分市场提供产品时，则可通过在原有产品线增加新的产品项目来实现。此时，企业应使新增产品项目与原有产品项目要有显著的差异，以避免新旧产品自相残杀。

(2)缩减产品组合策略。缩减产品组合策略与扩充产品组合策略正好相反，是指企业减少产品大类数或者减少某一产品线内的产品项目数，从而减少产品组合长度的策略。当整条产品线或产品线中的某些产品获利甚微或已无获利希望时，企业可以考虑采用此策略，以便集中资源经营那些获利大或经营前景看好的产品线与产品项目。

(3)产品线延伸策略。产品线延伸策略就是突破企业原有经营档次的范围，使产品线加长的策略。其实，产品线延伸策略是实现扩充产品组合策略的一种重要途径。可供选择的产品线延伸策略主要有向下延伸、向上延伸和双向延伸三种。

向下延伸是指有些生产或经营高档产品的企业逐步增加一些较低档的产品，称为向下延伸。当企业生产经营的高档产品由于种种原因，不能再提高销售增长速度，而且企业具备生产经营低档产品的条件，而且能最大限度避免向下延伸带来的风险时，可以采用该策略。

营销实例

一些亚洲的手表最初定位在高价市场，如精工和西铁城。随后则为低档市场推出了手表产品，如精工在亚洲市场上推出了阿尔巴牌手表，在美国市场上推出了帕萨牌手表；而西铁城则推出了艾得克牌。

(资料来源：[美]菲利蒲·科特勒.营销管理.中国人民大学出版社，2001)

向上延伸是指企业原本只经营低档产品，现在逐步增加中高档产品或业务，称为向上延伸。它一般适合于几种情况：一是高档产品有较高的销售增长率和毛利率；二是为了追求高中低档产品齐全的完整的产品线；三是以某些高档的产品来调整整条产品线的档次。

双向延伸是指有些经营中档产品的企业，在一定条件下，逐渐向高档和低档两个方向延伸，称为双向延伸。这种策略可以加强企业的竞争地位，击退竞争者，赢得市场领先地位。

营销实例

丰田的双向扩展策略

丰田公司在其中档产品花冠的基础上，为高档市场增加了佳美牌，为低档市场增加了小明星牌。该公司还为豪华汽车市场推出了凌志牌。这样凌志的目标是吸引高层管理者；佳美的目标是吸引中层经理；卡罗纳的目标是吸引基层经理；而小明星牌的目标是手里钱不多的首次购买者。此种战略的主要风险是有些买主认为在两种型号之间（如佳美和凌志之间）差别不大因而会选择低档的品种。但对于丰田公司来说，顾客选择了低档品种总比转向竞争者好。另外，为了减少与丰田的联系，减少自相残杀的风险，凌志并没有在丰田的名下推出，它也有与其他型号不同的分销方式。

（资料来源：[美]菲利蒲·科特勒. 营销管理. 中国人民大学出版社，2001）

分项任务 4.2　辨别产品市场生命周期

4.2.1　产品市场生命周期概念

产品市场生命周期是指产品从投入市场到最终退出市场的全过程。它是产品的市场寿命，而不是使用寿命。该过程一般经历产品的导入期、成长期、成熟期和衰退期四个阶段，用一条曲线来表示，称为产品生命周期曲线，如图 4.2 所示。

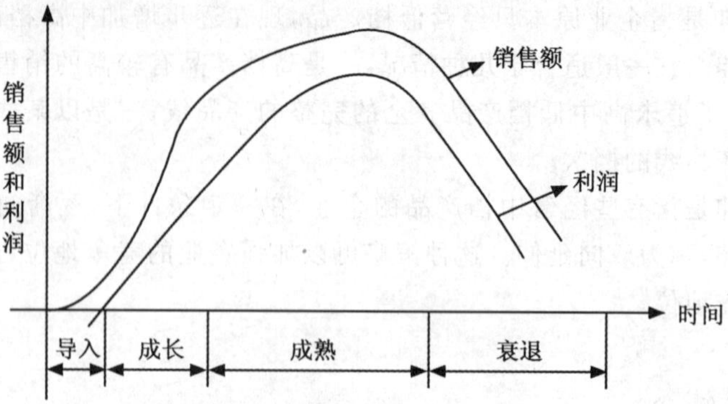

图 4.2 产品周期曲线

并非所有的产品都呈S型曲线生命周期。研究人员发现,产品生命周期具有多种形态。三种常见形态有:

1.“增长—衰退—成熟”形态

小厨房用具常具有此特点。例如电动刀在首次引入市场时销售量增长迅速,然后跌落到“僵化”的水平,这个水平因不断有晚期采用者首次购买产品和早期采用者更新产品而得以维持。

2.“循环—再循环”形态

它常用来说明新药品的销售。制药公司积极促销其新药品,从而产生了第一个循环;然后销售量下降,于是公司发动第二次促销活动,这就产生了第二个循环。

3.“扇形”形态

它是基于发现了新的产品属性、用以推广出售就显示了这种扇形特征,因为许多新的用途—降落伞、袜子、衬衫、地毯,一个接一个地被发现。市场营销观念与技术是构成特定产品生命周期的主要因素。

4.2.2 产品市场生命周期各阶段特点及策略

1. 导入期的市场特征与营销策略

导入期的市场特征:新产品投入市场便进入导入期,此时,顾客对产品还不了解,只有少数追求新奇的顾客可能购买,所以销售量很低。为了扩展销路,需要大量的促销费用来对产品进行宣传。在这一阶段,由于技术方面的原因,产品不能大批量生产,因而生产成本高,销售额增长缓慢,企业不但得不到利润,反而可能亏损。

导入期的营销策略：根据上述特点，企业制定营销策略应突出一个“短”，即加大推广力度，缩短导入期。导入阶段在价格和促销上一般有四种可供选择的策略，如表 4.2 所示。

表 4.2　导入阶段在价格和促销上四种可供选择的策略

促销水平	价格水平	
	高	低
高	快速撇脂策略	快速渗透策略
低	缓慢撇脂策略	缓慢渗透策略

(1)快速撇脂策略采用高价格、高促销费用，以求迅速扩大销售量，取得较高的市场占有率。采取这种策略必须有一定的市场环境，如大多数消费者还不了解这种新产品；已经了解这种新产品的人急于求购，并且愿意高价购买；企业面临潜在竞争对手的威胁。在这种情况下，应该迅速使消费者建立对自己产品的偏好。

(2)缓慢撇脂策略以高价格、低促销费用的形式进行经营，以求得到更多的利润。这种策略可以在市场面比较小，市场上大多数的消费者已熟悉该新产品，购买者愿意出高价，潜在竞争威胁不大的市场环境下使用。

(3)快速渗透策略实行低价格、高促销费用的策略，迅速打入市场，取得尽可能高的市场占有率。在市场容量很大，消费者对这种产品不熟悉，但对价格非常敏感，潜在竞争激烈，企业随着生产规模的扩大可以降低生产成本的情况下，适合采用这种策略。

(4)缓慢渗透策略以低价格、低促销费用来推出新产品。这种策略适用于市场容量很大，消费者熟悉这种产品但对价格反应敏感，并且不存在潜在竞争者的市场环境。

2. 成长期的市场特征与营销策略

成长期的市场特征：当产品在导入期的销售取得成功以后，便进入成长期。这时顾客对产品已经熟悉，大量的新顾客开始购买市场逐步扩大。产品已具备大批量生产的条件，生产成本相对降低，企业的销售额迅速上升，利润也迅速增长。在这一阶段，竞争者看到有利可图，将纷纷进入市场参与竞争，使同类产品供给量增加，价格随之下降，企业利润增长速度减缓，最后达到生命周期利润的最高点。

成长期企业营销策略的总思路可以概括为抢占市场份额，加快推广速度，创出名牌突出一个“好”字。具体而言，企业可以采取以下几方面营销策略：

(1)产品策略方面，从质量、性能、品种、式样、规格、包装等方面改进和完善产品，从而提高产品的竞争能力，吸引更多的顾客，使产品保持更长久的成长期。

(2)价格策略方面,选择适当的时机降低产品价格,既可以争取那些对价格比较敏感的顾客,又可以冲击竞争对手。

(3)渠道策略方面,开拓新的销售渠道,增加销售网点和经销代理机构,扩大产品的销售面。同时,加强产品的销售服务工作,以巩固市场,提高市场占有率。

(4)促销策略方面,在成长期,促销重点是宣传产品的特色运用产品定位策略,树立产品形象,建立品牌知名度,维系老顾客,吸引和发展新顾客。

3. 成熟期的市场特征与营销策略

成熟期的市场特征:产品销量增长缓慢,市场需求逐渐趋于饱和;生产成本降到最低程度;产品服务、广告和推销工作十分重要,销售费用不断提高;利润达到最高点,并开始下降;很多同类产品进入市场,市场竞争十分激烈。

成熟期的营销策略:成熟期是企业获得的黄金季节,企业要努力延长成熟期,制定营销策略要突出一个"占"字,以便提高和保住市场占有率,争取利润最大化,为此企业要做好以下几方面工作:

(1)调整市场。调整市场可从以下三方面入手:发现产品的新用途,将产品打入新的细分市场;寻求能够刺激老顾客,增加产品使用率的方法,如"冬天喝热露露"的宣传广告改变了顾客认为只在夏季饮用的意识,从而增加露露的销售量;市场重新定位寻求新的顾客,如向顾客介绍爽身粉不仅儿童可以使用成年人也可以使用。

(2)调整产品。调整产品是指以产品自身的改变来满足顾客的不同需求,吸引有不同需求的顾客。具体包括:品质改良、特性改良、式样改良、附加产品改良。

(3)调整营销组合。调整营销组合是通过对产品、定价、渠道、促销四个营销组合因素加以综合调整,刺激销售量的回升。例如,提高产品质量、改变产品性能、增加产品花色品种的同时,通过特价、早期购买折扣、补贴运费、延期付款等方法来降价让利;扩展分销渠道、广设分销网点、调整广告媒体组合、变换广告时间和频率、增加人员推销、大搞公共关系等"多管"齐下,进行市场渗透,扩大企业及产品的影响,争取更多的顾客。

4. 衰退期的市场特征与营销策略

衰退期的市场特征:产品销售量由缓慢下降变为迅速下降,甚至出现积压;价格已降到最低水平;多数企业无利可图,被迫退出市场;换代产品层出不穷,市场份额迅速扩大。

衰退期的营销策略:在衰退期,企业面临销售和利润直线下降、大量竞争者退出市场、消费者的习惯已发生转移等情况,此时,企业制定营销策略应突出一个"转"字,具体做好以下几方面工作:

(1)集中策略。把企业资源集中使用在最有利的细分市场、最有效的销售渠道和最易销售的品种、款式上。即缩短战线，以最有利的市场赢得尽可能多的利润。

(2)维持策略。即保持原有的细分市场和营销组合策略，把销售维持在一个低水平。待到适当时机，便停止经营，退出市场。

(3)榨取策略。即大大降低销售费用，如广告费用削减为零、大幅度精简推销人员等，虽然销售量有可能迅速下降，但是可以增加眼前利润。

(4)放弃策略。当机立断，放弃经营，退出市场。既可以采取完全放弃的方式，也可以采取逐步放弃的方式，使其所占用的资源逐步转向其他产品，力争使企业的损失减少到最低。

产品生命周期各阶段的特征及营销策略归纳如表4.3所示。

表4.3　产品生命周期各阶段特征和策略

时期		导入期	成长期	成熟期	衰退期
特征	销售	低销售	快速上升	高峰	衰退
	成本	按每顾客计算的高成本	按每顾客计算的平均成本	按每顾客计算的低成本	按每顾客计算的低成本
	利润	亏损	上升	高利润	利润衰退
	顾客	创新者	早期采用者	中间多数	落后者
	竞争者	很少	逐渐增加	稳定并衰退	衰减
营销目标		创造知名度	最大限度占领市场份额	保卫市场份额获得最大利润	对该品牌削减支出获取收益
策略	产品	提供一个基本产品	提供产品的扩展品、服务、保证	品牌和式样的多样性	逐步淘汰疲软品种
	价格	撇脂或渗透	适当的时候降价	较量和击败竞争者的价格	降价
	分销	建立选择性分销网	建立密集广泛分销	建立更密集广泛分销	进行选择：逐步淘汰无盈利的分销网点
	广告	在早期采用者和经销商中建立产品的知名度	在大众市场中建立知名度和引起兴趣	强调品牌的差异和利益	减少到维持坚定顾客者需求的水平
	促销	大力加强销售促进以吸引试用	充分利用有大量消费者需求的有利条件，适当减少促销	增加对品牌转换的鼓励	减少到最低水平

分项任务 4.3 开发新产品策略

4.3.1 新产品的分类及开发的意义

从市场营销角度来认识新产品，与因科学技术在某一领域的重大发展所产生的新产品不完全相同。从企业营销的角度来说，新产品是指在结构、性能、工艺、技术等方面与老产品相比有显著改进和提高，具有先进性、实用性并经有关部门鉴定确认的产品，即产品整体概念中任何一部分的创新、革新和改良，都可视为新产品。

1. 新产品的分类

根据新产品创新程度的高低，新产品可划分为如图 4.3 所示四种类型。

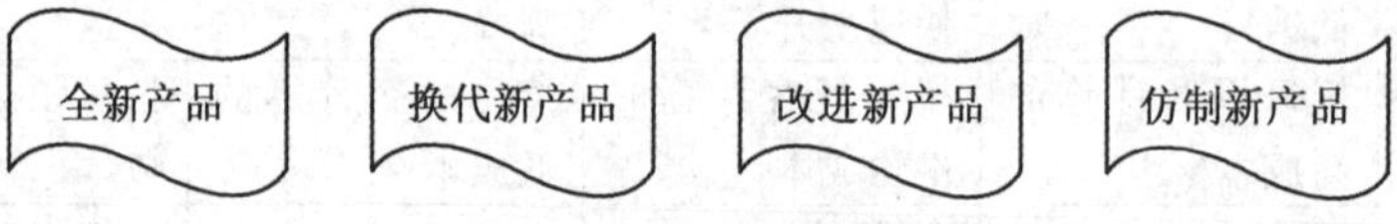

图 4.3 新产品的类型

全新产品指应用新技术、新原理、新工艺或新材料研制出的市场上前所未有的产品，如汽车、飞机、电话等第一次出现时就属于全新产品。开发全新产品通常需要大量的资金、先进的技术水平，并需要有一定的需求潜力，故企业承担的市场风险较大。

换代新产品指在原有产品的基础上，采用或部分采用新技术、新材料、新工艺研制出来的新产品，它使原有产品性能得到明显改进、质量得到明显提高。如洗衣机从单缸洗衣机发展到双缸洗衣机和全自动洗衣机，电视机由黑白电视机到彩色电视机、数字电视机。

改进新产品指对现有产品的质量、性能、结构、功能、包装、款式等方面加以全面或局部改进的新产品。这类产品与现有产品差别不大，产品性能并没有本质性或革命性的突破。如电熨斗加上蒸汽喷雾，电视机配置遥控开关。与换代产品相比，改进新产品更易于市场推广和被消费者接受，但容易被竞争者模仿。

仿制新产品指对市场上已经出现的产品进行引进或模仿、研制生产出的产品。开发这种产品不需要太多的资金和尖端的技术，风险较小，但要注意对原有产品的某些缺陷和不足加以改造，不要全盘照抄。

营销实例

"不发明，只改进"的松下政策

和索尼公司的强调发明相反，世界著名的日本松下电器公司把"不发明，只改进"作为公司战略，就是广泛地选用国内外发明，买进专利，再努力地进行仿制，改良和改进。松下公司建立了23个拥有最新技术生产的研究室，专门分析竞争对手的新产品，发现不足之处，找出如何改进的方法，设法做得更好，使产品质量和性能更臻完善。例如，录像机技术本是索尼公司发明的，但松下公司经过市场调查，了解到消费者最喜欢的是能放映更长时间的录像机。于是，松下公司就设计出一种能满足需要的容量大、体积更小巧的录像机，不仅性能更可靠，而且价格也较索尼的低15%。结果，松下的"乐声"和RCA两个牌子的录像机压倒了对手，占有了很大的市场份额。松下幸之助认为："不发明，只改进"较开发新产品有两个好处：可以躲开由于新产品开发成功后经济寿命短而带来的困难；可以躲开因开发新产品失败而导致的困难等。

除此之外，企业将现行产品投向新的市场，对产品进行市场再定位，或通过降低成本，生产出同样性能的产品，对市场或企业而言，也可以称之为新产品。

2. 新产品开发的意义

企业要想不断发展壮大，必须具备两个方面的能力，一是开拓新市场；二是开发新产品。从市场营销角度说，开发新产品对企业有如下意义：

(1)满足需要。人民的生活需要不仅是多方面的，而且是不断发展和变化的，为了适应人们多样化的消费需求，企业必须不断开发新产品。

(2)提高经济效益。为了减少现有产品进入衰退期给企业造成的损失，巩固市场份额，保持或提高企业的盈利水平，企业必须未雨绸缪，开发新产品。

(3)充分利用资源。开发新产品是充分利用企业现有资源的最有效方法。

(4)增强竞争能力。随着科技的不断发展和人民生活水平的不断提高，产品的生命周期日趋缩短。企业只有不断地开发、创造、改进，增强技术储备，才能提高自身的适应能力，成为竞争的强者。

4.3.2　新产品开发的原则和方向

新产品开发的原则：

(1)以正确的新产品研制战略为指导。企业应按照市场的需要，认真研究企业的实际情况，确定正确的新产品开发战略，做到开发研制一批，更新换代一批，保留提高一批，限制淘汰一批，保证新产品开发能顺利进行。

(2)符合社会需要。

(3)符合国家技术经济政策，如能源政策、环境保护法和产品安全卫生标准等。

(4)坚持技术上的适应性和经济上的合理性。技术上的适应性是指新产品开发要与企业的技术能力和消费者的需求相适应；经济上的合理性是指以最少的费用，实现新产品开发的技术目标，使新产品开发获得最大的社会效益和经济效益。

(5)需提高“三化”水平。通用化、标准化和系列化是新产品开发的重要原则之一。“三化”水平越高，就越有利于产品的制造、使用和维修，也有利于消费者购买和使用。

新产品开发的方向：多能化、微型化、节能化、简易化、合理化和美化、智能化。智能化是指在开发新产品时选用微电子技术，实现产品使用的自动控制，赋予产品智力功能，如电脑控制的洗衣机。

4.3.3 新产品开发的程序

企业新产品开发一般由八个阶段构成，如图 4.4 所示。

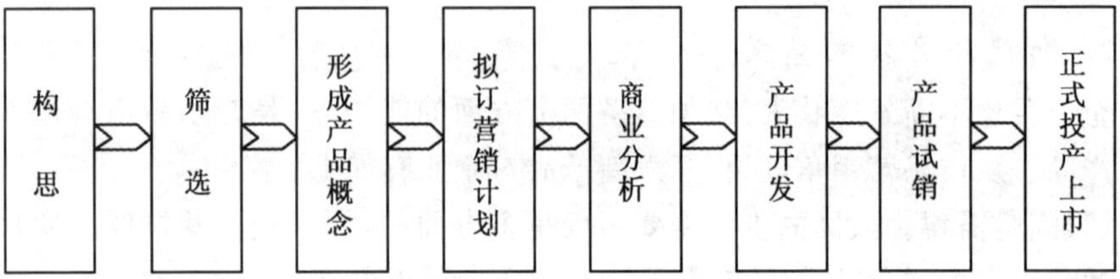

图 4.4 新产品开发程序

1. 构思

新产品开发的第一阶段是形成构思。所谓构思，是指为满足某种市场需要而提出的新产品的设想。一个成功的新产品，首先来自一个有创造性的构思。新产品构思的来源很多，企业应集思广益，从多方面寻求产品的构思。主要的新产品构思来源有：企业内部的技术人员与营销人员、顾客、竞争对手、经销商以及其他来源。

2. 筛选

筛选产品构思就是对形成的大量新产品构思进行分析研究、比较评价，筛选出技术上可行、经济上合算、社会效益优良的新产品构思方案。对构思的筛选要避免两种失误：一是误舍，即将有希望的新产品构思舍弃；二是误用，即将没有前途的新产品构思付诸开发。不论是误舍还是误用，都会给企业造成重大损失，必须从本企业的实际出发，根据企业的具体情况决定取舍。

营销实例

澳柯玛的"克感王空调"

很多人有过夏天吹空调不小心感冒的经历，为此，著名的澳柯玛公司花大力气联合中国顶尖的中药大师共同研发"克感王空调"，并在人民大会堂召开了盛大的新产品发布会。宣称这是一款可以治疗感冒的空调，结果无论是经销商还是消费者都很少问津。后来有人说，这让人想起了"自相矛盾"的寓言故事。

（资料来源：中国就业培训技术指导中心组织编写.国家职业资格培训教程——营销师.中国广播电视大学出版社，2006）

3. 形成产品概念

经过筛选后的新产品构思，还要进一步形成比较完整的产品概念，即把新产品的构思具体化，用文字或图像描述出来，从而形成一种具有确定特性的产品形象。一个产品构思可以转化为若干个产品概念。企业要从众多新产品概念中选择出最具竞争力的最佳产品概念，这就要了解顾客的意见，进行产品概念测试。概念测试一般采用概念说明书的方式，说明新产品的功能、特性、规格、包装、售价等，印发给部分可能的顾客，有时说明书还附有图片或模型。概念测试获得的信息将使企业进一步充实产品概念，使之更适合顾客需要。

营销实例

构思与概念的区别

一个大的食品加工厂加工商提出，已获得一种牛奶添加剂，它能增加牛奶的营养价值和一种快速早餐饮料，使成年人很快得到营养并且不需要准备早餐。或者这样描述：一种可口快餐饮料，供孩子们中午饮用提神。

（资料来源：中国就业培训技术指导中心组织编写.国家职业资格培训教程——营销师.中国广播电视大学出版社，2006）

4. 拟订营销计划

新产品概念形成和通过测试后，必须拟订一个把这个产品推向市场的初步的营销计划，并在未来的发展阶段中不断完善。初步拟订的营销计划一般包括三部分内容：

(1)描述目标市场的规模和结构，规划产品的市场定位，计划产品的销售量和市场占有率，估算市场利润和估测消费者购买行为。

(2)描述新产品的价格策略、分销策略以及第一年的营销预算。

(3)描述较长期的销售额、收益率、目标利润，以及不同时期的市场营销组合策略。

5. 商业分析

商业分析的任务是在初步拟订的营销计划基础上，对新产品从商业效益方面进行分析，看它是否符合企业目标。具体内容有两方面：估计销售额和推算成本与利润。

6. 产品开发

产品开发试制是将通过商业效益分析后的新产品概念交送有关部门进行研究开发，将产品概念转化为具体的产品模型或样品，同时进行包装的研制和品牌的设计。研发试制出来的产品如果符合下列要求，则被视为在技术上和商业上具有可行性：

(1)在顾客看来，产品具备了产品概念中列举的各项属性。

(2)在正常使用条件下，可以安全地发挥功能。

(3)能在规定的成本预算范围内生产出来。

营销实例

苹果电脑公司常常假设它的笔记本在最坏的环境中被粗暴地使用：它被百事可乐和其他苏打水浸湿，被蛋黄酱溅污，在 140℃的炉上烤火，在汽车后备箱震动的模拟条件下，测试它的功能变化情况。

(资料来源：中国就业培训技术指导中心组织编写. 国家职业资格培训教程——营销师. 中国广播电视大学出版社，2006)

7. 产品试销

产品投放市场后，能否受到顾客的欢迎，企业并无把握。为此，需要通过市场试销，即将产品投放到有代表性的小范围进行试验，观察其市场反应，以确定是否将产品大批量生产并正式投放市场。在试销的过程中，企业应注意收集销售渠道、广告宣传、价格、产品质量、新产品的试用率和重购率等方面的信息资料，以便为以后的营销决策提供依据。

8. 正式投产上市

新产品试销成功后，企业就可以正式批量生产与全面投放市场了。一旦决定大批投产上市，企业就需再次投入大量资金，支付大量费用。企业在此阶段应在投放时机、投放地区、目标市场选择、营销组合策略等方面慎重决策。

4.3.4 新产品采用

所谓新产品采用过程，是指消费者个人由接受创新产品到成为重复购买者的各个心理阶段。美国著名学者埃弗雷特·罗杰斯在1962年出版的《创新扩散》一书中，把采用过程看做是创新决策过程，并据此建立了创新决策过程模型。他认为，创新决策过程包括五个阶段，即认识阶段、说服阶段、决策阶段、实施阶段和证实阶段。这五个阶段又受到一系列变量的影响，它们不同程度地促进或延缓了创新决策过程。

1. 认识阶段

在认识阶段，消费者要受个人因素（如个人的性格特征、社会地位、经济收入、性别年龄、文化水平等）、社会因素（如文化、经济、社会、政治、科技等）和沟通行为因素的影响。他们逐步认识到创新产品，并学会使用这种产品，掌握其新的功能。研究表明，较早意识到创新的消费者与较晚意识到创新的消费者有着明显的区别。一般地，前者较后者有着较高的文化水平和社会地位，他们广泛地参与社交活动，能及时、迅速地收集到有关新产品的信息资料。

2. 说服阶段

消费者有时尽管认识到了创新产品并知道了如何使用，但一直没有产生喜爱和占有该产品的愿望。而一旦产生这种愿望，决策行为就进入了说服阶段。在认识阶段，消费者的心理活动尚停留在感性认识上，而在说服阶段，其心理活动就具备影响力了。消费者常常要亲自操作新产品以避免购买风险。即使如此，营销部门也并不能促使消费者立即购买，除非他们能让消费者充分认识到新产品的特性，这包括：

(1)相对优势，即创新产品被认为比原有产品好。创新产品在功能性、可靠性、便利性、新颖性等方面比原有产品的优势越大，就越容易让消费者采用。应该着重指出的是，相对优势是指消费者个人对创新产品的认识程度，而不是产品的实际状况。在某些情况下,一个确实属于创新的产品若不被消费者所认识,便失去其相对优势。

(2)适用性,即创新产品与消费者行为及观念的吻合程度。当创新产品与消费者的需求结构、价值观、信仰和经验相适应或较为接近时,就容易被迅速采用。

(3)复杂性,即认识创新产品的困难程度。创新产品越是难以理解和使用,其采用率就越低。这就要求企业在新产品设计、整体结构、使用维修和保养方法等方面与目标市场的认知程度相接近,尽可能设计出简单易懂、使用方便的产品。

(4)可试性,即创新产品在一定条件下可以试用。汽车的测试、免费赠送样品等都是为了方便消费者对新产品的试用,减少购买风险,提高采用率。

(5)明确性,指创新产品在使用时,是否容易被人们观察和描述,是否容易被说明和示范。创新产品的消费行为越容易被感知,其明确性就越强,采用率也就越高。总之,在说服阶段,消费者对创新产品将有确定性的认识,他会多次在脑海里"尝试"着使用创新产品,看看它究竟是否适合自己的情况。而企业的广告宣传和人员推销将会使消费者提高对产品的认知程度。

3. 决策阶段

通过对产品特性的分析和认识,消费者开始决策,即决定采用还是拒绝采用该种创新产品。他可能决定拒绝采用,此时有两种可能:一是以后改变态度接受了这种创新产品;二是继续拒绝采用这种产品。

他也许决定采用创新产品,此时也有两种可能:一是在使用之后觉得效果不错,继续使用下去;二是在使用之后觉得令人失望,便中断使用,可能改用别的品牌,也可能干脆不使用这类产品。

4. 实施阶段

当消费者开始使用创新产品时,就进入了实施阶段。在决策阶段,消费者只是在心里盘算究竟是使用该产品还是仅仅试用一下,并没有完全确定。到了实施阶段,消费者就考虑以下问题了:"我怎样使用该产品"和"我如何解决操作难题"?这时,营销人员就要积极主动地向消费者进行介绍和示范,并提出自己的建议。

5. 证实阶段

人类行为的一个显著特征是,人们在作出某项重要决策之后总是要寻找额外的信息,来证明自己决策的英明和果断。消费者购买决策也不例外。为了说明问题,这里借用一下不和谐理论中的"认识不和谐"概念。

认识不和谐是指两种或两种以上的认识互不一致或者其中某种认识与一个人的行为相抵触所产生的紧张不安的心理状态。这些认识包括人们对周围事物所持的观念、情感和价值取向等。只要这些认识相互不一致，或者某种认识与一个人的行为不相吻合，不和谐就产生了。不和谐是一种心理不平衡状态，它会造成心理紧张，而心理紧张又促使人们去努力消除这种紧张，从而使心理状态由不平衡（或不和谐）转向平衡（或和谐）。

在创新决策之后存在的不和谐，称为决策后不和谐。由于消费者面临多种选择方案，而每一种方案又都有其优点和缺点，所以只要消费者选择其中的一个方案，不和谐就会发生。在决策之后，消费者总是要评价其选择行为是否正确。在决策后的最初一段时间内，消费者常常觉得有些后悔，会发现所选方案存在很多缺陷，而认为未选方案有不少优点。事实上，如果再给一次机会，他就会选择其他方案。不过，后悔阶段持续时间不长，很快便被不和谐减弱阶段所替代。此时，消费者认为已选择方案仍然较为适宜。

在整个创新决策过程中，证实阶段包括了决策后不和谐、后悔和不和谐减弱三种情况。消费者往往会告诉朋友们自己采用创新产品的明智之处，倘若他无法说明采用决策是正确的，那么他就可能中断采用。

4.3.5　新产品推广

所谓新产品推广，是指新产品上市后随着时间的推移不断地被越来越多的消费者所采用的过程。也就是说，新产品上市后逐渐地扩张到其潜在市场的各个部分。

1. 新产品采用者的类型

在新产品的市场推广过程中，由于个人性格、文化背景、受教育程度和社会地位等因素的影响，不同的消费者对新产品接受程度的快慢不同。罗杰斯根据这种接受程度快慢的差异，把采用者划分成五种类型，即创新采用者（简称为“创用者”）、早期采用者、早期大众、晚期大众和落后采用者。同时，从新产品上市算起，采用者的采用时间大体服从统计学中的正态分布，约有68%的采用者（早期大众和晚期大众）落入平均采用时间加减一个标准差的区域内，其他采用者的情况依此类推。尽管这种划分并非精确，但它对于研究推广过程有着重要意义。

(1)创新采用者。该类采用者处于距离平均采用时间两个标准差以左的区域内，占全部潜在采用者的2.5%。任何新产品都是由少数创新采用者率先使用，因此，他们具备如下特征：极富冒险精神；收入水平、社会地位和受教育程度较高；一般是年轻人，交际广泛且信息灵通。

营销人员在向市场推出新产品时，应把促销手段和传播工具集中于创新采用者身上。如果他们采用效果较好，就会大肆宣传，影响到后面的使用者。不过，找出创新采用者并非易事，因为很多创新采用者在某些方面倾向于创新，而在其他方面可能是落后采用者。

(2)早期采用者。早期采用者是第二类采用创新的群体，占全部潜在采用者的13.5%。他们大多是某个群体中具有很高威信的人，受到周围朋友的拥护和爱戴。正因为如此，他们常常去收集有关新产品的各种信息资料，成为某些领域的意见领袖。这类采用者多在产品的介绍期和成长期采用新产品，并对后面的采用者影响较大，所以，他们对创新推广有着决定性影响。

(3)早期大众。这类采用者的采用时间比平均采用时间要早，占全部潜在采用者的34%。其特征是：深思熟虑，态度谨慎；决策时间较长；受过一定教育；有较好的工作环境和固定收入；对意见领袖的消费行为有较强的模仿心理。他们虽然也希望在一般人之前接受新产品，但却是在经过早期采用者认可后才购买，从而成为赶时髦者。由于该类采用者和晚期大众占全部潜在采用者的68%，因而，研究其消费心理和消费习惯对于加速创新产品推广有着重要意义。

(4)晚期大众。这类采用者的采用时间比平均采用时间稍晚，占全部潜在采用者的34%，其基本特征是多疑。他们的信息多来自周围的同事或朋友，很少借助宣传媒体收集所需要的信息，其受教育程度和收入状况相对较差，所以，他们从不主动采用或接受新产品，直到大多数人都采用且反映良好时才行动。显然，营销人员对这类采用者进行市场推广是极为困难的。

(5)落后采用者。这类采用者是采用创新的落伍者，占全部潜在采用者的18%。他们思想保守，拘泥于传统的消费行为模式。他们与其他的落后采用者关系密切，极少接触宣传媒体，其社会地位和收入水平最低。因此，他们在产品进入成熟期后期乃至进入衰退期时才会采用。与一般人相比较，落后采用者在社会经济地位、个人因素和沟通行为这三个方面存在着差异。这种比较为新产品推广提供了重要依据，对企业营销沟通具有指导意义。

2. 新产品推广过程管理

新产品推广过程管理是指企业通过采取措施使新产品推广过程符合既定营销目标的一系列活动。企业之所以能对推广过程进行管理，是因为推广过程除受到外部不可控制因素（如竞争者行为、消费者行为、经济形势等）的影响外，还要受到企业营销活动（如产品质量、人员推销、广告水平、价格策略等）的制约。

根据产品生命周期曲线，典型的产品推广模式通常是导入期销售额增长缓慢，成长期的增长率也较低，而且，产品进入成熟期一段不长的时间后，销售额就开始下降。为了使产品推广过程达到其管理目标，就要求企业营销管理部门采取如下一些措施和策略：

(1)实现迅速起飞,需要:派出销售队伍,主动加强推销;开展广告攻势,使目标市场很快熟悉创新产品;开展促销活动,鼓励消费者试用新产品。

(2)实现快速增长,需要:保证产品质量,促进口头沟通;继续加强广告攻势,影响后期采用者;推销人员向中间商提供各种支持;创造性地运用促销手段使消费者重复购买。

(3)实现渗透最大化,需要:继续采用快速增长的各种策略;更新产品设计和广告策略,以适应后期采用者的需要。

(4)要想长时间维持一定水平的销售额,需要:使处于衰退期的产品继续满足市场需要;扩展分销渠道;加强广告推销。

3. 意见领袖和口头传播对推广的影响

我们在前面提出,推广过程就是创新产品不断地被更多消费者所采用的过程。对于企业而言,它总是希望产品推广越快越好,消费者接受得越快越好。因此,缩短消费者由不熟悉新产品到采用新产品所花费的时间就成为企业营销目标之一。前面对采用和推广过程的分析不同程度地解决了这个问题,这里再从信息沟通的角度进行研究。

(1)信息沟通与新产品推广。在新产品推广过程中,有关信息和影响是怎样从营销人员那里传递到目标市场的呢?最初,人们认为信息和影响是借助于宣传媒体的力量直接传递到消费者那里,这就是一级流动过程,即从宣传媒体到消费者。后来,研究者们发现,信息的流动并非经过一级,而是经过两级。他们认为,新产品常常是从宣传媒体传递到意见领袖,然后再从意见领袖流向追随者,追随者受意见领袖的影响远远超过宣传媒体的影响。这叫做两级流动模型。在这里,宣传媒体是主要的信息源,追随者是信息受众,而意见领袖则对信息受众接受信息有着重要作用,他们依靠自身的威信和所处的位置加速了信息的流动。

(2)意见领袖的作用。在新产品推广过程中,意见领袖具有以下作用:告知他人(追随者)有关新产品的信息;提供建议以减轻别人的购买风险;向购买者提供积极的反馈或证实其决策。所以,意见领袖是一个告知者、说服者和证实者。不过,意见领袖只是一个或几个消费领域的领袖,他们仅仅在这一个或几个领域施加自身的影响,离开这些领域,他们就不再是领袖,也就没有影响了。

(3)意见领袖与其追随者。每一个社会阶层都有意见领袖。大多数情况下,信息是在每一个阶层内水平流动而不是在阶层之间垂直流动。意见领袖同其追随者有着显著不同的特征:意见领袖交际广泛,同宣传媒体和各种交易中间商联系紧密;意见领袖容易被接触,并有机会、有能力影响他人;具有略高于其追随者的社会经济地位,但不能高出太多,否则,二者就难以沟通。

分项任务 4.4 制定品牌策略

4.4.1 品牌含义与作用

所谓品牌是用以识别某个销售者或某群销售者的产品或服务，并使之与竞争对手的产品或服务区别开来的商业名称及其标志，通常由文字、标记、符号、图案和颜色等要素或这些要素的组合构成。品牌是一个集合概念，它包括品牌名称和品牌标志两部分。品牌名称是指品牌中可以用语言称呼的部分，也称“品名”，如小天鹅、雅芳(AVON)、迪士尼乐园(Disney Land)等；品牌标志，也称“品标”，是指品牌中可以被认出、易于记忆但不能用言语称呼的部分，通常由图案、符号或特殊颜色等构成，比如，一只展翅的天鹅的图案是小天鹅洗衣机的品牌标志。

品牌实质上代表着销售者(卖者)对交付给卖者的产品特征、利益和服务一贯性的承诺。久负盛名的品牌就是质量的保证。但品牌还是一个更复杂的象征，具有整体意义。品牌的整体含义可分成以下六个层次：

1. 属性

品牌首先使人们想到某种属性，这是品牌最基本的含义。例如“奔驰牌”意味着精湛、制造优良、昂贵、耐用、信誉好、声誉高、转卖价值高、速度快等。这些属性是奔驰生产经营者广为宣传的重要内容。多年来奔驰的广告一直强调“全世界无可比拟的工艺精良汽车”。

2. 利益

品牌不仅代表着一系列属性，而且还体现着某种特定的利益。顾客不是在买属性，他们买的是利益。属性需要转化成功能性或情感性的利益。比如，耐久的属性可转化成功能性的利益：“多年内我不需要买一辆新车。”昂贵的属性可转化成情感性利益：“这辆车让我感觉到自己很重要并受人尊重。”制作精良的属性可转化成功能性和情感性利益：“一旦出事时我很安全。”

3. 价值

品牌体现了生产者的某些价值感。例如，奔驰代表着高绩效、安全、声望等。品牌的营销人员必须分辨出对这些价值感兴趣的消费群体。

4. 文化

品牌还附着特定的文化。例如,奔驰品牌就蕴含着“有组织、高效率和高品质”的德国文化。

5. 个性

品牌也反映一定的个性。如果品牌是一个人,一种动物或一个物体,那么,不同品牌会使人们产生不同的品牌个性联想。奔驰会让人想到一位严谨的老板、一只勇猛的雄狮或一座庄严质朴的宫殿。

6. 用户

品牌暗示了购买和使用消费者类型。如果我们看到一位20来岁的秘书驾驶奔驰轿车就会感到很吃惊,我们更愿意看到驾驶奔驰车的是55岁的高级经理。

了解了六个层次的品牌含义,营销人员必须决定品牌特性的深度层次。人们常犯的错误是只注重品牌属性。但是购买者更重视品牌利益而不是属性,而且竞争者很容易模仿这些属性。另外,现有属性会变得没有价值,品牌与特定属性联系得太紧密反而会伤害品牌。但是,只强调品牌的一项或几项利益也是有风险的。假如“奔驰”汽车只强调其“性能优良”,那么竞争者可能推出性能更优秀的汽车,或者顾客可能认为性能优良的重要性比其他利益要差一些,此时“奔驰”需要调整到一种新的利益定位。

品牌最持久的含义是其价值、文化和个性,它们构成了品牌的实质。“奔驰”代表着“高技术、杰出表现和成功”等。

4.4.2 品牌策略

1. 品牌设计原则

品牌设计应遵循如下原则:

简洁醒目,易读易记。

构思巧妙,暗示属性。

富蕴内涵,情意浓重。

避免雷同,超越时空。

2. 制定并实施品牌策略

企业经常制定的品牌策略包括:

(1)品牌有无策略。一般来说,现代企业都建立有自己的品牌商标。虽然这使企业增加成本费用,但也可以使卖主得到以下好处:

①便于管理订货。

②有助于企业细分市场。

③有助于树立良好的企业形象。

④有利于吸引更多的品牌忠诚者。

⑤注册商标可使企业的产品特色得到法律保护,防止别人模仿、抄袭。

(2)品牌使用者策略。企业有三种可供选择的策略,即企业可以决定使用自己的品牌,这种品牌叫做企业品牌、生产者品牌、全国性品牌;企业也可以决定将其产品大批量地卖给你中间商,中间商再用自己的品牌将物品转卖出去,这种品牌叫做中间商品牌、私人品牌;企业还可以决定有些产品用自己的品牌,有些产品用中间商品牌。

①使用中间商品牌的利弊。目前,中间商品牌已经变成品牌竞争的一个重要因素。中间商使用自己的私人品牌,会带来一些问题。例如,中间商必须花很多钱做广告,大力宣传其品牌。但是,中间商使用自己的品牌又可带来种种利益。诸如:可以更好地控制价格,并且可以在某种程度上控制供应商(因为中间商可以用更换供应商来威胁企业);进货成本低,因而销售价格较低,竞争力较强,可以得到较高利润。

②品牌战。在现代市场经济条件下,企业品牌和中间商品品牌之间经常展开激烈竞争,这就是品牌战。在这种对抗中,中间商有许多优势。如零售商业的营业面积有限,因此,许多企业特别是新企业和小企业难以用其品牌打入零售市场。中间商品牌的价格通常定得比企业品牌低,因此,能迎合计较价格的顾客,特别是在通货膨胀时期更是如此。有些市场营销评论家预言:中间商品牌终将击败所有企业品牌。

③品牌阶梯与品牌均势。十几年来,在消费者心目中,一直存在着品牌阶梯的观念,即自己最偏好的品牌位于阶梯的最上层,随着偏好程度的递减,各个品牌的阶层依次降低。而近来人们的阶梯观念越来越趋于淡化,取而代之的是品牌均势观念,即在消费者看来,所有品牌都是一样的。

营销实例

家乐福的自有品牌

2004 年 6 月 3 日,法国家乐福集团在北京宣布,从当天开始,在中国各地的所有家乐福店里全面推出 400 种自有品牌产品。如家乐福的洗发水、沐浴露、香皂、饼干、薯片、绵白糖、白砂糖、速溶方糖等。再仔细一看,家乐福的洗发水、沐浴露等生产商是上海美臣化妆品有限公司;香皂的制造商是在广州;薯片的制造商在江苏苏州;绵白糖的产地在上海;白砂糖的产地有广东和广西两地;速溶方糖的产地标明在广东佛山。就在"家乐福"牌商品面市一周后,记者在位于国展中心附近的家乐福店看到,"家乐福"牌的商品都是按照大类分散在各货柜上销售,与同类商品相比显得特殊的是,凡是家乐福自己的品牌商品,都有一个醒目的导购标志。

(资料来源:中国就业培训技术指导中心组织编写.国家职业资格培训教程——高级营销师.中国广播电视大学出版社,2006)

(3)品牌统分策略。如果企业决定其大部分或全部产品都使用自己的品牌,那么还要进一步决定其产品是分别使用不同的品牌,还是统一使用一个或几个品牌。

①个别品牌,是指企业各种不同的产品分别使用不同的品牌。其好处是:企业的整个声誉不致受某种商品的声誉的影响;某产品原来一向生产某种高档产品,后来推出较低档的产品,如果这种新产品使用自己的品牌,也不会影响这家企业的名牌产品的声誉。

②统一品牌,是指企业所有的产品都统一使用一个品牌名称。其好处是:企业宣传介绍新产品的费用开支较低。如果企业的名声好,其产品必然畅销。

③分类品牌,是指企业的各类产品分别命名,一类产品使用一个牌子。这主要原因是:企业生产或销售许多不同类型的产品,如果都统一使用一个品牌,这些不同类型的产品就容易互相混淆;有些企业虽然生产或销售同一类型的产品,但是,为了区别不同质量水平的产品,往往也分别使用不同的品牌名称。

④企业名称加个别品牌。这种策略是指企业对其不同的产品分别使用不同的品牌,而且各种产品的品牌前面还冠以企业名称。

(4)品牌延伸策略。品牌延伸策略是指企业利用其成功品牌名称的声誉来推出改良产品或新产品,包括推出新的包装规格、香味和式样等。企业采取这种策略,可以节省宣传介绍新产品的费用,使新产品能迅速、顺利地打入市场。

此外,还有一种品牌延伸,即企业在其耐用品类的低档产品中增加一种式样非常简单的产品,以宣传其品牌中各种产品的基价很低。公司可以利用这些"促销品"来招徕顾客,吸引顾客前来购买式样较好的高档产品。

(5)多品牌策略。多品牌策略是指企业同时经营两种或两种以上互相竞争的品牌。这种策略由宝洁公司首创。宝洁公司认为,单一品牌并非万全之策。因为一种品牌树立之后,容易在消费者心目中形成固定的印象,不利于产品的延伸。

一般来说,企业采取多品牌策略的主要原因是:

①多种不同的品牌只要被零售商店接受，就可占用更大的货架面积，而竞争者所有的货架面积当然会相应减小。

②多种不同品牌可吸引更多顾客，提高市场占有率。

③发展多种不同的品牌有助于在企业内部各个产品部门、产品经理之间开展竞争，提高效率。

④发展多种不同的品牌可使企业深入到各个不同的市场部分，占领更大的市场。

(6)品牌再定位策略。某一个品牌在市场上的最初定位即使很好，随着时间推移也必须重新定位。这主要是因为以下情况发生了变化：

①竞争者推出一个品牌，把它定位于本企业的品牌旁边，侵占了本企业的品牌的一部分市场，使本企业品牌的市场占有率下降，这种情况要求企业进行品牌重新定位。

②有些消费者的偏好发生了变化，他们原来喜欢本企业的品牌，现在喜欢其他企业的品牌，因而市场对本企业的品牌的需求减少，这种市场情况变化也要求企业进行品牌重新定位。

企业在制定品牌重新定位策略时，要全面考虑两方面的因素：一方面，要全方面考虑把自己的品牌从一个市场部分转移到另一个市场部分的成本费用。一般来讲，重新定位距离越远，其成本费用就越高。另一方面，还要考虑把自己的品牌定在新的位置上能获得多少收入。

3. 商标

企业在政府有关主管部门注册登记以后，就享有使用某个品牌名称和品牌标志的专用权，这个品牌名称和品牌标志受到法律保护，其他任何企业都不得仿效使用。因此，商标实质上是一种法律名词。是指已获得专用权并受到法律保护的一个品牌或一个品牌的一部分。商标是企业的无形资产，驰名商标更是企业的巨大财富。

(1)注册商标与非注册商标。我国习惯对一切品牌不论其注册与否，统称商标，而另有“注册商标”与“非注册商标”之分。《中华人民共和国商标法》规定，注册商标是指受法律保护、所有者享有专用权的商标。非注册商标是指未办理注册手续、不受法律保护的商标。在商标法的保护下，卖者对使用品牌名称享有独占的权利。这和专利、版权等有终期的资产不同。

(2)商标的命名设计。对一个企业来说，给自己的企业和产品起一个响亮的名字，对参与市场竞争，尤其是打开国际市场大有好处。然而要起好名字却大有学问。名字难起，商标设计就更加有难度。

(3)商标管理。中国企业在商标管理上存在的问题:当今市场之争,最集中地体现在商标上,谁的商标有名气,有信誉,谁就有效益。因此,商标受到了世界各国商人的普遍重视,尤其在发达国家,商标的地位不亚于设备、厂房和流动资金。

①商标命名缺乏个性。抄袭、模仿现象严重,品牌缺乏个性。一些企业看到他人某个牌子的产品创出了名牌,便跟着仿效。

②不注重商标注册。有些企业虽然给其产品起了名字,设计了标志,并且名字也算动听,标志的视觉冲击力也比较强,甚至创出了品牌,但却没有注册,从而不受法律保护(我国对商标权的保护实行的是注册制度)。商标不注册,就不能够享有法律赋予的商标专用权,企业的广告宣传就难以达到目的,甚至是掏钱为别人做宣传,不能够形成企业的无形资产。

③商标注册范围过于狭窄。目前,我国商标注册采用的是国际上通用的商标分类法,这样,每一商标在商品和服务行业都有 40 多个类别可以申请注册,但是,我国不少企业的商标注册范围却过于狭窄,即一件商标仅仅在某一类甚至某一种商品上注册。这就为其他企业以同样商标在其他类别的商品上注册留下了余地,以至于出现了许多不同类别的企业共用一个商标的现象。

④不注重商标宣传。当前很多企业虽然认识到了宣传的重要性,但只停留在产品层次的宣传上,而不注重宣传商标。

⑤商标不续展。续展本应是商标保护的一个细节,但我国每年有不少商标因没有及时续展而被注销。

⑥不珍惜商标权。有些企业费尽千辛万苦创出了名牌,但却不珍惜商标权。

企业的商标防御战略:商标是企业的无形资产,驰名商标更是企业的巨大财富。上边抢先注册、抢占他人无形资产的行为,使许多企业损失严重。然而企业在警惕商标抢注的同时,却忽视了另一种倾向,这就是"类似商标注册"。这种类似的商标、品名,只要一家做广告,另一家也会受益;一家出名,另一家也跟着沾光。因此,如何防止别人的商标借企业的知名度和企业投入的广告宣传费而出名、搭企业的便车、分享企业的无形资产,是企业高层管理者必须关注的问题。而防止他人搭便车的有效手段就是防御性商标注册。所谓防御性商标注册,即注册与使用相同或相似的一系列商标。具体地说就是注册一系列文字、读音、图案相同或相似的商标,保护正在使用的商标或以后备用。防御性商标注册的另一种方法就是同一商标运用于完全不同种类的产品或不同行业,防止他人在不同产品或产业上使用企业的商标。因为同一商标使用的商品类别有一定限制,产品跨行业、跨种类时,就必须分别注册。

分项任务4.5 制定包装策略

4.5.1 包装的含义、种类和作用

1. 包装的含义

包装是指盛装商品和保护商品的容器或包扎物。包装是产品整体概念的重要组成部分,现代营销过程中的包装已经远远超出了作为容器保护产品的作用,而成为促进和扩大产品销售的重要因素之一。

2. 包装的种类

(1)内包装。内包装又称一次包装,它是产品的直接容器或包装物,随同商品一起卖给顾客。如墨水瓶、啤酒瓶等。

(2)中层包装。中层包装又称销售包装,用来保护内包装和促进销售。如酒瓶外的纸盒。

(3)外包装。外包装也称运输包装或储运包装。它是为了便于储存、搬运和辨认产品的包装。如装运酒的纸板箱。

3. 包装的作用

(1)保护商品。这是指包装的原始功能。在产品从生产者转移到消费者手中,以及被消费者消耗的过程中,良好的包装可以防止产品的渗漏、浪费、损耗、散落、掺杂、收缩和变色等。

(2)便于储运。不少产品没有固定的形状和形状特殊,不包装则难以进行储运和运输。有些产品则有一定的危险性,如易燃、易爆、有毒等,必须有严密良好的包装才能储运。此外,整齐的包装可以储运方便时的点检等管理工作。

(3)促进销售。包装已被越来越多的厂家用作产品促销的一种工具。通过包装,可以改变产品的外观形象,提高顾客的视觉兴趣,增加顾客的方便,促进消费者的购买。同时利用包装上的说明,增进顾客对产品知识的了解。包装还是一种少花钱或不花钱的言行载体。

(4)增加盈利。良好、美观的包装可以提高产品的身价,使消费者愿意以较高的价格购买,而且,随着生活水平的提高,这种趋势在不断上升。同时,由于包装完好可以减少产品的毁损、变质等损失,等于为企业节省了成本。此外,包装材料本身也包含着一部分的利润。

4.5.2　包装的设计原则与策略

1. 包装的设计原则

包装的设计应根据包装的不同层次进行，作为外包装，其设计主要是立足于保护商品和便于运输、储存。包装的设计优先考虑的是保护商品、美化商品、促进销售、便于使用。一般说来，产品包装的设计在科学、经济、适销和牢固的基础上应符合以下要求：

(1)外形和结构。包装应根据产品的理化性能和形状、消费者的购买习惯和购买力大小等因素，尽量减小体积，以便于运输、储存、携带和使用。在结构合理、突出特点的前提下，外形要美观大方、不落俗套、不搞模仿、便于识别。尽量利用新材料、新图案、生动形象，使人耳目一新。

(2)要与产品的价值和水平相适应。包装与产品的档次和价值相一致。包装水平要考虑消费者的承受能力，如贵重的高档产品或礼品包装要华丽高雅，增加产品的价值感。因此，不同产品要配以不同包装，要考虑到消费者的购买目的和消费层次，满足不同消费者的需要。

(3)图案、色彩要符合民族习惯、宗教信仰及消费者心理。不同心理爱好的消费者对色彩含义的理解可能是完全不同的。例如，中国人喜欢红色，埃及人喜欢绿色，伊斯兰国家和地区忌用与猪有关的(亵渎神灵)，北非忌用与狗有关的(表示不洁之物)，法国人视孔雀为祸鸟等。设计者一定要注意这些爱好与禁忌。

(4)节省费用，减少污染。设计要尽量合理，减少材料的使用，并尽量使用物美价廉、适宜的包装材料。为了追求社会的长远利益，维护生态平衡，应尽量选用易降解、污染小，易回收利用的包装材料。

2. 包装策略

良好的包装只有同包装策略结合起来才能发挥应有的作用。可供企业选择的包装策略主要包括以下几种：

(1)统一包装策略。统一包装策略是指一个企业所生产的各种不同产品，在包装上采用相同的造型、图案、色彩或其他相同的特征，使消费者很容易发现是同一家企业的产品。统一包装策略的优点是既节省了包装设计费用，也壮大了企业声势，还有利于推销新产品。但是，统一包装只适用于质量水平相近的产品，如果质量水平相差较大，这种包装策略将对质量较好的产品产生不利影响。

营销实例

著名的法国香水业有句名言:“设计精美的香水瓶是香水的最佳推销员。”法国香水瓶根据香味类型使用统一的造型。如有种香味类似森林的配料的男用香水,它的包装瓶子被设计成细高如树的造型,又配上能让人联想到木板的本色细条纸盒外包装;另一叫“高山”的香水,包装瓶子被设计成旋转升天式。这些造型别致、富于联想的包装,自然能激发顾客的购买欲望。

(资料来源:中国就业培训技术指导中心组织编写.国家职业资格培训教程——营销师.中国广播电视大学出版社,2006)

(2)多种包装策略。当企业经营的各种产品质量存在着较大差别时,企业对不同档次、不同质量、不同等级的产品分别采用不同的包装,而对质量水平相近的产品采用一种包装。采用不同包装方便消费者选购,也能够减小由于某一种商品销售失败而对其他商品信誉产生的影响。但是,多种包装策略会增加包装设计费用和新产品的促销费用。

(3)配套包装策略。配套包装是把在使用时有关联的几种商品,纳入一个包装内,同时出售,使消费者购买一次就可以满足多种需求,为消费者提供较多方便。如家用药箱、针线袋、化妆盒、工具箱等。采用配套包装可以起到促进销售作用。

(4)再使用包装策略。再使用包装也叫多用途包装,即原包装的商品用完后,包装物可再利用。如果汁杯、咖啡瓶等可作水杯用;印有游览图的包装纸可作旅游指南。这种包装策略使消费者感到有再使用价值,产生一物多用、节省的感觉;另外在再使用中,包装上的商标,常被消费者看到,产生回忆,具有广告宣传的效果,激发顾客重复购买的欲望。

(5)附赠品包装策略。这是市场上比较流行的包装策略,尤其对于儿童市场,效果是明显的。在玩具、糖果等商品中附赠连环画、小玩具来产生消费者的惠顾效应,导致重复购买。

(6)改变包装策略。改变原来包装的优点是企业可以在改进产品质量的同时,改变产品的包装形式,从而以新的产品形象出现在市场上,以迅速恢复企业声誉,重新扩大市场份额。

分项任务4.6 实训操作

产品设计与品牌管理案例分析

【实训任务】

查找最新福布斯公布全球十大奢侈品品牌,选择你喜爱的一个,分析其产品设计与品牌管理的优势所在。

【实训目标】

培养学生应用营销学中产品策划的有关知识,分析问题、解决问题的能力。

【实训要求】

能应用产品整体概念、产品组合、产品生命周期、新产品开发推广、产品品牌、包装策略等理论,分析所选奢侈品品牌的发展成功史。

【实训步骤】

1. 查找资料,获得所需品牌的有关材料,整理、归纳、概括要点。

2. 分析该品牌在产品设计与品牌管理方面的独到之处。

3. 上台讲解你的结论,展示PPT,与同学分享案例分析以后你对产品策划知识学习的心得体会。

◆任务小结

完成本任务,你应该清楚以下内容:

● 产品整体概念是指企业为消费者提供的能满足消费者需求的所有有形或无形因素的总和,它包括:核心产品、形式产品、期望产品、附加产品、潜在产品五个层次;产品组合是企业生产或经营的产品结构。

● 产品市场生命周期经历产品的导入期、成长期、成熟期和衰退期四个阶段,各阶段具有不同市场特征、采取不同营销策略。

● 营销中新产品有全新新产品、换代新产品、改进新产品和仿制新产品。要推动新产品的采用与推广。

● 品牌由品牌名称、品牌标志和商标三部分组成。可供企业采用的品牌策略有:品牌有无策略、品牌使用者策略、品牌统分策略、品牌延伸策略、多品牌策略、品牌再定位策略。

● 包装是盛装商品和保护商品的容器或包扎物。可供企业选择的包装策略有:统一包装策略、多种包装策略、配套包装策略、再使用包装和改变包装策略。

◆本任务关键词

产品整体概念　产品组合　产品生命周期　新产品开发　品牌　包装

◆业务技能自测

◎选择

1.(　　)是对未来产品的基本轮廓架构的构想,是新产品开发的基础和起点。

A. 创意　B. 构思　C. 设想　D. 创新

2. 新产品采用过程有(　　)、说服、决策、实施、证实五个阶段。

A. 认识　B. 知道　C. 了解　D. 接受

3. 从理论上说,商标即(　　);"奇强"是某洗衣粉产品的(　　)。

A. 品牌　B. 品牌标志　C. 品牌名称　D. 注册后的品牌

4. 可采用无品牌策略的商品是(　　)。

A. 方便面　B. 大米、蔬菜　C. 瓶装酱油　D. 袋装牛奶

5.(　　)是新产品采用者的中第二类采用创新群体,占全部潜在采用者的13.5%。

A. 创新采用者　B. 早期采用者　C. 早期大众　D. 晚期大众　E. 落后采用者

◎判断

1. 品牌是一种名称、术语、标记、符号或设计,或是它们的组合运用,其目的是借以辨认某个销售者或某群销售者的产品或服务,并使之同竞争对手的产品或服务区别开来。(　　)

2. 产品组合的宽度是企业所有产品线中产品项目的总数。(　　)

3. 品牌延伸策略是指企业现有的产品线使用同一品牌,当增加产品线时,仍沿用原有品牌。(　　)

4. 在相同产品类别中引进多个品牌的策略称为品牌延伸策略。(　　)

◎简答

1. 产品整体概念包括哪五个层次?各有什么特点?

2. 什么是产品组合的宽度、长度、深度?

3. 一般来说,产品包装包括哪三个层次?

4. 简述什么是品牌策略?

◎**案例分析**

贵邦公司的产品组合

贵邦公司是一家生产家庭日用品为主的企业，它所生产的产品种类较多，品种规格比较复杂，与居民的日常生活相关，在普通消费者心目中享有很高的声誉。此外，由于公司产品规格较多，公司产品市场占有率较高，在消费者眼中贵邦公司的产品"无时不在，无处不在"。但众多的产品项目给公司带来较高市场占有率的同时，也带来了管理上的麻烦。为了方便管理这些产品项目，贵邦公司推出了两项管理措施。

首先，对产品项目进行品牌化管理。为每一产品项目都提供一个不同的品牌，不同的品牌之间相互进行竞争，方便产品项目管理，另一方面有利于公司整体竞争力的提高。

在 2002 年以前公司主要生产四大类产品：洗涤剂、牙膏、香皂和方便尿布。在洗涤剂中有十大品牌，而牙膏类下有六大品牌，香皂类下有七大品牌，方便尿布下有两大品牌。

在 2002 年初公司对产品组合进行了调整：首先，收购了几家纸巾生产企业，并把这几家纸巾企业生产的纸巾划分为四大品牌，分别为：手牵手、紫云、旗帜、乐夫。通过收购公司拓展了其业务范围；其次，公司开发了一种面向白领阶层的名为"贵邦"的牙膏，该牙膏价格昂贵，但具有很多难以模仿的具有针对性的功能。

其次，公司认识到产品线上的每一种产品对总销售额和利润做的贡献是不同的，因此不断对其五大类产品所作的贡献进行分析，根据贡献不同制定不同的管理措施。在 2002 年中期，该公司分析到刚收购的纸巾类产品拟作的贡献只占到整个公司销售额和利润的 5%，贡献并不是很大，但公司认识到产品刚刚收购过来，并刚刚进行了组合，处于推广阶段，其利润低是必然的。

（资料来源：潘彦维，李英，姜红. 营销学基础. 中国农业大学出版社，2008）

【思考】

1. 贵邦公司产品线的宽度、深度和长度是多少？

2. 公司采用哪些产品线组合策略？

【提示】

1. 贵邦公司产品线的宽度为 5（洗涤剂、牙膏、香皂、方便尿布和纸巾）；产品线洗涤剂、牙膏、香皂、方便尿布和纸巾的深度分别为 10、7、7、2、4；长度为 30。

2. 公司采用的产品线组合策略有：扩大产品组合，增加了纸巾的生产；延伸策略，采用向上延伸策略，公司开发了一种面向白领阶层的价格昂贵的"贵邦"的牙膏。

任务5 制定市场价格策略

◆知识目标

1. 了解影响企业定价的因素。
2. 理解企业定价的目标。
3. 理解成本导向、需求导向、竞争导向定价法的内涵。
4. 掌握各种定价策略的内涵及其应用条件。
5. 了解企业调价的原因,掌握调价的策略。

◆能力目标

能根据企业的营销目标,配合其他营销策略,灵活、熟练地运用企业常用的定价方法与定价策略。

案例导入

宝洁提价:日化企业的涨价抉择与博弈

2008年7月21日,宝洁开始了今年新一轮的涨价,旗下护舒宝、帮宝适等系列产品价格大幅上调,涨幅达10%～15%。

在此之前,宝洁已经实施了试探性的降价。宝洁首先将目标定在了原本利润空间有限的洗衣粉、洗衣皂,"减量不减价"的"瘦身"是宝洁在这两款产品当中的策略。今年开始,宝洁洗衣粉的规格进行了几次更改,宝洁洗衣粉520克包装已经降为508克,1.8千克包装则降为了1.7千克。这是一次试探性的变相降价,主要因为这类产品利润空间太薄必须涨价,而消费者对这类产品的价格又最为敏感,因此通过这次瘦身试探消费者的接受程度。在经过一轮试探后,2008年6月16日,宝洁洗衣粉再次提价近5%。洗衣粉涨价是对上次"瘦身"的延续,主要是成本压力过大;同时宝洁又选择潘婷和玉兰油涨价,主要是潘婷和玉兰油的消费者对于价格相对不敏感,潘婷在洗发水当中是高端品牌,而玉兰油也是宝洁价格较为刚性的一个产品。

在日化产品利益构成中，生产成本约占整个终端价格的40%～50%，营销成本约占30%～40%，扣掉企业管理、财务等成本，产品平均净利润只有1%～3%。其中，日化产品的基础原材料大多来自于石化衍生产品，最终主要原料就是石油。

以原油衍生为原料的日化行业的成本压力是不争的事实，这是所有产品线都面对的问题，但是宝洁每次价格调整都只针对部分产品。这次上调护舒宝、帮宝适等妇婴用品，主要还是因为这类产品的用户相对高端，对价格不敏感。宝洁不会轻易对海飞丝等产品进行涨价，因为海飞丝的直接对手联合利华的清扬势头很猛，宝洁不会因为涨价而再给对手带来机会。

（资料来源：搜狐新闻 2008-07-29）

【思考】宝洁产品价格上涨的主要原因是什么？宝洁如何调整产品价格？

【提示】宝洁产品价格上涨的主要原因是成本上升的压力，但宝洁在调整产品价格时采取了分步骤、分产品的不同策略，这里涉及影响产品价格的诸多因素，如产品成本、市场需求、竞争者等。因此，在作出定价之前，分析影响企业定价的因素是必须的，然后针对若干主要影响因素，给产品制定适宜的价格。

分项任务5.1 分析影响企业定价的因素

价格是市场各方关注的焦点，也是营销组合中最具灵活性的策略，影响企业定价的因素众多，有微观因素与宏观因素；有企业内部因素与外部因素；有主观因素与客观因素等，但概括地讲，可分为产品成本、市场需求、企业定价目标、竞争者产品价格与政府的政策法规五个方面。

5.1.1 产品成本

当你以2元的价格购买一瓶矿泉水时，你是否想过这2元的价格是如何计算出来的？事实上，我们在零售终端所支付的产品价格可以分解成四大要素：生产成本、流通费用、税金、利润。生产成本和流通费用是商品生产和销售过程中所消耗费用的总和，即成本，这是商品价格的底限，一般情况下商品的定价不低于其成本。因此，企业定价时，必须弄清楚产品的成本水平，但同时又不能独立地看待成本，而应与产量、销量及其他影响定价的因素相结合。

5.1.2 市场需求

产品成本决定最低价格，而市场需求则决定最高价格。但需求又受收入与价格变动的影响，因收入、价格的变动而引起的需求的相应变动率，称需求弹性，包括需求的收入弹性、价格弹性、交叉弹性。

1. 需求的收入弹性

需求的收入弹性是指因人们的收入变动而引起的需求的相应变动率。用需求收入弹性系数表示：

$$需求收入弹性系数=\frac{需求量变动\%}{收入变动\%}$$

2. 需求的价格弹性

需求的价格弹性是指需求量对于价格变动反应的灵敏程度。用需求价格弹性系数表示：

$$需求价格弹性系数=\frac{需求量变动\%}{价格变动\%}$$

由于需求量与价格一般呈反方向变化，需求价格弹性系数多为负数，为了方便起见，需求弹性系数只取正值。

需求价格弹性受多种因素影响，在理论上有以下几种表现形式：

需求对价格无弹性，需求弹性系数为零。

需求对价格的弹性无穷大，则需求弹性系数→∞。

需求与价格等比例变动，则需求弹性系数为1。

需求变动小于价格变动，则需求弹性系数小于1。

需求变动大于价格变动，则需求弹性系数大于1。

由于需求变动与价格变动之间显现出不同的关系，应分别采取不同的价格策略。当需求弹性系数大于1，在适当条件下，宜采取降价措施；当需求弹性系数小于1，在适当条件下，宜采取提价措施；当需求弹性系数等于1，则不宜在价格上作调整。

3. 需求的交叉弹性

需求的交叉弹性是指一种商品的需求量对另一种商品价格变动的反应程度。如果一项产品的价格变动影响到其他产品项目销售量的变动，则它们之间存在着需求的交叉价格弹性。表示为：

$$需求交叉弹性系数\ E_{AB}=\frac{\Delta Q_B/Q_B}{\Delta P_A/P_A}$$

式中：P_A 为 A 产品的价格；ΔP_A 为 A 产品的价格变动量；Q_B 为 B 商品原来的需求量；ΔQ_B 为因 A 商品价格的变动所引起的 B 商品需求量的变动量。需求交叉弹性系数是指一种商品需求量变化的百分比与另一种商品价格变化的百分比之比。

需求交叉弹性系数可以是正值，也可以是负值，它取决于商品间关系的性质。当两项产品互为替代品时，其中一项产品的价格上涨会引起另一项产品的需求量的增加，交叉弹性系数为正值；当两项产品为互补品时，其中一项产品的价格上涨则会引起另一项产品的需求量下降，交叉弹性系数为负值。

5.1.3　定价目标

企业的定价策略首先取决于定价目标。企业的定价目标可分为利润、销售额、市场占有率三大类。

1. 以扩大利润为目标

(1)获取投资收益。以获取投资收益作为定价的基础。企业将预期投资收益水平规定为占投资额或销售额的一定比率，即为投资收益率。在成本费用一定的情况下，价格的高低取决于投资收益率，价格与投资收益率呈正比例关系。

(2)获取最大利润。追求利润最大化是企业参与经营活动的动力所在。在内、外部条件适宜时，诸如产品质量好、企业形象佳、技术领先、竞争者少且力量薄弱、消费需求旺盛，企业可以追求利润最大化作为定价的目标。以获取利润最大化为目标，一般采取高价策略，但不一定是最高价格。有时通过降低价格以进一步扩大市场占有率，争取规模效益，使企业一定时期内的利润最大化。

(3)获取合理利润。在激烈的市场竞争压力下，企业为了保存自己，降低风险，或由于实力不足，只能在补偿社会平均成本的基础上，加上适当的利润作为商品价格，这就是合理的利润定价目标。

2. 以提高销售额为目标

在保证一定利润水平的前提下，以销售额的最大化为定价目标。一定时期、一定市场环境下，产品的销售额由销售量和单位售价决定，因此销售额最大化既非销售量最大，也非单价最高。应根据需求价格弹性采取相应的策略，需求价格弹性较大的商品，一定幅度的降价可带来更大幅度的销售量的增加，因降价而导致的损失可以由销售量的增加而得以补偿，企业宜采取薄利多销的策略；相反，需求价格弹性较小的商品，降价会导致收入减少，提价却会增加销售额，企业应在政策法规及其他条件许可的情形下，采取高价、高利、限量销售的策略。

以销售额为定价目标时，保证企业利润最为重要，因为销售额与利润并不一定同步增长，当两者发生矛盾时，一般情况下应以保证最低利润为原则。

3. 以维持或扩大市场占有率为目标

市场占有率也称市场份额，是指一个企业的销售额占整个行业销售额的百分比，或指企业某种产品在某一市场上的销售量占同类产品在该市场销售量的比例。前者称为行业市场占有率，后者则为目标市场占有率，此外，还有相对市场占有率，即企业的产品销售量占最大竞争对手的产品销售量比例。市场占有率在很大程度上反映了企业的竞争地位和盈利能力，是企业非常重视的一个指标。

作为定价目标，在实际运用中是以较长时间的低价策略来维持和扩大市场占有率，但要具备三个条件：存在大量生产大量销售的内、外部条件；总成本的增长速度低于总产量的增长速度；单位产品成本低于同类产品的成本，具有成本优势。

5.1.4 竞争者的产品价格

不同的市场竞争模式导致不同的价格形成机制。在完全竞争的市场模式下，价格取决于市场供求关系；在垄断竞争的市场模式下，产品价格是在各企业的竞争中形成；在寡头垄断的市场模式下，行业巨头的产品定价成为其他企业定价的主要依据；在纯粹垄断的市场模式下，产品价格则由垄断方决定，市场这只无形的手已经失去效力，只有依靠政府这只看得见的手进行干预。

完全竞争与纯粹垄断是两种极端的市场状态，而大量存在的是垄断竞争这种不完全竞争的市场状态，在这种情势下，企业定价策略既要考虑竞争者的价格策略，也要考虑企业定价策略对市场竞争格局的影响。为避免加剧竞争，企业可采用随行就市定价法，而为了应对竞争，企业可采取降价或提价的策略。

5.1.5 政府的政策法规

政府为了维护经济秩序、保障公平竞争环境等目的，可通过制定法律、政策对企业的价格策略进行干预，如规定毛利率、最高与最低限价、价格的浮动幅度、价格补贴政策、政府定价与政府指导价等。因此，企业在制定价格策略时应严格遵守《中华人民共和国价格法》、《价格违法行为行政处罚规定》等法规政策。

分项任务 5.2 掌握企业常用定价方法

定价方法是企业为实现其定价目标所采用的具体方法，由于价格的高低主要受成本费用、市场需求和竞争状况这三方面因素的影响，以此三方面的不同侧重为依据，可将定价方法归纳为成本导向、需求导向、竞争导向三种。

5.2.1 成本导向定价法

将成本作为产品定价依据的定价方法。按照依据的成本类型，成本导向定价法又衍生出成本加成定价法、目标利润定价法、变动成本加成定价法、盈亏平衡定价法等多种方法。

1. 成本加成定价法

将生产某种产品的耗费计入成本范围，计算出单位产品成本，再加上一定的目标利润来确定产品的价格。计算公式为：

单位产品价格＝单位产品成本＋单位产品成本×目标利润率(成本加成率)
＝单位产品成本×(1＋目标利润率)

对于零售商来说，采用成本加成定价，则是在批发价的基础上加上一定的利润率来确定产品的售价。

$$\text{单位产品售价} = \text{批发价} \times (1 + r\%)$$

式中：$r\%$为成本加成率。

根据量本利分析原理，将成本划分为固定成本与变动成本，这两类成本与销售量存在着不同的关系，在用成本加成定价法时，要分析不同销售量对成本、利润的影响。

例5.1 设某产品售价为成本加10%的利润，其中固定成本10 000元，单位变动成本3元。在不同的销售量情况下，单位产品的售价与利润总额是变化的，计算如表5.1所示。

表5.1 价格、利润计算表

销售量/件	10 000	12 500	20 000
单位变动成本/(元/件)	3	3	3
单位固定成本/(元/件)	1	0.8	0.5
单位完全成本/(元/件)	4	3.8	3.5
单位产品售价/(元/件)	4.4	4.18	3.85
单位产品利润/(元/件)	0.4	0.38	0.35
总利润/元	4 000	4 750	7 000

2. 目标利润定价法

目标利润定价法是以总成本为基础，加上一定的目标利润，计算出实现利润的总销售收入，再根据产量计算出单位产品的价格。其计算公式为：

$$单位产品价格=\frac{产品总成本+目标利润}{预计销售量}$$

$$=\frac{固定成本+目标利润}{预计销售量}+单位变动成本$$

由于考虑了销售量，使得总成本的计算相对准确。但是，根据产量来确定价格在理论上是行不通的，因为一般说来是价格决定和影响销售量，而不是相反。这种方法一般是市场占有率很高或具有垄断性质的企业才采用。

3. 变动成本加成定价法

变动成本加成定价法也称边际贡献定价法、临界收益定价法。

边际贡献是指单价减去单位变动成本或销售收入减去变动成本的余额。即

$$单位产品的边际贡献(Mx)=单位售价(W)-单位变动成本(Cv)$$

或 $$边际贡献(M)=销售额(S)-变动成本(V)$$

用临界收益定价，应用于特殊情况下的商品定价，如在生产能力过剩时，可考虑用临界收益定价。

例 5.2 某企业生产某产品的生产能力全年为 300 000 件，假定目前市场上需求量和销售量为 200 000 件，且达到饱和状态，产品单位售价 2 元/单位，单位变动成本为 1.2 元/单位，全年固定成本为 100 000 元。年中有一家企业提出向本企业订货 50 000 件，但只愿出 1.5 元的价格，问此时能否接受这批订货？

由于单位价格 1.5 元大于单位变动成本 1.2 元，接受这批订货可以获得1.5－1.2＝0.3 元/件的边际收益，增加利润 0.3×50 000＝15 000 元。年中还有剩余生产能力 50 000 件。因此，应接受这批订货。

4. 盈亏平衡点定价法

在一定销售量条件下，产品价格必须达到一定水平才能收支相抵，实现盈亏平衡。此即盈亏平衡点的定价。

$$盈亏平衡点价格(W)=\frac{固定成本(F)}{销售量(X)}+单位变动成本\ Cv$$

例 5.3 某企业根据预测某产品的订货量为 200 件，固定成本总额为 200 000 元，单位产品变动成本为 2 000 元，则盈亏平衡点的价格为多少？

$W=200\ 000\div200+2\ 000=3\ 000$(元/件)

5.2.2　需求导向定价法

需求导向定价法是以消费者对商品的需求程度及对商品价值的认知程度为依据制定价格的方法，也称顾客导向定价法、市场导向定价法，具体包括理解价值定价法、反向定价法。

1. 理解价值定价法

理解价值，也称认知价值或感受价值，是消费者对某种商品价值的主观评价与判断。理解价值定价法是企业以消费者对产品价值的认识与理解程度为定价的依据，运用多种营销策略，影响消费者对商品价值的认知状况，形成对企业有利的价值观念，最后根据消费者心目中的商品价值而制定相应的价格。

这一定价方法的关键是消费者对产品价值的认识与理解程度，而非产品的成本，其难点也在于如何获取消费者对商品价值认知的准确资料。企业如果高估消费者的理解价值，则定价过高而抑制需求，销售量不能达到应有水平；反之，如果低估了消费者的价值理解水平，则定价过低而使企业收入减少。因此，企业应开展有效的市场调研，掌握消费者的需求偏好，判断消费者的价值理解程度，并采取有针对性的营销策略，提高消费者对商品价值的理解程度，制定出符合消费者的价值认知水平、能为消费者所接受的价格。

为了提高消费者对商品价值的理解程度，从而提高其愿意支付的价格上限，企业先要做好产品的市场定位。准确的市场定位能突出产品的特征，放大产品的价值与利益，如品牌的利益、商品的独特性、良好的品质与服务等，让消费者感受到物有所值，从而提高他们接受价格的限度。

营销实例

小小垫圈如何升值？

有一家生产垫圈的企业，通过技术创新，把垫圈的寿命延长到原来的 3 倍，原有产品的单价为 10 元，那么新产品该如何定价？

首先，新产品的使用寿命是原来的 3 倍，相当于一个新产品可当 3 个老产品使用，新产品价值 30 元一个是可以接受的。其次，新产品的使用寿命长了，节省了人工费用，因为不需要频繁更换，不需要停机检验。老产品 1 次安装、2 次更换的人工费用，每次为 5 元，合计 15 元。再次，产品使用周期长、质量好，可以节省管理费用，经测算，也可节省 15 元。上述 3 项总计为 60 元。最后，因为推出新产品，企业要增加对用户的服务与产品使用培训，如果计入这笔费用，单价肯定突破60元。现在以60元为基准价，让利打8折，最终报价48元。原来只卖10元的垫圈，现在可以卖到48元，而用户能接受此价格并感到物有所值。

（资料来源：李践．定价定天下．中信出版社，2009）

2. 反向定价法

反向定价法是指在产品设计以前，就先按照消费者能够接受的价格来确定产品的市场零售价，然后逆向推出批发价和出厂价。

例5.4 某企业拟生产A产品，根据市场调查分析，认为每件300元左右消费者容易接受，若零售价按批发价加成15%，则批发价应为260元。

$300\div(1+15\%)=260$（元）

零售商获利每件40元，若批发商按出厂价加成10%，则出厂价为236元。

$260\div(1+10\%)=236$（元）

使用这种方法的关键是要搞好市场调研，了解消费者的心理底价以确定合理的市场零售价。

营销实例

迪士尼价格的心理极限

巴黎的迪士尼乐园于1992年4月开业，随后的两年间，日子并不好过。到了1994年，每天的亏损额高达百万元。一项市场调查表明，法国人对主题公园门票的心理极限是200法郎。于是，迪士尼在1995年将门票从250法郎下调到195法郎，当年，游客数量增加了23%，实现了扭亏为盈。

（资料来源：李践．定价定天下．中信出版社，2009）

5.2.3 竞争导向定价法

在激烈竞争的市场上，企业以市场上相互竞争的同类产品价格为定价的主要依据，并考虑企业自身的竞争实力、供求状况等因素以确定或调整企业产品价格水平，这就是竞争导向定价法。根据市场竞争的具体状况，企业的价格与直接竞争对手相比可以有三种结果：与竞争对手保持基本一致、低于竞争对手、高于竞争对手。

1. 随行就市定价法

定价原则是使本企业的产品价格与竞争者的产品价格保持基本一致。对于大多数中小企业很适合采用此法,以求得安全的营销环境。由于许多产品都有明显的消费替代性和选择性,如果中小企业将产品的价格定得太低,与大企业争夺市场,大企业可能予以报复,这是小企业经受不住的,如果中小企业将产品销价定得太高,消费者就不会购买,这又是小企业难以承受的。因此,在激烈竞争的市场上,中小企业采取价格尾随 (price taker) 策略,这是中小企业能够生存和发展的策略之一。

2. 主动竞争定价法

随行就市定价法是一种防御性的定价方法,虽能避免价格竞争,但却失去了主动参与竞争的有力工具;同时以竞争对手的价格当做市场接受度,而不是以消费者对价格的接受度为出发点。主动竞争定价法则是企业通过实施各种营销策略,先将同质产品在消费者心目中树立不同的产品形象,再根据企业自身的特点与实力,参照竞争者的价格,最后确定本企业产品的价格水平。这是一种主动参与竞争的定价方法。又称差异定价法。

营销实例

推销怪才巧定价

吉诺.鲍洛奇是 20 世纪六七十年代的美国食品零售业大王,他的一生给我们留下了无数宝贵的商战传奇。

鲍洛奇的推销才干在他 10 岁那年便显露出来了。那时他还是矿工家庭的穷孩子,他发现来矿区参观的游客们喜爱购买当地的物品作纪念,就拣了许多五颜六色的铁矿片向游客兜售,游客们果然争相购买。不料其他的孩子立即群起仿效。鲍洛奇灵机一动,把精心挑选的矿石装进小玻璃瓶,阳光之下,矿石发出绚丽的光泽,游客们简直爱不释手,鲍洛奇也乘机将价格提高了 4 倍。也许正是这段有趣的经历,使得鲍洛奇对销售与定价总有独到的见解,以致在他一生的商业生涯中,他都在研究制定销售价格的艺术。

鲍洛奇很会揣摩顾客的心理,常常利用较高的价格吸引顾客的注意力。由于新产品投放市场之初,消费者对这种相对较高价格的商品充满好奇,很容易激发他们的购买欲,并且,一种产品的定价较高,可以为其他产品的定价腾出灵活的空间,企业就能占据主动。当然,这一切都是建立在产品优质的基础上的。有一次,鲍洛奇生产的一种蔬菜罐头上市，同类产品的价格几乎都在每罐5角钱以下，所以公司的营销人员建议将价格定在4角7分到4角8分之间。但鲍洛奇却将价格定在5角9分，比同类产品提价20%！鲍洛奇向销售人员解释说，5角钱以下的类似商品已经很多了，顾客们已经根本感觉不到每一种商品有什么特别之处，并在心理上潜意识地认为它们都是平庸货。如果价格定在4角9分，顾客自然会将它划入平庸之列，而且还认为你的价格已经定得很高了，你已占尽了便宜，因而不会对你的产品有多大的好感。但如果你的产品定价5角以上，立即就会被顾客划入不同凡响的高级商品之列，定价为5角9分，既给人感觉与普通货的价格有明显的差别，从而品质也有明显不同，还给人感觉这是高级货中不能再低的价格了，从而使顾客觉得厂商很照顾他们，认为自己占了便宜。经鲍洛奇这么一解释，大家恍然大悟，但总觉得有些将信将疑。后来在实际的销售中，鲍洛奇实施了一场大规模的促销活动，口号就是“让一分利给顾客”，于是更强化了顾客心中的便宜感，5角9分的高价非但没有吓跑顾客，反而刺激了顾客的购买欲，蔬菜罐头的销售大获全胜。

（资料来源：曹刚，李桂陵，王德发. 国内外市场营销案例集. 武汉大学出版社，2002）

3. 投标定价法

主要用于招投标交易方式，如大宗商品、成套设备、媒体广告播映权等宜采用招投标方式进行交易。一般地，招标方只有一个，而投标方有多个，竞争发生在投标方。投标企业能否中标的关键因素是投标报价，一般来说，报价高利润大，但中标的机会少；报价低中标机会大，但利润低，其机会成本可能大于其他的投资项目。因此，报价时既要考虑实现企业目标利润，也要结合竞争状况考虑中标概率。

营销实例

维维豆奶公司如何以最低报价获得广告播映权？

某年秋，某国家级电视台将招标次年全年黄金段位的广告播映权。维维公司正处于创全国热饮第一品牌的关键时期，非常希望得到广告播映权。于是他们聘请北京著名的一家广告公司作竞标伙伴，由广告公司总监赵先生作竞标总策划。这次招标采用“背靠背”方式，由各企业自由报价，一锤定音，报价最高的企业得到广告权。在维维所在的食品行业有八家企业参加竞标，全是一流企业，都志在必得，但只能有两家企业可以中标。赵先生分析说：维维要想以最低的价位得到广告，就必须争第二，不能争第一，千万不能当第三。且与第一位的报价差距越大越好，与第三名的差距越小越好。因此，我们只要能猜中第二位报价就有可能中标。这次招标的底价为1 200万元，而参加竞争的八家大企业全都志在必得。我认为1 500万元以下可以排除，第二位报价最可能的是1 500万元至1 700万元之间的一个吉利数字，如1 518、1 560、1 599、1 618、1 658、1 688、1 699等。但不能排除对方也以同样的方式思考问题。因此我认为以1 718、1 719甚至1 719.999 9万元报价来投标，中标的概率会明显加大。

最后的揭晓很惊险也很有戏剧性。高居第一的报价2 180万元，而居第三位、第四、第五位的果然都在1 600万元以上，第三位某品牌八宝粥的报价1 660万元，仅仅因为少报60万元成为第一位失标者，而第一位中标者则多花了460万元。

（资料来源：曹怀香.管理学基础PPT.豆丁网：www.docin.com/P-43380751html，2011-03-06）

4. 拍卖定价法

当标的物的价格难以确定，或供应量少而需求大的物品，可采用拍卖定价。在正式拍卖前，应由卖方预先发布拍卖公告，公布拍卖时间、地点、标的物、拍卖底价等信息，并经买方看“货”后，卖方在拍卖市场公开叫价，买方之间相互竞价，将标的物卖给出价最高者或第一个应价者。有英国式、荷兰式拍卖定价法。英国式拍卖由低向高叫价，直到只剩一个买家；荷兰式拍卖则是由高到低叫价，直到出现第一个应价者，若首次应价有两个或两个以上，则在第一次应价基础上再提高价格，直到只剩一个应价者。

分项任务5.3 制定合理的定价策略

定价是企业争夺市场的利器，是促销的有力手段。定价也是营销组合策略中的核心，因为任何企业只要发生交易行为，就必然涉及定价。因此，企业还需选择定价策略，发挥价格的作用。

5.3.1 新产品定价策略

新产品是指处于导入期的产品，定价的合理与否关系到新产品的开发与推广。新产品的定价策略比较常见的有以下几种：

1. 撇脂定价策略

对新上市的产品,有意识地定价偏高,以便在短期内获得较多利润,尽快收回投资。新产品刚入市时,需求弹性小,竞争对手少,企业有意识地采取高定价策略,以后再根据市场供求情况,灵活地调整价格水平,特别是为今后采取降价措施留有很大的空间。这犹如从牛奶中撇取乳酪,取其精华,故名为撇脂定价策略。

采取撇脂定价策略的适用条件:

(1)新产品的价格需求弹性较小。因为是新产品刚上市,消费者对产品不大了解,对产品的价格也缺少了解与比较,因而其价格需求弹性较小,部分消费者对高价也能接受。

(2)竞争者较少。因为新产品刚上市,竞争者还未涉足其间,便最先上市的企业在短期内独占市场。

(3)满足消费心理。新产品能满足部分消费者追求新奇、时髦的心理需要,即使价格高,这些消费者也能接受。

撇脂定价的优点:

(1)有助于市场开拓。初上市的新产品,需求弹性小,竞争者少,在一定时期内,利用人们的求新、求奇心理,以偏高的价格刺激消费者,有助于这部分市场的开拓。

(2)有利于企业的迅速发展。新产品的高价如能被市场接受,企业获利颇多,这对于企业的发展将是十分有利的。

(3)为将来调低价格留有余地。丰厚的利润会导致竞争者的介入,在激烈的市场竞争中,那些先前入市的、高价定价的企业就有很大的调价空间,可以主动采取降价策略以应对竞争。

但撇脂定价策略也有明显的缺点:价格高于价值,损害消费者利益;若新产品没有建立市场形象,高价不能被消费者认可,则难以扩大市场;高价带来的高额回报容易诱发激烈竞争,从而导致价格惨跌,严重时会毁坏整个产品或行业市场。

营销实例

哈根达斯的撇脂定价

哈根达斯于1961年诞生在美国纽约,由美国通用磨坊公司(General Mills INC)生产,年销售额达15亿美元。20世纪80年代中期进入乳制品业发达的欧洲以及亚洲的日本等地,90年代先期进入韩国、马来西亚、泰国、印度尼西亚,并于

1996年进入中国大陆，在上海开了首家专卖店。2001年12月，雀巢公司以6.41亿美元的价格买下通用磨坊50%的股份，从而拥有了哈根达斯美国商标99年的使用权，并计划收购全球(主要是欧洲市场)的品牌使用权。哈根达斯(中国)已经走过7个年头了，分别在上海、北京、广州、深圳、杭州、大连等地开设连锁分店，以"纯天然原料加工"、"高价质优"成为冰激凌市场的高端品牌。虽然从来没有大张旗鼓地做过广告，但是每一个小资的中国人没有不知道它的大名的，"爱她就请她吃哈根达斯"的广告促成多少热恋中的男男女女的消费行动，成为人们心目中幽雅、情趣、甜蜜的代表，是冰激凌消费的圣地。它的价格非常的高！据说一样的大桶家庭装在美国卖2.99美元/桶，而在中国要卖100多元/桶。一般的冰激凌球都是30元左右，一些特色的产品如"抹茶"则要48～68元，鲜果烈焰冰淇淋甜品79元，东方情怀冰淇淋甜品68元，各类冰淇淋蛋糕158～428元，"冰火情缘"之类的套餐一般在120～160元，外带的消费一般平均在40～60元/人，餐厅消费平均在60～80元/人，火锅价格是198元和238元两种。

(资料来源：中山大学博学工程 营销学原理案例分析 http://ch.sysu.edu.cn/hope/azhu/yxxyl/case/case_ehtm#)

2. 渗透定价策略

新产品上市时，企业以偏低的价格销售，以便迅速打开销路，扩大市场占有率。这种策略的基本出发点是薄利多销，好比海绵吸水而得此名。

采用渗透定价策略的适用条件：产品差异小，需求弹性大；市场已被其他企业抢先占领，试图以低价挤进市场；市场潜力大，对新进入者有较大吸引力。

渗透定价策略的优点：低价能迅速扩大销量和提高市场占有率，实行薄利多销；低价挤占竞争对手的市场；通过低价低利来阻挡潜在进入者。

渗透定价策略的缺点：企业获利微薄；不易树立企业优质产品的形象，容易造成低价低质的产品形象。

营销实例

格兰仕大战微波炉市场

格兰仕集团公司的前身是一家创建于20世纪80年代的羽绒制品厂，经过几年的艰苦拼搏具有资金实力。1993年，经过长达两年的市场考察和可行性研究论证，公司高层领导作出了一个惊人的决定：投产微波炉。自从当年第一台微波炉面世以来，这匹"黑马"便以迅雷不及掩耳之势在微波炉行业力挽狂澜，在短短的3

年内，格兰仕的生产能力达150万台，形成了一个初具规模的“微波炉王国”。格兰仕微波炉也成为中国微波炉行业的“领头雁”，被誉为“中国微波炉第一品牌”。

中国微波炉市场的繁荣引起海外大财团的注意。日本松下、夏普、日立、三洋、三菱，韩国的三星、乐喜，美国的惠普、通用电器，法国的万能等公司纷纷在华投资设厂，并开始大规模吞食国内品牌，利用合资、兼并、控股等方式，使自己的品牌凭借资金优势以及国内给予的优惠政策，并借用原中方销售渠道的网络，大举进军，抢占市场份额。

国产品牌面临着严重威胁，要么市场份额被挤占到苟延残喘的地步，要么改换门庭，大打合资牌。而与此同时，又出现了一哄而上、盲目上马、重复引进的局面，国内微波炉行业由原来的不到10家企业，猛增到80余家，其中除了少数几家能够形成批量生产以外，绝大多数年产销量不超过4万台。

1996年，在生产空前发展的同时，市场竞争也日趋白热化。许多知名洋品牌不甘心输给一个小小的格兰仕：日本一财团就曾在高层业务会上放出风来，即使亏损3年，也必须夺回中国微波炉市场；而韩国三星等大公司以点带面，在部分区域内以巨大的广告投入铺底，展开了来势凶猛的销售行动。

面对海外财团的大举进攻，面对国内厂家的蜂拥而上，面对微波炉市场的无序化，广东格兰仕毅然关掉了自己年产值8 000万元、利税近800万元，有着相当规模的羽绒制品厂，全力投入微波炉的生产。8月，格兰仕微波炉在全国范围内降价40%。这一举动引起了微波炉行业和众多消费者的广泛关注。

公司董事长梁庆德认为，格兰仕此番降价的意义在于：一可以大大激发潜在的市场活力，提高市场占有率，稳定市场地位；二可以使企业实现集约化生产，形成规模经济；三可以迫使一些不成气候的企业退出微波炉市场。

正是由于格兰仕高举低价大旗，才使原来昂贵的微波炉成为普通人的生活用品，而格兰仕也逐渐树立起了微波炉行业第一品牌的市场地位，成为市场领导者。

（资料来源：曹刚，李桂陵，王德发. 国内外市场营销案例集. 武汉大学出版社，2002）

3. 满意定价策略

这是介于撇脂定价与渗透定价之间的一种定价策略，是一种温和的中价定价策略。新产品上市之初，企业把价格定在一个比较合理的水平，使消费者较为满意，企业又能获得适当利润。它使生产者、中间商、消费者的利益得以兼顾，也使各方都感到满意，故称满意定价策略。又由于其价格水平处于“撇脂”与“渗透”之中，既不偏高，也不偏低，故也称“温和定价”策略。

满意定价的适用条件：如果企业所经营的产品是大众化的、普通的产品，或是消费者对其价值敏感的产品，不适于采用撇脂定价；有的产品若采用低价定价又容易使消费者产生低质产品的印象，或形成强烈的竞争反应，因而不宜采用渗透定价；也有的企业为了保持产品线定价策略的一致性而对新产品也采用满意定价。

满意定价策略的优点：价格比较稳定，在正常的市场环境下能实现企业的利润目标，并获得中间商、消费者的认同与合作。

满意定价策略的缺点：企业应变能力差，不能及时适应复杂多变的市场环境。

5.3.2　折扣定价策略

价格折扣是企业根据产品的销售数量、销售时间、付款条件等因素在销售价格上给予一定折让的一种定价策略，其实质是一种减价策略，其目的是鼓励购买，提高企业产品的市场占有率。

1. 现金折扣

这是对以现金付款或提前付款的购买者，根据其所购买商品的原价给予一定优惠的价格策略。例如“2/10 净 30”，表示付款期限为 30 天，若在成交后 10 天内付清款项，则给予 2%的价格折扣。其目的是鼓励购买者按期或提前付清款项，减少坏账损失，以加快商品、资金的周转，提高企业利润率。适用于价格较高的耐用消费品，特别适用于采取分期付款方式购买的商品。

2. 数量折扣

这是给那些在一定时间内大量购买某种商品或某企业商品的顾客的一种价格折扣，目的是鼓励顾客购买更多的商品。购买量越大，折扣率越高。顾客的大量购买能使企业降低生产、经营各环节的成本，增加企业盈利。

数量折扣分累计折扣与非累计折扣两种。累计数量折扣就是规定顾客在一定期间内，购买商品累计到一定数量或金额时给予相应的折扣。用于鼓励顾客经常购买，成为企业的长期顾客。非累计数量折扣是按顾客一次购买量或购买金额达到折扣标准时就给予相应的折扣，这是鼓励一次大量购买的价格策略。

3. 季节折扣

季节折扣是指产品消费有季节性的企业，对在消费的淡季购买产品的顾客提供一定的价格折扣。市场上有很多产品，其生产是常年性的，而其消费却是季节性的，如啤酒、冷饮、羽绒服、空调器、旅游服务等。通过季节折扣，鼓励顾客在淡季购买，以减少企业的仓储费用和资金占用，提高设备设施的利用率。

4. 功能折扣

功能折扣也称贸易折扣，是制造商根据各类中间商的不同地位和功能而给予的一种价格折扣，故称功能折扣，目的在于鼓励中间商执行某种市场营销功能，如商品陈列、储存、售后服务、广告、推销等。

5.3.3 心理定价策略

心理定价策略是利用消费者的消费心理来制定或调整产品价格的一种策略。常用的心理定价策略有四种。

1. 尾数定价

这是利用消费者在数字认知上的某种心理，在价格上采取带有零头的数字作标价。尾数定价给消费者带来价格低、定价精确、数字中意吉祥等的心理感知，适用于中、低价的日用消费品。

2. 整数定价

整数定价也称方便定价，企业给商品定价时取一个整数，以方便交易结算，满足人们快捷、方便的心理需要。适用于高级消费品、优质产品、交易次数频繁的商品如快餐、袋装食品等。

3. 声望定价

对于高档商品、名牌商品、礼品，在消费者心目中享有一定的威望、声誉和信任度，企业可制定较高的价格。消费者在购买这些商品时往往有显示自己身份地位的心理动机，他们很重视商品的质量与价格，认为“一分价钱一分货”、“好货不便宜，便宜没好货”，价格越高，质量越好，也越能显示其身份与地位，且对价格不太敏感。在这种心理动机下，采用高价定价可以提升商品档次，刺激人们的购买欲。

这种策略适用于刚入市的新产品、高档日用品和耐用消费品及装饰品等。

营销实例

低价不好销，高价反抢手

美国亚利桑那州的一家珠宝店，采购到一批漂亮的绿宝石。由于数量较大，店主担心短时间销售不出去，影响资金周转，便决心只求微利，以低价销售。本以为会一抢而光，结果却事与愿违。几天过去，仅销出很少一部分。后来店老板急着要去外地谈生意，便在临走前匆匆留下一纸手令：我走后若仍销售不了，可按

1/2 的价格卖掉。几天后老板返回，见绿宝石销售一空，一问价格，却喜出望外。原来店员把店老板的指令误读成“按 1～2 倍的价格出售”提价 1 倍，这才使绿宝石一售而空。

（资料来源：http//www.xj-emba.com/zsyzView.asp? id＝1045，2011-02-21）

4. 招徕定价

这是零售商利用消费者的求廉心理或好奇心理，特意将某些商品的价格定得非常低或非常高，以吸引顾客，招徕生意的定价策略。

适应求廉心理的招徕定价，常见的是推出低价特卖品来吸引顾客，人们在购买特卖品的同时还会购买其他商品。需要注意的是，推出的特价品必须是人们常用的、价值不高的商品；特价品的减价幅度大，才能对顾客有吸引力；经营的商品种类多，才能引起连带购买。

适应好奇心理的招徕定价，常用的做法是将某款产品的价格定得极低或极高，引起消费者的好奇和观望而招徕顾客，以带动其他商品的销售。

营销实例

这只打火机真值 3 000 元吗？

珠海九洲城里有只 3 000 元港币的打火机。许多观光客听到这个消息都很惊讶，这么昂贵的打火机，会是什么样子呢？于是，九州城平添了许多慕名前来一睹打火机“风采”的顾客。这只名为“星球大战”的打火机看上去极为普通，它真值这个价钱吗？站在柜台前的观光者人人都表示怀疑，就连售货员对此亦未知可否地一笑了之。这只昂贵的打火机被搁置在柜台里很长时间无人问津，但它旁边的 3 元港币一只的打火机却是购者踊跃。许多走出九洲城的游客坦诚相告：我原是来看那只“星球大战”打火机的，没想到却买了这么多东西。

（资料来源：心理定价管理策略及折扣定价，中华商域网，www.tvsc.cn，2006-06-07）

5.3.4　差别定价策略

差别定价策略也称价格歧视策略，是企业以并不反映成本费用比例的差异价格销售某种商品或劳务，根据销售对象、销售地点、销售时间等条件的变化所产生的需求差异作为定价的基本依据，针对每种差异决定在基础价格上是加价还是减价。

1. 顾客差异定价

企业按照不同的价格把同一产品或劳务买给不同的顾客，如一些旅游景点对学生、军人、一定年龄以上的老人等游客收取比一般游客低的费用。

2. 产品差异定价法

企业对不同型号或形式的产品分别制定不同的价格，而事实上不同型号或不同形式的产品的价格之间的差额与其成本之间的差额并不成比例。

3. 位置或地点差异定价

企业对处于不同位置的产品或服务分别制定不同的价格。例如房地产公司对同一楼盘的不同楼层、不同位置的房子以不同的价格出售，这是因为人们对房子的楼层与位置有不同的偏好。再比如处于城市不同区域的同种商品其定价也不同，如同一种水果在车站、码头等地方要比市中心的价格贵。

4. 时间差异定价

企业对于不同季节、不同时期甚至不同时点的产品或服务分别制定不同价格。这种情况就比较多见，如一些餐厅饭店，中午定价低，晚上定价高，公园及航空公司等在游览旺季与淡季定价有异，有的面包店在晚上某个时间后打折出售，电信公司长途电话在不同时段的资费实行差别计价，这些都是时间差异定价法。

营销实例

降价“畅”销路

法林是美国的著名商人。他看到许多商品积压，于是深思熟虑，想出了一个办法。他在市中心的繁华区开了一家商店，并在电视上做了广告：商品标出价格的头12天按全价出售，从第13～18天，降价25%；从第19～24天，降价50%；第25～30天，降价75%；第31～36天，如果仍然没有人要，商品就送给慈善机构。

这一下成了人们议论的话题，几乎任何一个人都想去这个商店看一看。大部分人预言：“这个笨蛋将会倾家荡产。”因为，如果顾客等到商品价格降到最低时才买，商家岂不吃大亏？

然而，事实却是法林商店的商品十分畅销。

（资料来源：青年文摘.2008,11:35）

5. 流转环节差异定价

企业产品出售给批发商、零售商、最终用户的价格不同，因为他们的责任、义务和风险不同，佣金、折扣及价格等也不同。

6. 交易条件差异定价

交易条件主要指交易量大小、交易方式、购买频率、支付手段等。交易条件不同，企业可能对产品制定不同价格。交易批量大的价格低，零星购买价格高，现金交易价格可适当降低，支票交易、分期付款、以物易物的价格适当提高；预付定金、连续购买的价格一般低于偶尔购买的价格。

实行差别定价策略需具备一定的前提条件：一是市场能根据需求强度的差别进行细分；二是各细分市场能相对独立，互不干扰，可在低价市场上购买商品的人不能将产品转手到高价市场上以获利；三是价格差别的程度不会引起顾客的反感甚至敌意；四是实行差别化定价的策略是合法的。

5.3.5 产品组合定价策略

对两种或两种以上相互关联的产品实行组合式定价，以实现产品组合的利润最大化。

1. 互补品定价

互补品是指配套使用的产品，如计算机的硬件与软件。将购买频率小而价格敏感度高的主产品定价较低，而将与之配套的购买频率高价格敏感度低的产品定价较高。当消费者购买了主产品后必须购买与之配套的产品才能使用，因此，主产品的低价可由配套产品加以弥补。例如，剃须刀是由刀片与刀架两部分组成，定价时将刀架定得低一些，以吸引消费者购买，而刀片则可定价高一些，刀片价值小，消费者对其价格不太敏感，价格高一些不会影响人们购买，且刀片属易耗品，人们会重复购买。

2. 联带品定价

这是指与主产品关系密切但也可单独使用的产品，可采取一高一低的价格策略。如将主产品的价格定得高一些，将联带品的价格定得低一些，也可相反，即主产品定价低，联带品定价高。通过低价的产品吸引顾客，同时也会带动高价产品的销售。例如某水饺店，产品种类较丰富，有多种汤品及冷热菜品。其水饺的价格给人以低价实惠的感觉，吸引很多顾客，大多数顾客除了购买水饺外也会联带购买汤品或菜品，而汤品或菜品的价格并不便宜。

3. 组合品定价

很多产品可以单件出售，也可以组合配套出售，企业可以将这些产品组合在一起销售，既方便顾客购买，又能扩大销售额，如餐具、化妆品、食品、通信资费套餐、旅游套餐等。成组配套产品的价格低于套内单件产品价格之和，以此鼓励消费者成套地购买产品，从而扩大了企业销售额。

营销实例

富士复印机的定价策略

某年，日本富士公司业务主管藤野先生飞抵东南亚某一发展中国家，打算与该国×公司签订一份关于从日本进口复印机的合同。不料×公司老板却冷冷地告诉他："我们不打算签那份合同了。"藤野虽对×公司中途毁约甚为不满，但并未流露出任何不悦之态。他想其中必有变故，旋即飞回日本。三天后，藤野再次来到×公司老板面前，开门见山地说："我此次来想与你商谈有关B型机价格，我们可以比另一家的供货价格低三成。"×公司老板一听，心中暗喜，重与富士公司签订了进口1 500台B型复印机的合同。

原来，藤野回日本后将情况向公司汇报，公司经过调查发现，另一家日商抢走了他们的生意。于是，他们商定了对策。藤野急飞东南亚，与×公司老板签订了1 500台B型复印机的合同。签完合同后，藤野立刻飞回日本，第二天便来到专门生产B型复印机的厂家，请厂家把经销权交给富士公司，同时，愿再加一成价格，条件是B型复印机的辅助材料和设备由富士公司独家经营。两家签订了合同。

1 500台复印机如期运往×公司，由于价格低廉，富士公司这笔生意不仅没有赚钱，反而亏损不少。就在×公司出售这批复印机时才恍然大悟，用户不仅要购买复印机，而且还需要大量的辅助材料和设备。×公司只好再次与富士公司合作。这次富士公司主动权在握，售出辅助材料和设备不仅弥补了先前的亏损，还取得了可观的盈利。

（资料来源：曹刚，李桂陵，王德发. 国内外市场营销案例集. 武汉大学出版社，2002）

5.3.6 地区定价策略

如果同一种产品出售给地理区域不同的顾客时，企业就要面临地区定价问题，是实行相同定价还是实行不同定价？地区定价策略主要有以下几种形式：

1. 产地定价

产地定价也称FOB价。买方按照产地价购买产品，卖方负责将产品装上某种运输工具办清交接货手续后，所产生的一切费用和风险均由买方承担。交货地点可在仓库、车站、码头、机场。这种定价方法为卖方简化了定价工作，降低了风险，但不利于吸引远方顾客。

2. 统一运送定价

这是由卖方负责将产品运送至买者所在地，对所有购买者，不论路程远近都收取相同的费用，实行全国一个价。其实质是在基价上加了平均运费，但购买者认为运送是一项免费服务，有助于扩大销售范围，开拓市场。这一定价与邮政局平信投递服务定价类似，又称邮票定价法。

3. 分区送货定价

将市场划分为若干个区域，不同区域的价格可以不同，同一区域的价格相同。这种方法与长途电话的收费很相似，离卖方近的区域定价低，离卖方远的区域定价高。简化了卖方的定价工作，但不利于市场扩展。

4. 运费补贴定价

对距离远的顾客，卖方可适当给予运费补贴，也是一种价格补贴。由于企业产品跨地区销售，市场范围广，运输费用增加，产品价格上升，这使得距离远的顾客选择就近购买。为了争取远距离顾客，企业要通过运费补贴价格的策略来扩大市场销售区域。

5. 基点定价

企业选定某些城市作为基点，然后按照出厂价加上从基点城市到顾客所在地的运费来定价，而不管产品实际上是从哪个城市起运的。基点一般是企业一个重要生产点或重要交通枢纽。适用于产品笨重，运费占成本的比例很高、市场范围大、购买者分布广的行业，如制糖、水泥、钢铁等行业。

分项任务5.4 实施价格调整策略

由于市场营销环境的变化，企业需对产品价格进行调整。企业调整价格有两种情况：一是企业生产经营条件发生变化，企业主动调整价格以应对竞争者；二是迫于外部的压力企业被动地调整价格。无论是主动调整还是被动调整，都需要在对市场营销环境做出科学的分析与判断的基础上才能制定有效的价格调整策略，并且，所有的价格调整都必须是合法的。

5.4.1 实施价格调整策略

企业价格调整的方向是降价或提价，无论是降价还是提价，企业都必须明确价格调整的原因与策略。

1. 降价的原因与策略

降价的原因：

(1)生产能力过剩。产品供过于求，通过降价以刺激需求。

(2)市场份额下降。通过降价提升市场份额。

(3)主要竞争对手降低价格。在同质化市场上如果不相应降价会导致顾客流失。

(4)政治、法律、经济环境的变化。迫使企业降价。

(5)由于技术进步而使全行业成本下降。通过降价会扩大销售。

(6)由于企业改进内部管理降低企业经营成本。企业利用成本优势主动降价。

(7)为阻止或挤压竞争对手而主动降价。通过降价保持或扩大市场份额。

上述原因导致企业被动或主动降价。在降价的策略上企业可采取直接或间接的方式。

降价的策略：

(1)直接降价。直接在价格目录上标示降价后的新价格，且宜采取一次性降价，若多次小幅度降价反易造成顾客的观望等待，影响降价的效果。

(2)间接降价。在价格目录表上保持原价，通过增加服务、价格折扣、附赠礼品等手段，在保持名义价格不变的基础上，降低产品的实际售价。如房地产公司采用技术手段，将少量房屋面积不计入套面积中，名义上房价维持不变，但实际的房价下降了。

2. 提价的原因与策略

提价的原因：

(1)成本提高。发生通货膨胀，物价普遍上涨，企业生产成本增加，只能通过提价来转嫁负担。这是企业提价的主要原因。

(2)产品改进。企业通过改进产品的性能、结构、品质等提高了市场竞争力，按照优质高价的原则，企业可以提高产品价格，并以此显示本企业产品与竞争者产品的差异性。

(3)产品供不应求。由于产品供不应求，企业必须通过提价来抑制过度消费。此时的提价对企业有双重好处：一方面使买方之间产生竞争，争夺货源，为企业创造有利条件；另一方面抑制了需求的过快增长，保持供需平衡。

(4)竞争策略的需要。通过提价来显示产品的高品位，在顾客的心目中创造优质高价效应。有很多的营销实例表明，当市场领导者面临市场挑战者的竞争时以提高产品价格来应对竞争，突出重围，把挑战者甩在后面。

(5)政府或行业协会的影响。如政府为保护生产者或经营者的利益，实行市场保护价，规定生产者或经营者不得以低于市场保护价出售产品，从而提高了产品的售价。同样的，行业协会为规范行业市场竞争秩序、避免低价竞争、促进全行业健康发展，发布行业指导价，以此作为最低价格。

提价的策略：

(1)直接提价。直接在价格目录上标示提价后的新价格。直接提价会导致顾客的抱怨甚至反感，因此，在提价时必须慎重行事，要掌握好提价的幅度、提价的时机，并通过多种信息渠道向顾客解释提价原因。

(2)间接提价。在价格目录上维持原有价格，通过减少产品分量、改变产品成分比例以减少贵重材料的使用量、采用低价代用材料、采用简易包装、减少价格折让等措施，产品名义价格不变，但其实际价格隐性上升。

营销实例

奔驰 VS 丰田

很多年前，丰田公司发现，世界上许多人都想买奔驰，但由于价格太高而无法实现。于是，丰田放手开发出凌志，丰田在美国宣传凌志的广告是这样写的："这或许是历史上第一次把价值72 000美元的汽车，拿来交换成售价36 000美元的汽车，你仍会感到划算的事。"这里是在暗喻售价72 000美元的奔驰车的品质，与售价36 000美元的凌志相当。如果把凌志的配备品质提升到72 000美元的水准，品质必然超越同价位的奔驰车。经销商列出潜在顾客的名单，并送给他们精美的礼盒，里面装有展现凌志车性能的录像带。录像带中有这样一段：分别将一杯水放在奔驰和凌志发动机盖上，当汽车发动时，奔驰车的水晃动起来，而凌志车上的水却没有动，说明凌志发动机行驶时更平稳。

许多美国城市的奔驰车主，已决定下次买车时改买凌志。从推出新车开始算起，凌志的续购率一直保持在60%左右，相当于一般美国汽车品牌续购率的两倍。

面对这一突如其来的挑战，奔驰不得不重新考虑定价。但出人意料的是，奔驰并没有降价，而是提高了自己的价格。对此，奔驰的解释只有一句话：奔驰是富裕家庭的车，和凌志不在同一档次。奔驰认为，如果降价，就等于承认自己的定价过高，丧失固有的高端客户。虽然一时可以争取到一定的市场份额，但失去了市场忠诚度。如果保持价格不变，销售额也会不断下降。只有提价，并提供更多的保证和服务，例如免费维修六年，才可以巩固奔驰原有的地位。就这样，奔驰不是跟随和盲从，而是以超常思维和手段，化被动为主动，摆脱了来自凌志的挑战。

（资料来源：李践．定价定天下．中信出版社，2009）

5.4.2 市场对价格变动的反应

市场各方包括消费者、竞争者、中间商甚至政府等会关注价格的变动，并对此有所反应，企业尤其要重视消费者与竞争者对价格变动的反应。

1．消费者对价格变动的反应

不同的消费者对价格变动的反应是不同的，因为不同消费者的价格意识不同。所谓价格意识是指人们对产品价格高低的感觉程度，即人们对价格敏感性的强弱，当面临某一产品的价格调整时，有的人表现敏感，而有的人则不敏感。人们的价格意识差异与收入水平呈负相关关系，即收入越高，价格意识越弱，价格变化对需求产生的影响较小；收入越低，价格意识越强，价格调整对需求的影响较大。

价格意识决定了人们接受价格的上下限。在一定条件下价格的上下限是稳定的，企业在调价时要注意人们接受价格的心理界限。若提价幅度超过人们能接受的价格心理上限，会引起顾客不满，产生抵触情绪，不愿购买产品；而当降价幅度低于心理下限，则会导致顾客产生对产品的疑虑，抑制实际的购买行为。

而当条件发生变化，则人们的价格心理界限也会发生变化。一般而言，产品知名度提高、人们收入增加、明显的通货膨胀等条件下，顾客可接受的价格上限会提高；而当人们收入减少、产品价格连续下降、对产品质量有清晰认识等条件下，顾客可接受的价格下限会下降。企业在调整价格时必须考虑到人们可接受的价格心理界限，它影响企业的调价幅度。

面对提高价格，顾客的可能反应有：产品很畅销，应赶紧购买以免价格继续上涨，即所谓的“买涨心理”；产品有了改进，物有所值，俗称的“一分价钱一分货”；企业实施高价策略，以此树立名牌形象；卖主想获得更多利润；市场上各种产品都在涨价，提价也属正常现象。

面对降低价格，顾客的可能反应有：产品供过于求，价格还会下跌，出现“不买跌”心理；产品过时或质量低劣；企业经营困难，低价甩货；产品成本下降了。

2. 竞争者对价格变动的反应

在竞争市场上，企业调价效果还取决于竞争者的反应，因此，主动调价的企业需要了解竞争者对调价的反应。

（1）同向反应。面对企业的主动调价，竞争者采取相同的价格策略，即你涨他也涨，你降他也降。这样的同向式反应，并未改变市场竞争的大致格局，不会对企业造成太大影响，只要企业实行合理的营销策略，不会失去市场或降低市场份额。

（2）逆向反应。面对企业的主动调价，竞争者采取相反的价格策略，即你涨价他降价或维持原价，你降价他涨价或维持原价。这种相反方向的市场行为将产生严重影响，竞争者的目的在于乘机挤占市场或树立产品形象。企业要进行市场调查，掌握竞争者的具体目的，估计竞争者的实力，了解市场竞争格局，制定营销组合策略来应对竞争者的逆向行为。

（3）交叉反应。面对企业的主动调价，竞争者反应不一，有相向的、有逆向的、有维持不变的，情况错综复杂。企业应在产品、促销、分销渠道上采取有效措施，保证调价取得预期效果。

分项任务5.5 实训操作

实训1 商品零售价格调查

【实训任务】

实地调查超市商品的零售价格。

【实训目标】

培养学生营销调研能力；了解超市定价策略。

【实训要求】

1. 比较同一产品在各超市零售价格的差异。
2. 总结超市定价的常用策略。

【实训步骤】

1. 拟定调查产品目录。
2. 全班分成若干小组。

3. 就近选择 3～4 家超市。

4. 分小组按产品目录调查各超市的零售价。

5. 资料汇总、整理。

6. 分析、比较价格差异。

7. 总结超市常用的定价策略。

实训 2 新产品定价

【实训任务】

针对各模拟公司最近推出的新产品进行定价。

【实训目标】

了解产品定价策略，培养学生熟练运用产品定价策略。

【实训要求】

全班分为若干小组，每个小组为一模拟公司，各公司虚拟一项新产品，在市场调研的基础上制定本公司的定价方案。

【实训步骤】

1. 成立模拟公司，为公司命名。

2. 各公司拟定一项新产品。

3. 开展市场调研。围绕新产品的功能、特点，主要竞争对手同类产品的价格水平，消费者对价格的接受程度等开展调研。

4. 在调研的基础上，运用所学的价格策略知识与技能，为本公司的新产品制定价格方案。

5. 价格方案展示。在班级公开展示定价方案，接受质询，评定成绩，确定优胜者。

◆任务小结

完成本任务，你应该清楚以下内容：

● 影响企业定价的因素众多，概括地讲，可分为产品成本、市场需求、企业定价目标、竞争者产品价格与政府的政策法规五个方面。

● 选择切实可行的、适用的定价方法，这些方法根据其定价时的主要依据分为成本导向定价法、需求导向定价法、竞争导向定价法。

● 企业要根据市场环境条件、产品特点、消费心理等因素的变化，灵活运用定价策略，包括新产品定价策略、价格折扣策略、心理定价策略、差别定价策略、组合定价策略、地理定价策略，运用这些策略对基本价格进行修正，使产品价格更具灵活性、适用性，以实现企业的目标。

◆本任务关键词

需求弹性　成本加成定价法　目标利润定价法　变动成本加成定价法
理解价值定价法　反向定价法　密封投标定价法　拍卖定价法
撇脂定价　渗透定价　差别定价　地区定价

◆业务技能自测

1 ◎选择

1. 在下列定价方法中最公平的定价是(　　)。

A. FOB 原产地定价　B. 统一运送定价　C. 区域运送定价　D. 基点定价

2. 下列商品不适于采用尾数定价法的是(　　)。

A. 袜子　B. 洗发膏　C. 高级服装　D. 大米

3. 如果新产品的需求弹性大、市场潜力大且竞争者容易进入、以购买力较低的消费者为目标市场时，则适宜采用(　　)。

A. 高价法　B. 低价法　C. 温和定价法　D. 撇油定价法

4. 为了鼓励顾客在一定时期内多购某种商品或多在某家商店购物而采取的折扣为(　　)。

A. 季节折扣　B. 累计折扣　C. 非累计折扣　D. 现金折扣

5. 超市经常推出一些低于成本价格出售的商品以带动其他商品的销售，这种定价方法是(　　)。

A. 满意定价　B. 尾数定价　C. 招徕定价　D. 差别定价

6. 在(　　)的市场模式下，市场对产品价格失去调节能力，只有依靠政府进行干预。

A. 纯粹垄断　B. 寡头垄断　C. 垄断竞争　D. 完全竞争

7. 如果 X 产品的价格上涨引起 Y 产品的需求增加，则 X 产品与 Y 产品之间的关系是(　　)。

A. 互替产品　B. 互补产品　C. Y 为主产品 X 为副产品
D. X 为主产品 Y 为副产品

8. 产品的最低价格取决于(　　)。

A. 产品成本　　B. 市场需求程度　　C. 产品供应量　　D. 市场竞争程度

9. 两项产品互为替代品时,其中一项产品的价格上涨会引起另一项产品的需求量的(　　),交叉弹性系数为(　　)。

A. 上升　正值　　B. 上升　负值　　C. 下降　正值　　D. 下降　负值

10. 相对市场占有率是指企业的产品销售量占(　　)的产品销售量比例。

A. 整个行业　　B. 整个市场　　C. 竞争对手　　D. 市场领导者

◎判断

1. 需求价格弹性系数只取正值是为了方便而已,实际上其系数总是为负值。(　　)

2. 产品成本是定价的基础。(　　)

3. 在一定条件下,单位固定成本是可变的,而单位可变成本是固定的。(　　)

4. 商品的需求程度和商品的替代性都与其需求弹性成正比。(　　)

5. 所谓保本价格实际上就是产品的单位成本。(　　)

6. 从长期看产品价格不能低于产品成本,从短期看产品价格可以低于产品成本,但不能低于产品的单位变动成本。(　　)

7. 所谓现金折扣就是类似于"买 200 元送 30 元"之类的优惠促销活动。(　　)

8. 差别定价的主要依据是产品成本的差异。(　　)

9. 产品成本是构成价格的基础,此产品成本是指生产和销售过程中所消耗总费用。(　　)

10. 地区定价主要是为了解决运费问题。(　　)

◎简答

1. 简述企业定价的影响因素。

2. 企业定价目标有哪些?

3. 简述新产品的定价策略。

4. 地区定价的形式是什么?

5. 谈谈你对"理解价值定价法"的理解。

◎计算

1. 假设某企业的 A、B 两种产品的有关数据如下表所示:

产品名称	上期销量	本期销量	上期单价/元	本期单价/元
A	10	15	10	8
B	20	16	40	30

试分别计算这两种产品的需求价格弹性系数？分析哪一种产品更适合于降价？为什么？

2. 某企业生产的A产品，全年生产能力为40 000件，根据订单预测今年的生产任务为30 000件，单位售价为5元/件，单位变动成本为1.5元/件，全年A产品的固定成本为20 000元，试计算A产品的全年预计利润和A产品的边际贡献。

3. 接上题，如果在年中有一客户向本企业提出订购A产品5 000件，但其定价为4元，问本企业是否接受这批订单？

4. 接上题，如果要求本企业全年利润提高10 000元，你认为应通过哪些方法达到目的？

5. 假定某企业计划开发一种新产品，据市场调查，消费者最能承受的产品定价为500元，若出厂时的加成率为10%，批发商的加成率为15%，零售商的加成率为20%，试用反向定价法计算出批发价、出厂价、出厂成本？

◎案例分析

【案例1】

隐形鞋架该如何定价？

梅娅是远创金属丝制品公司新任的消费品部市场经理，她现在最重要的任务是为“隐形鞋架”——一种用金属丝绕成的、可以挂在门后以节省空间的鞋架——制定价格。

远创金属丝制品公司是上海一家老牌金属制品公司，专门制造用金属丝缠绕成的工业品或消费品，包括最后的镀彩或镀金。创业十多年来，远创公司逐渐发展成一家年销售额达1 200万元的稳定企业。公司有两个主要部门：消费品部和工业品部，两个部门的销售额大体相当。工业品部主要承接顾客的订单，生产别人牌子的产品；而消费品部则是设计和制造远创公司自己品牌的产品。一年前，梅娅被任命为公司消费品部的市场经理。梅娅的职责就是开发“自己”的产品并在市场上推广它们。

一年来，梅娅主持开发了几个新产品，如CD架、磁带架、碟子架等。但是她负责的最重要产品是“隐形鞋架”，这种产品特别适合于面积狭小的住房，它挂在门后的隐蔽处，一个鞋架可以放八双鞋子。确切地说，这并不是什么新产品。几年前，工业品部就为别的厂家生产过非常相似的产品。实际上，正是因为看到这种鞋架销售量惊人的大，远创公司才对消费品市场跃跃欲试，并直接导致了独立的消费品部出现。

梅娅已经卖了几千个隐形鞋架给当地的百货商场和杂货店，并且在大型批发商那里试销。但是每次她都是和对方协商价格，而没有一个公司统一的价格策略，现在她觉得是制定明确的价格从而展开全力促销的时候了。同时，梅娅意识到，销售渠道策略和价格策略密不可分，两样她必须同时做出选择。事实上，在上海地区的试销是令人鼓舞的，这种隐蔽式的鞋架非常适合上海普遍存在的狭小公寓和单元住房，而工业品部以前的经验也预示着一个潜力巨大的市场。梅娅还发现，WAL-MART 也在销售一种塑料制的同类鞋架。当她小心地和 WAL-MART 的店长谈到她的产品时，那个店长建议她与 WAL-MART 公司在深圳的总部接触。

梅娅估算了一下，在合理的产量下，每个鞋架的成本是 5.60 元（镀黑色）或 6.80 元（镀彩色），同类产品的零售价在 19～39 元。销售和管理费用大概每年 30 万元，这已经包括了梅娅的工资和其他办公支出。她预计在未来可以陆续推出其他产品，但是在未来一年，她希望这种鞋架可以为消费品部带来大约一半的销售额。

（资料来源：瞧这网. 创业点子. http://www.795.com.cn/wz/85785.html 2011-1-25）

【思考】

1. 梅娅应该采取什么样的价格策略和渠道策略？

2. 这种鞋架定价多少才比较合理？为什么？

【提示】

1. 从产品特点、市场竞争、消费者需求等方面考虑以确定鞋架的价格策略；渠道策略的选择要有利扩大销路，实现销售目标——鞋架要为消费品部带来大约一半的销售额。

2. 成本是定价的基础，要制定合理的产品价格，需测算出产品的成本；产品的质量与特色可以使本企业产品与同类产品有价格差距。

【案例 2】

史密诺夫酒提价应对竞争

休布雷公司在美国伏特加酒的市场中属于营销出色的企业，其生产的史密诺夫酒在伏特加酒的市场占有率高达 23%。另一家公司推出了一种新型伏特加酒，其质量不比史密诺夫酒低，而每瓶酒的价格却比史密诺夫酒低 1 美元。

按照惯例，休布雷公司面前有三条对策可用：

一是降低 1 美元,以保住市场占有率。

二是维持原价,通过增加广告费用和推销支出与竞争对手竞争。

三是维持原价,听任市场占有率降低。

由此看来,不论休布雷采取以上哪种策略,都很被动,似乎将是输定了。但是,该公司的市场营销人员经过深思熟虑后,却采取了令人们大吃一惊、意想不到的第四种策略。那就是:将史密诺夫酒的价格再提高一美元,同时推出一种与竞争对手的新伏特加价格一样的瑞色加酒和另一种价格更低的波波酒。

(资料来源:http://www.abc-edu.hk/anlilunwen—show.aspx? id=144 2011-1-13)

【思考】

1. 第四种策略是否恰当?为什么?

2. 这一策略使公司的目标市场策略发生了怎样的变化?

3. 该案例表明,企业决定价格时,须考虑哪些因素?

【提示】

1. 产品质量与价格有多种组合,不同的组合也意味着不同的市场定位;应对挑战者的竞争策略也有多种,休布雷公司采取了三种不同的价格策略,全面阻止挑战者。

2. 高、中、低三种不同的价格也意味着目标市场的不同。

3. 决定价格的因素及其相互关系复杂多变,企业决定价格时必须考虑主要的影响因素。

任务6　制定分销渠道策略

◆知识目标

1. 了解分销渠道的功能和类型。
2. 弄清影响分销渠道选择的因素和分销策略。
3. 掌握设计和管理分销渠道的方法。

◆能力目标

能正确分析分销渠道选择的因素；能根据实际情况正确设计和管理分销渠道；能正确选择一条时间短、速度快、费用少、效率高的分销渠道。

案例导入

走进营销

1996年3月，武汉丝宝集团的全新护理洗发露——“舒蕾”上市，按既定营销方案展开全国战役，一炮打响，很快拿下全国各地多数大型零售商场的阵地。

舒蕾能在激烈的竞争环境中脱颖而出，其正确的分销渠道策略是重要原因之一。展开全国战役之前，舒蕾在各地设立分公司，对主要零售点直接供货并管理；建立由厂商直接控制的垂直营销体系，有效控制渠道终端资源；保证经营一处、成功一处，确保了资金迅速回笼；在各大卖场，舒蕾积极争夺客源，争取更多的展位与陈列空间；发挥终端人员促销宣传优势，促进消费者品牌偏好向舒蕾转换。

（资料来源：彭石普. 市场营销原理与实训. 高等教育出版社，2006）

【思考】舒蕾为什么能在市场上一炮打响呢？

【提示】分销渠道是企业市场营销组合策略的四个基本要素之一，营销渠道决策也是企业管理层面临的重要决策之一。建立一个有效的分销渠道网络，是企业在激烈的市场竞争中脱颖而出，并持续、稳定发展的关键因素之一。企业应根据市场状况、消费者特征和整体营销战略，策略性地构建和管理企业的销售网络，提升企业的渠道竞争力。

分项任务6.1 分析渠道类型

6.1.1 分销渠道的含义

1. 分销渠道的概念

分销渠道也称销售渠道、贸易渠道，指商品在其所有权转移过程中从生产领域进入到消费领域所经过的途径或路线。分销渠道的起点是制造商(生产者)，终点是消费者或用户，中间环节包括商人中间商和代理中间商。分销渠道的目标就是使企业生产经营的产品或服务顺利地被使用或消费，其具体的任务是把商品从生产者那里转移到消费者或用户手中，使消费者或用户能在适当的时间、适当的地点买到能满足自己需求的商品，在商品经济中，产品价值的实现是通过交换过程进行的，这一交换过程至少有一个购销环节。

2. 分销渠道体系中的流程

分销渠道作为一种通道，可使商品实体和所有权从生产领域转移到消费领域。分销渠道的各种机构是由几种类型的流程联结起来的。按菲利普·科特勒的归纳分为商流、物流、货币流、信息流和促销流。它们各自流程如图6.1所示。

(1)商流，指产品从生产领域向消费领域转移过程中的一系列买卖交易活动。在这一活动中，实现商品的所有权由一个机构向另一个机构的转移。

(2)物流，也称实体流，是指产品从生产领域向消费领域转移过程中的一系列产品实体的运动。它包括产品实体的储存以及由一个机构向另一个机构进行的运输过程，同时还包括与之相关的产品包装、装卸、流通、加工等活动。

(3)货币流，是指产品从生产领域向消费领域转移的交易活动中所发生的货币运动。一般是顾客通过银行或其他金融机构将货款付给中间商，再由中间商扣除佣金或差价后支付给制造商。一般来说，货币流与所有权流正好反方向运动。

(4)信息流，是指产品从生产领域向消费领域转移过程中所发生的一切信息收集、传递和加工处理等活动。它既包括制造商向中间商及其顾客传递产品、价格、销售方式等方面的信息，也包括中间商及其顾客向制造商传递购买力、购买偏好、对产品及其销售状况的意见等信息。信息流的运动是双向的。

(5)促销流，是指企业为增加产品销售，通过广告、宣传报道、人员推销、营业推广、公关等促销活动对顾客影响的过程。

在以上"五流"中,商流和物流是最为主要的,是整个产品分销活动得以实现的关键,对分销渠道的研究也主要是针对这两个流程。

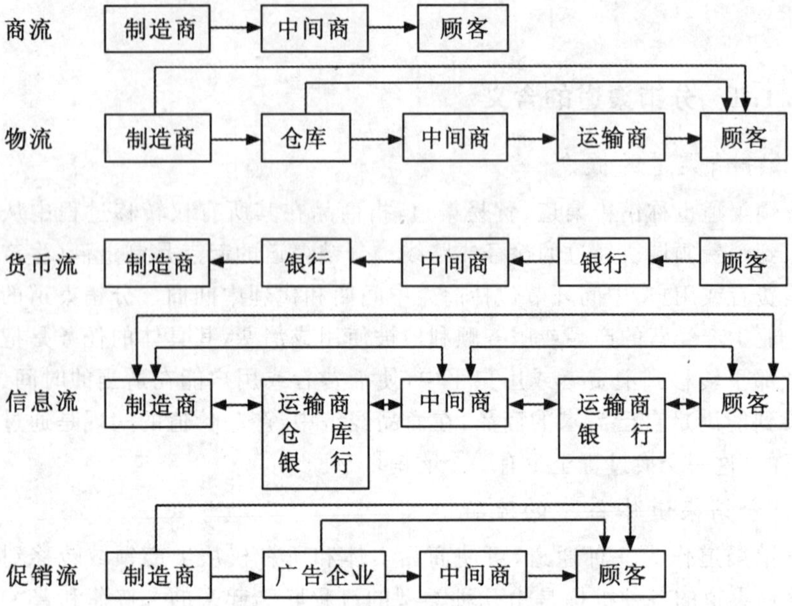

图 6.1 分销渠道中五种不同的流程

6.1.2 分销渠道的功能

分销渠道将产品和服务从制造商那里送达到消费者手中。它消除了产品服务与消费者之间在时间、地点和所有权上的差距。营销渠道成员承担了许多关键职能,有些能够帮助促成交易,有些能够帮助完成交易。

1. 帮助促成交易的职能

(1)信息,收集和发布营销环境中相关者和相关因素的市场研究和情报信息,用于制订计划和帮助调整。

(2)促销,开发和传播有说服力的沟通。

(3)联系,寻找潜在消费者并与之进行联系。

(4)调整,根据购买者的需求进行调整以提供合适的产品,包括生产、分类、分等、组装与包装等活动。

(5)谈判,为完成所有权的转换,达成有关价格及其他方面的协议。

2. 帮助达成交易的职能

(1)实体分销,运输和储存货物。

(2)融资,获得和使用资金,补偿分销渠道的成本。

(3)风险承担,承担渠道工作中的风险。

6.1.3 分销渠道的类型

1. 分销渠道的层次

分销渠道可以用渠道层次的数量来表示。在产品从制造商向消费者转移的过程中,每一层营销中介都代表一种渠道层次。由于生产者和最终消费者都起到了一些作用,他们是每个分销渠道的一部分。我们使用渠道层次的数量来表示渠道的长度。图 6.2 表示了几种不同长度的分销渠道。

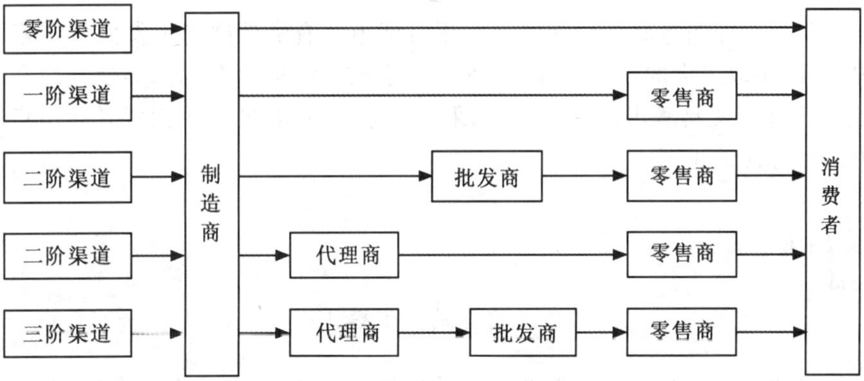

图 6.2 分销渠道层次图

零阶渠道又称直接渠道。直接渠道指生产者直接把商品出售给最终消费者的分销渠道。基本模式为:生产者—消费者。直接渠道减少了中间环节,节约了流通费用;而且产销直接见面,生产者能够及时地了解消费者的市场需求变化,有利于企业及时调整产品结构,作出相应的决策。直接渠道的具体销售形式有接受用户订货、设店销售、上门推销、利用通讯、电子手段销售。

一阶渠道含有一个销售中介机构。在消费者市场,这个中介机构通常是零售商;在产业市场,则可能是销售代理商或佣金商。

二阶渠道含有两个销售中介机构。在消费者市场,通常是批发商和零售商;在产业市场,则通常是销售代理商和批发商。

三阶渠道含有三个销售中介机构。肉食类食品及包装类产品的制造商提出采用这种渠道分销其产品。在这类行业中，通常有一些专业批发商处于批发商和零售商之间，这些专业批发商从批发商进货，再卖给无法从批发商进货的零售商。

2. 分销渠道的宽度

分销渠道的宽度是指渠道中的每个层次使用的同种类型中间商的数目。它与分销策略密切相关。企业的分销策略通常分为三种，即独家分销、选择分销、密集分销。

独家分销即制造商在某一市场（地区）仅仅选择一家中间商为其推销产品。双方签订独家分销合同，规定该经销商不得经营竞争性产品，以促进制造商产品的销售。这种分销方式常见于汽车等产品。

选择分销即制造商在某一市场（地区）仅通过少数几个经过精心挑选的、最合适的中间商推销其产品。选择性分销适用性很广，几乎适用于所有产品。相对而言，消费品中的选购品和特殊品最适宜选择性分销。

密集分销即制造商尽可能多地利用有能力和有责任感的批发商和零售商推销其产品，争取最大的市场暴露度。例如，消费品中的香烟、水果等便利品和产业用品中的办公文具等供应品，通常都采用密集性分销，使广大消费者和用户能够随时随地方便地买到。

营销实例

小叮当的渠道模式

小叮当儿童系列产品形成了三个对应的渠道策略：水果香型系列，继续走批发流通渠道；功能系列，批发流通和终端渠道并重；早晚牙膏，以终端为中心，在重点区域的主要终端铺货，并重点推广。

（资料来源：高南林. 营销策划实务. 北京交通大学出版社，2010）

知识延伸

分销渠道模式的发展动态

随着信息时代的到来，互联网渗透到生活中的方方面面，这给企业的渠道模式的创新带来了机会，一些不同于传统渠道的新分销渠道模式开始出现。

1. 通路“直销”

传统意义上的直销，是指生产厂家直接将产品销售给消费者，但目前的通路“直销”，是生产厂家或经销商绕过一些中间环节，直接供货给零售终端，而并非直接向最终消费者销售。直接控制零售终端，是厂家提高市场辐射力和控制力的关键。

2. 垂直渠道网络

垂直渠道网络是将厂商由松散的利益关系变为紧密型战略伙伴关系；由平行关系变为垂直、利益一体化关系；由简单的无序放射状分布变为真正的网络分布；由简单的契约型变为管理型、合作型、公司型。

在实际操作中，垂直网络形成方式有以下几种：

(1)非常紧密型，由厂商双方相互投资组成销售公司或营销配送中心，直接向零售终端供货。

(2)较紧密型，以独家代理、独家经销的方式，双方适当持有股份。

(3)管理型，由双方共同组建管理的营销配送中心，双方人员共同参与管理，以管理契约加强合作。

(4)松散的联盟型，由企业组织“联盟会”，选择“渠道领袖”管理。

(5)较松散的捆绑型，厂家和一级经销商形成明确的利益捆绑关系，共同管理二级批发商与终端零售商。

3. 水平渠道系统

这是由两家或两家以上的企业横向联合，共同开拓新的营销机会的渠道系统。这些企业或因资本、人力、生产技术、营销资源不足，无力单独开发市场机会；或因惧怕承担风险，或因与其他公司联合可实现最佳协同效益而组成共生联合的渠道系统。例如，日本共同网络股份有限公司(CN)就是由大中型旅游公司、票务公司、体育娱乐服务公司等 27 家企业组建，其成员借助 CN 的共同信息网享用信息资源，齐心协力开拓旅游市场。

4. 多渠道系统

多渠道系统即对同一或不同细分市场，采用多渠道分销体系，大致有两种形式：一种是制造商通过两条以上的竞争性渠道销售同一商标产品；另一种是制造商通过多条渠道销售不同商标的差异性产品。此外，还有一些公司通过同一产品在销售过程中其服务内容和方式的差异，形成多条渠道，以满足不同顾客。

5. 基于互联网的分销渠道

这是指应用互联网提供商品和服务，与使用计算机或其他技术手段的目标客户通过电子手段进行、完成交易。在互联网环境下，分销渠道不再仅仅是实体的，而是虚实结合，甚至完全虚拟。在线销售、网上零售、网上拍卖、网上采购和网上配送等新的分销形式，使分销渠道多元化，由宽变窄，由实变虚，由单向静止变为双向互动。

分项任务 6.2　认知中间商

6.2.1　中间商的含义、作用和种类

1. 中间商的含义

中间商是指介于生产者和消费者之间，参与商品流通活动，促进买卖行为发生或实现的具有法人资格的经济组织和个人，即中间商是生产者向消费者（或用户）出售产品时的中介机构。

中间商是商品生产和流通社会化的必然产物。在销售渠道中，中间商占有特别重要的地位，从某种意义上讲，分销渠道所研究的内容就是如何选择中间商，将产品有效地从生产企业转移到消费者手中的。

2. 中间商的作用

中间商在商品由生产领域到消费领域的转移过程中，起着桥梁和纽带的作用。由于中间商的存在，不仅简化了销售手续，节约了销售费用，而且还扩大了销售范围，提高了销售效率。

3. 中间商的种类

(1)经销商、代理商和经纪人。按其在商品流通中是否拥有商品所有权可分为经销商和代理商和经纪人。

经销商是指从事商品交易业务，在商品买卖过程中拥有商品所有权的中间商。其利润来源主要来自于商品的购销差价，一旦买进商品，则商品的销售风险与利益均由自己独立承担。

代理商是指接受生产者委托从事交易业务，对所经营的商品无所有权的中间商。其利润来源主要来自于被代理企业的佣金，但商品的销售风险与利益一般由被代理企业承担。

经纪人俗称“掮客”，既无商品所有权，也不持有和取得现货，其主要职能在于为买卖双方牵线搭桥，帮助谈判，促成交易，由委托方付给佣金，不承担产品销售的风险。

这三类中间商的比较分析如表 6.1 所示。

表6.1 三种类型中间商的比较

类型	商品所有权	利润来源	销售风险	业务特点
经销商	取得	购销差价	自己承担	购进售出商品
代理商	不取得	佣金	不承担	代理销售商品
经纪人	不取得	佣金	不承担	不取得商品,撮合交易

(2)批发商和零售商。按其在商品流通中所处地位和所起作用不同,可分为批发商和零售商。

批发商是指在商品流通过程中,不直接服务于最终消费者,只是实现商品和劳务在时间和空间上大批量转移,以达到再销售目的的中间商。

零售商是指直接向最终消费者出售商品并直接服务于最终消费者的中间商。

6.2.2 批发商

按照不同的划分方式,可以将批发商分为以下几种不同的类型:

1. 按照经营商品的范围分类

(1)一般商品批发商。这是指经营一般货色而且经营商品范围很广、种类繁多的批发商。一般商品批发商的销售对象主要是普通商店、药房、电器商店和小百货商店以及五金商店等。

(2)单一种类或整类商品批发商。这类批发商所经营的商品仅限于某一大类商品,但这一类商品的花色、品种、规格、厂牌齐全,同时还经营一些与这类商品密切关联的商品。在消费品市场上,这类批发商的顾客是食品杂货、药品、小五金等行业的独立零售商;在产业用品市场上,这种批发商叫做"产业经销商",其顾客包括大小产业用户。

(3)专业批发商。专业化程度高,专门经营某类商品中的某种商品的商人批发商。这类批发商的顾客主要是专业商店。产业用品的专业批发商一般都专门从事需要有技术知识或服务的产业用品批发业务。

2. 按照职能和提供的服务是否完全分类

(1)完全职能或完全服务批发商。这是指执行批发商业全部职能的批发商。提供服务主要有保持存货、雇用固定的销售人员、提供信贷、送货和协助管理等。

(2)有限职能或有限服务批发商。这指为了减少成本费用、批发价格,只执行批发商业的一部分职能和提供一部分服务的批发商。这种批发商又可分成以下几种类型:

①现购自运的批发商。不赊销,也不送货,顾客自备货车去批发商的仓库选

购货物，当时付清货款，自己把货物运回来。现购自运批发商一般经营食品杂货，其顾客主要是小食品杂货商、饭馆等。

②直运批发商。专门经营一些笨重商品，如煤、木材、重型机器等。他们拿到顾客的订货单，就向制造商、矿商等生产者进货，并通知生产者将货物直运给顾客。这类批发商不存货，也没有仓储设备，只要有一间办公室或营业场所就行了，但批发商拥有商品所有权，并承担风险。直运批发商又称"写字台批发商"或"笨重商品批发商"。

③卡车批发商。经营一些容易变质的商品，如牛奶、面包之类。他们从生产者那里把货物装上卡车后，直接将货物运送到超级市场、小型杂货店、旅馆，收款交货。卡车批发商主要执行推销员和送货员的职能。

④货架批发商。他们在超级市场和其他食品杂货商店等零售店设置自己的货架，展销其经营的商品。商品的所有权归批发商，属寄售性质。商品卖出后，零售商才付给货款。这种批发商的经营费用较高，主要经营家用器皿、化妆品、玩具等商品。

⑤邮购批发商。这指那些全部批发业务采取邮购方式的批发商，其顾客为边远地区的小零售商。

6.2.3 零售商

零售商类型千变万化，新组织形式层出不穷。一般分为商店零售商、无门市零售商和零售组织。

1. 商店零售商

商店零售商即在固定的营业场所内开展零售经营的中间商，它是零售商的基本类型，包括百货商店、专业商店、超级市场、便利商店、仓储商店、折扣商店等几种形式。

(1)百货商店。百货商店的经营特色是经营的产品组合广而深。对每一条产品线都作为一个独立部门实施专业管理，规模一般较大。百货商店大多设在城市繁华区和郊区购物中心，店内装饰富丽堂皇，橱窗陈列琳琅满目。经营的商品主要是优质、时尚的高档商品和名牌商品，其价格也高于一般的专业店和超级市场，经营的目标顾客是中产阶层及其以上阶层。百货商店为顾客提供一系列服务，包括消费信贷，免费送货、售后维修等，有的还设有餐厅、儿童游乐场所、休息室等服务设施。

(2)专业商店。专业商店是专门经营某一类或几类专业商品的商店。其产品线比较窄。但规格式样品种齐全，一般以经营的主要商品类别为店名招牌。如服装店、食品店、药店等。这种商店的专业化程度可以非常高，而且将会随着细分市场的再细分和目标市场的再发展而更加完善和成熟。

(3)超级市场。超级市场出现于1930年的美国纽约，被誉为商业上第二次革命。超级市场的特点是规模庞大、薄利多销、一次结算，消费者购物量多而且自我服务。这里售出的商品一一注明分量、定价、包装整齐地陈列在货架上或悬挂起来，顾客可自选自取，然后统一计价付款。此外，超级市场还对购买量大的顾客实行折扣优惠，并开辟大型停车场，提供购物小推车。为了满足消费者需要和低成本竞争的要求，超级市场越来越向多品种发展，一般拥有商品两万种以上，多供应中低档商品，但包装精美、说明详细，以吸引顾客和代替售货员讲解。

(4)便利店。便利店是一种以经营最基本的日常消费用品为主，规模相对较小，位于住宅区附近的综合商店。便利店营业时间较长，很多是全天24小时营业，便利店一般经营周转较快的方便产品，如日用百货、药品、应急商品、方便食品等。由于便利店能随时满足消费者即时需要，所以商品的价格相对较高。

(5)仓储商店。仓储商店的特点是店堂装饰简单、产品价格低廉、服务有限，商品既有家具等体积较大、比较笨重的用品，也有各种日常生活用品等。商店往往设在房租低的郊区，消费者从货架上选中商品，付清货款，就可取走货物。商品价格比一般商店便宜10％～20％。

(6)折扣商店。折扣商店是百货公司的一种，是第二次世界大战后在美国出现的一种有影响的零售商店，因其价格具有吸引力，深受消费者喜爱。商品以日常用品为主，同一商品有两种价格，一是牌价，二是折扣价，消费者按折扣价购买。这种商店经营全国性的产品，质量可靠，同时折扣形式也经常改变。

(7)超级商店、联合商店、特级商场。超级商店是以满足消费者的全部生活需求为目标而建立的，规模比超级市场更大，同时提供洗衣、餐饮、金融、娱乐等服务项目。联合商店则比超级商店更大，通常有药店、医疗用品店。特级商场比前面两者规模都大。

(8)样本目录陈列商店。这种形式的商店是将商品样本陈列在店堂内，大部分是价值大、毛利高、周转快的商品，如珠宝、首饰、摄影器材等。同时印制成精美逼真的商品目录提供给消费者。目录中附有每种商品的价格、货号、折扣数，顾客可打电话订货，商店可送货上门，收取货款和运费，也可亲自去商店看样选购。

2. 非商店零售商

非商店零售商，即销售商品不在固定的场所内进行，能为消费者提供方便的零售商。近年来非商店零售发展得比较快，其主要有以下三种形式：

(1)直复营销，是使用一种或多种广告媒体传播商品信息，以便广告信息所到之处迅速产生需求反应，并最终达成交易的销售系统。直复营销者利用广告介绍产品，顾客可通过写信、打电话等形式订货，订购时货物一般通过邮寄交货，顾客用汇款、信用卡或银行账户等付款。直复营销者可在广告费用开支的一定范围内，选择可获得最大订货量的传播媒体，目的是迅速实现潜在交换，而不是为了刺激顾客的偏好和树立品牌形象。

(2)直接销售，主要有挨门挨户推销、逐个办公室推销和举办家庭销售会推销等形式。由于需要支付雇用、训练、管理和激励销售人员的费用，直接销售的成本费用很高。目前，直接销售所存在的问题已经引起很多人对这种销售方式的反感。从发展来看，除某些特定种类商品及以某些特定顾客为对象的直接销售外，一般的直接销售很可能被电子销售所代替。

(3)自动售货，就是利用自动售货机进行商品销售。由于自动售货机向顾客提供全天候售货服务、要经常给相当分散的售货机补充存货、机器常遭破坏、失窃率高等原因，自动售货的成本很高，因此商品的销售价格比一般水平要高15%～20%。但是，售货机被广泛安置在工厂、办公室、大型零售商店、加油站、街道等地方，方便了人们的购买。

营销实例

纵横交错的销售渠道

在市场上建立纵横交错的销售渠道，是长期占领市场的重要保证。中国地毯公司开拓美国市场渠道的方式是：选择一家经营高级日用品的公司作为自己的代理公司，借用其已经形成的市场渠道。新加坡的酱油大王白清泉在美国开拓市场渠道的方式是：先到美国进行考察，从许多城市中选择一个主要的城市为立足点，然后逐步在一些城市建点，并把这些点连成一条线，就形成了一个行销网络。

分项任务6.3 设计管理分销渠道

6.3.1 设计分销渠道的目标和原则

1. 设计分销渠道目标

企业产品的分销渠道设计是指为实现分销目标，对各种被选渠道结构进行评估和选择，从而开发新型的分销渠道或改进现有分销渠道的过程。如果说产品是满足顾客的效用需求，价格是满足顾客的价值需求，促销是满足顾客的信息需求，那么分销渠道则是满足顾客购买时的便利需求和服务需求。因此，渠道设计需要考虑如下目标：

(1)为顾客购买提供便利。绝大多数产品的生产地和消费地是分离的，如果缺少必要的中介，势必会影响产品的转移。企业设计的销售通路应该能够为顾客提供空间上的便利性，减少顾客不必要的行程和运输费用，从而提高顾客的满意度。基本目标是在消费者希望购买的地方一定有我们的商品。

(2)减少顾客等待和交货时间。随着人们生活节奏的加快，产品的供货时间、购买时间越长，顾客就越不满意，越可能寻找替代品。通过分销渠道的设计能有效降低顾客购买的时间成本。

(3)弥补生产者和消费者信息的不对等。生产者和消费者在掌握商品性能、市场供求关系等信息方面是不对等的，一般来说，消费者处于弱势地位。信息的不对等会影响交易的安全性与交易效率，销售通路的信息沟通职能应该能够弥补这一点。顾客可以通过对集中的零售商的同类产品做调查比较，来了解这些信息。

(4)满足顾客消费的经常性、零散性。分销通路可允许顾客一次购买少量商品，随用随买。避免了顾客可能的存储和保管费用。

(5)为顾客提供各种售后服务。分销商为顾客提供包括送货、安装、维修、信贷等服务项目，为解决了顾客的后顾之忧提供了必要的帮助。

2. 设计分销渠道原则

因为消费者是一切销售和市场工作的焦点，专业销售人员的使命是建立良好的客户关系，提供良好的客户服务，并通过良好的客户关系、售后管理帮助各个目标客户向消费者提供优质产品，从而满足各个目标客户对销售额和利润的要求。同时企业产品分销渠道设计时还要遵守以下的八大原则：

(1)客户导向原则。企业欲求发展，必须将市场客户要求放在第一位，建立客户导向的经营思想。这需要通过周密细致的市场调查研究，不仅要提供符合消费者需求的产品，同时还必须使营销渠道为目标消费者的购买提供方便，满足消费者在购买时间，地点以及售后服务上的需求。

(2)最大效率原则。企业选择合适的渠道模式，目的在于提高流通的效率，不断降低流通过程中的费用，使分销网络的各个阶段、各个环节、各个流程的费用合理化。这能够降低产品成本，取得市场竞争优势并获得最大化的效益。

(3)发挥企业优势的原则。企业在选择分销渠道时，要注意发挥自己的特长，确保在市场竞争中的优势地位。现代市场经济的竞争早已是整个规划的综合性网络的整体竞争。企业依据自己的特长,选择合适的渠道网络模式,能够达到最佳的经济效应和良好的客户反应。同时企业也要注意通过发挥自身优势来保证渠道成员的合作,贯彻企业自身的战略方针与政策。

(4)合理分配利益原则。合理分配利益是渠道合作的关键,利益的分配不公常常是渠道成员矛盾冲突的根源。因此企业应该设置一整套合理的利益分配制度,根据渠道成员负担的职能,投入的资源和取得的成绩,合理分配渠道合作所带来的利益。

(5)协调及合作原则。渠道成员之间不可避免地存在着竞争,企业在建立,选择营销渠道模式时,要充分考虑竞争的强度。一方面鼓励渠道成员之间的有益竞争,另一方面又要积极引导渠道成员的合作,协调其冲突,加强渠道成员的沟通,努力使各条渠道有序运行,实现既定目标。

(6)覆盖适度的原则。企业在选择分销渠道模式时,仅仅考虑加快速度,降低费用是不够的。还应考虑及时准确地送达的商品能不能销售出去,是否有足够的市场覆盖率以支持针对目标市场的销售任务。因此,不能一味只强调降低分销成本,这样可能导致销售量下降,市场覆盖率不足的后果。成本的降低应是规模效应和速度效应的结果,在营销渠道模式的选择中,也应避免扩张过度,分布范围过宽过广,以免造成沟通和服务的困难,导致无法控制和管理目标市场。

(7)稳定可控的原则。企业的分销渠道模式一经确定,便需花费相当大的人力、物力、财力去建立和巩固,整个过程往往是复杂而缓慢的。所以,企业一般轻易不会更换渠道模式及成员。只有保持渠道的相对稳定,才能进一步提高渠道的效益。畅通有序,覆盖适度是分销渠道稳固的基础。

(8)控制平衡的原则。企业在选择、管理分销渠道时,不能只追求自身的效益最大化而忽略其他渠道成员的局部利益,应合理分配各个成员间的利益。

6.3.2 影响分销渠道设计的因素

影响分销渠道设计的因素很多,其中主要因素有以下几种:

1. 产品因素

产品的特性不同,对分销渠道的要求也不同。

(1)价值大小。一般而言,商品单价越小,分销渠道一般既宽又长,以追求规模效益。反之,单价越高,路线越短,渠道越窄。

(2)体积与重量。体积庞大、重量较大的产品,如建材、大型机器设备等,要求采取运输路线最短、搬运过程中搬运次数最少的渠道,这样可以节省物流费用。

(3)变异性。易腐烂、保质期短的产品,如新鲜蔬菜、水果、肉类等,一般要求较直接的分销方式,因为时间拖延和重复搬运会造成巨大损失。同样,对式样、款式变化快的时尚商品,也应采取短而宽的渠道,避免不必要的损失。

(4)标准化程度。产品的标准化程度越高,采用中间商的可能性越大。例如毛巾、洗衣粉等日用品以及标准工具等单价低、毛利低,往往通过批发商转手。而对于一些技术性较强或是一些定制产品,企业要根据顾客要求进行生产,一般由生产者自己派员直接销售。

(5)技术性。产品的技术含量越高,渠道就越短,常常是直接向工业用户销售,因为技术性产品,一般需要提供各种售前售后服务。消费品市场上,技术性产品的分销是一个难题,因为生产者不可能直接面对众多的消费者,生产者通常直接向零售商推销,通过零售商提供各种技术服务。

2. 市场因素

市场是分销渠道设计时最重要的影响因素之一,影响渠道的市场特征主要包括以下各方面:

(1)市场类型。不同类型的市场,要求不同的渠道与之相适应。例如,生产消费品的最终消费者购买行为与生产资料用户的购买行为不同,所以就需要有不同的分销渠道。

(2)市场规模。一个产品的潜在顾客比较少,企业可以自己派销售人员进行推销;如果市场面大,分销渠道就应该长些、宽些。

(3)顾客集中度。在顾客数量一定的条件下,如果顾客集中在某一地区,则可由企业派人直接销售;如果顾客比较分散,则必须通过中间商才能将产品转移到顾客手中。

(4)用户购买数量。如果用户每次购买的数量大,购买频率低,可采用直接分销渠道;如果用户每次购买数量小、购买频率高时,则宜采用长而宽的渠道。一家食品生产企业会向一家大型超市直接销售,因为其订购数量庞大。但是,同样是这家企业会通过批发商向小型食品店供货,因为这些小商店的订购量太小,不宜采取过短的渠道。

(5)竞争者的分销渠道。在选择分销渠道时,应考虑竞争者的分销渠道。如果自己的产品比竞争者有优势,可选择同样的渠道;反之,则应尽量避开。

3. 企业自身因素

企业自身因素是分销渠道选择和设计的根本立足点。

(1)企业的规模、实力和声誉。企业规模大、实力强、往往有能力担负起部分商业职能,如仓储、运输、设立销售机构等,有条件采取短渠道。而规模小、实力弱的企业无力销售自己的产品，只能采用长渠道。声誉好的企业，希望为之推销产品的中间商就多，生产者容易找到理想的中间商进行合作；反之则不然。

(2)产品组合。企业产品组合的宽度越宽，越倾向于采用较短渠道；产品组合的深度越大，则宜采取短渠道。反之，如果生产者产品组合的宽度和深度都较小，生产者只能通过批发商、零售商来转卖商品，其渠道较长而宽。产品组合的关联性越强，则越应使用性质相同或相似的渠道。

(3)企业的营销管理能力和经验。管理能力和经验较强的企业往往可以选择较短的渠道，甚至直销；而管理能力和经验较差的企业一般将产品的分销工作交给中间商去完成，自己则专心于产品的生产。

4. 对分销渠道的控制能力

生产者为了实现其战略目标，往往要求对分销渠道实行不同程度的控制。如果这种愿望强，就会采取短渠道；反之，渠道可适当长些。

5. 环境因素

影响分销渠道设计的环境因素既多又复杂。如科学技术发展可能为某些产品创造新的分销渠道，食品保鲜技术的发展，使水果、蔬菜等的销售渠道有可能从短渠道变为长渠道。又如经济萧条时迫使企业缩短渠道。

6. 中间商因素

不同类型的中间商在执行分销任务时各自有其优势和劣势，分销渠道设计应充分考虑不同中间商的特征。一些技术性较强的产品，一般要选择具备相应技术能力或设备的中间商进行销售。有些产品需要一定的储备(如冷藏产品、季节性产品等)，就需要寻找拥有相应储备能力的中间商进行经营。零售商的实力较强，经营规模较大，企业就可直接通过零售商经销产品；零售商实力较弱，规模较小，企业只能通过批发商进行分销。

6.3.3 设计分销渠道

生产者在设计其分销渠道时，需要在理想渠道与可用渠道之间进行抉择。一般来讲，新企业在刚刚开始经营时，总是先采用在有限市场上进行销售的策略，以当地市场或某一地区的市场为销售对象。因其资本有限，只得选择现有中间商。而在一地区市场内，中间商的数目通常是很有限的，所以，到达市场的最佳方式也是可以预知的。企业面临的问题是如何说服现有可用的中间商来销售其产品。

新企业一旦经营成功，它可能会扩展其他新市场。这家企业可能仍利用现有的中间商销售其产品，虽然它可能在不同地区使用各种不同的分销渠道。在较小市场，它可能直接销售给零售商；而在较大的市场，它需通过经销商来显示产品。总之，生产者的渠道系统，必须因时因地灵活变通。

渠道设计问题可以从决策理论的角度加以探讨。要想设计一个有效的渠道系统，必须经过确定渠道目标与限制、明确各主要渠道交替方案、评估各种可能的渠道交替方案等步骤。

1. 确定渠道目标与限制

渠道设计问题的中心环节，是确定到达目标市场的最佳途径。每一个生产者都必须在顾客、产品、中间商、竞争者、企业政策和环境等所形成的限制条件下，确定其渠道目标。所谓渠道目标，是指企业预期达到的顾客服务水平及中间商应执行的职能等。

2. 明确各种渠道交替方案

在确定了渠道的目标与限制之后，渠道设计的下一步工作就是明确各主要渠道的交替方案。渠道的交替方案主要涉及两个基本问题：一是中间商类型与数目；二是渠道成员的特定任务。

3. 评估各种可能的渠道交替方案

每一渠道交替方案都是企业产品送达最后顾客的可能路线。生产者所要解决的问题，就是从那些看起来似乎很合理但又互相排斥的交替方案中选择最能满足企业长期目标的一种。因此，企业必须对各种可能的渠道交替方案进行评估。评估标准有三个，即经济性、控制性和适应性。

6.3.4　管理分销渠道

1. 选择渠道成员

如果企业选择间接渠道进入市场，便面临选择中间商的决策。中间商选择是否得当直接关系着企业的市场营销业绩。选择中间商要广泛收集有关中间商的业务经营、资信、市场范围、服务水平等方面的信息，然后进行比较，确定最恰当的人选。通常，选择中间商必须考虑以下条件：

(1)中间商的目标市场。市场是选择中间商时应考虑的最关键的因素。企业首先要考虑备选中间商的服务对象与企业的潜在目标客户群是否一致。

(2)中间商的产品政策。中间商的产品政策具体体现在其承销的产品种类及其组合情况。企业要考虑中间商产品组合的宽度（即有多少产品线），以及所承销的产品是竞争性产品，还是促销性产品。

(3)中间商的地理区位优势。选择零售商最理想的地理位置是潜在客户流量较大的地点;选择批发商则要考虑是否有利于产品的批量存储与运输,通常以处于交通枢纽为宜。

(4)中间商的产品知识。对所销售的产品有专门的经验和知识是企业选择中间商的基本条件。根据产品特征选择具有专门经验的中间商有利于企业尽快取得市场销售的增长。

(5)中间商的财务状况及管理水平。中间商的财务状况决定了其能否按时结算,或在预付货款,甚至融资等方面的实力。其销售管理是否高效、规范则决定了中间商的业绩水平。

(6)中间商的促销政策和技术。企业还应考虑中间商是否愿意承担一定的促销费用,以及有没有必要的物质、技术基础和相应的人才。

(7)中间商的合作意愿。中间商的合作意愿是中间商全力以赴地帮助企业销售产品的前提。条件再好、实力再强的中间商,如果没有强烈的合作意愿,并不是企业理想的选择。

(8)中间商的综合服务能力。现代消费越来越重视服务。企业应考虑中间商的综合服务能力。例如,有些产品需要中间商向客户提供售后服务,有些需要在销售中提供技术指导或财务帮助(如赊购或分期付款),有些需要专门的运输、存储设备。中间商所提供的综合服务项目与服务能力应与企业产品销售所需要的服务要求相一致。

2. 激励渠道成员

生产者不仅要选择渠道成员,而且要经常激励中间商使之尽职。中间商是一个独立的经营者,而不是受雇于生产者,它与生产者所处的地位不同,考虑问题的角度也必然不同,产生渠道矛盾就在所难免。有效激励渠道成员,并处理好渠道矛盾和冲突,是提高渠道效率的重要保障。

行之有效的激励措施主要有:

(1)提供适销对路的优质产品。

(2)共同搞好推销,如刊登广告,引导顾客去购买,举办商品展销,培训销售人员等。

(3)商品数量充足,价格合理,必要时做出适当的让利。

(4)帮助中间商改进经营管理。

(5)提供情报,将所获情报及时传递给中间商,定期或不定期地邀请中间商座谈,同时将企业的生产状况及生产计划告诉中间商,为中间商合理安排销售提供依据。

(6)减少中间商的风险,如允许商品销售后付款,对不合格及残损商品予以退换，提供相应的维修、安装和使用服务等。

生产者必须尽量避免激励过分与激励不足这两种情况。所谓激励过分，就是生产者给予中间商的优惠条件超过了生产者取得合作与努力水平所需的条件，其结果是销售量提高，而利润率下降。所谓激励不足，就是生产者给予中间商的条件过于苛刻，以致不能调动中间商努力推销的积极性，其结果是销售量降低，利润量减少。

3. 评估渠道成员

生产者除了选择和激励渠道成员外，还必须定期评估他们的绩效。通常的评估指标主要有：销售配额的完成情况、平均存货水平、向顾客交货时间、对损坏或遗失商品的处理情况、与企业促销和培训的合作情况等。如果某一渠道成员的绩效过分低于既定标准，需找出主要原因，同时还应考虑可能的补救方法。当放弃或更换中间商将会导致更坏结果时，生产者只好容忍这种令人不满的局面。当不致出现更坏的结果时，生产者应要求工作成绩欠佳的中间商在一定时期内有所改进，否则，就要取消它的资格。

(1)契约约束与销售配额。如果一开始生产者与中间商就签订了有关绩效标准与奖惩条件的契约，就可避免种种不愉快。在契约中应明确经销商的责任，如销售强度、平均存货水平、送货时间、次品与遗失品的处理方法、中间商必须提供的顾客服务等。

除了针对中间商绩效责任签订契约外，生产者还应定期发布销售配额，以确定目前的预期绩效。生产者可以在一定时期内列出各中间商的销售额，并依销售额大小排出先后名次。这样可促使后进中间商为了自己的荣誉而奋力上进；也可促使先进的中间商努力保持已有的荣誉，百尺竿头，更进一步。

需要注意的是，在排列名次时，不仅要看各中间商销售水平的绝对值，而且需考虑到它们各自面临的各种不同的环境变化，考虑生产者的产品大类在各中间商的全部产品中的相对重要程度。

(2)测量中间商绩效的主要方法：

一是将每一个中间商的销售绩效与上期绩效进行比较，并以整个群体的升降百分比作为评价标准。对低于该群体平均水平的中间商必须加强评估与激励措施。如果对后进中间商的环境因素加以调查，看是否存在客观原因，如当地经济衰退、某些顾客不可避免地失去、主力推销员退休或“跳槽”等，并明确哪些因素可在下一期弥补过来。这样，制造商就不应因这些因素而对经销商采取任何惩罚措施。

二是将各中间商的绩效与该地区基于销售潜量分析所设立的配额相比较。

在销售期过后，根据中间商的实际销售额与其潜在销售额的比率，将各中间商按先后名次排列。这样，企业的调整与激励措施可以集中用于那些未达既定比率的中间商。

4. 渠道冲突的管理

分销体系是由企业与中间商的合作来维持的，由于渠道成员之间目标的不一致或由于渠道成员对经济前景的知觉差异，以及存在利益的冲突而可能会产生渠道冲突。渠道冲突可能会推动企业与渠道成员关系的发展，但如果这种冲突没有得到很好的控制，很可能会破坏企业与渠道成员的合作，损害渠道利益和企业形象，甚至会导致企业整体分销系统的瓦解。

(1)渠道冲突的类型。一般来讲，渠道冲突可分为垂直渠道冲突、水平渠道冲突和多渠道冲突三种类型。

垂直渠道冲突是指同一渠道中不同层次之间的利害冲突，如企业在服务、价格、广告等方面的政策可能会导致与经销商的矛盾；批发商和零售商之间的矛盾等。

水平渠道冲突是指在同一层次渠道成员之间的冲突，如一些经销商在价格、广告等方面的政策可能导致与其他经销商的冲突；同一区域内不同零售商之间的冲突等。

多渠道冲突是指多个渠道的成员之间的冲突，如一个渠道的成员降低价格或毛利时可能会引起其他多个渠道成员的抱怨等。

(2)渠道冲突的原因。引起渠道冲突的原因很多，如：

①在买卖交易上，卖方总想以高价出售并希望得到现金支持而买方总想以低价购进并希望有一定的信用条件。

②在经营目标上，生产者总是希望市场占有率、销售量和利润不断增长，而零售商在销售和利润达到一定程度后却往往不愿再努力。

③在产品销售上，生产者希望中间商销售自己的品牌，中间商则对产品不问品牌，只看销路。

④在利益分配上，生产者希望中间商将厂家提供的折扣再提供给消费者，而中间商却喜欢把这种折扣据为已有。

⑤生产者和经销商都希望对方负担广告费，承担运输、仓储任务等。

由此可见，销售渠道发生冲突是客观存在的、引起冲突的原因也是多方面的，需要企业具体问题具体分析，采取有针对性的策略来解决。

(3)渠道冲突的解决。促进渠道成员的合作是解决渠道冲突的一种有效方法。由于渠道中每一个成员的行动对其他成员经营目标的实现，常常起着很大的促进或阻碍作用,要成功地控制冲突,要求渠道中有控制权的成员以及其他成员把渠道看作大家的命运共同体,要有参与成员合作,共求发展的宗旨和信念。要有效地控制冲突与促进合作,应做好以下几方面工作:

①分析渠道中的潜在冲突。经常分析和发现可能存在的冲突,采取措施防止冲突发生,将可能发生的、较大的冲突转化为较小的冲突。

②有计划地监测冲突。随时观察渠道中的每一个环节,特别是渠道中容易发生呆滞或受阻的环节,将这些环节作为监测重点。特别注意冲突发生的线索,如交易对象的抱怨、延期付款、延期交货等。通过监测还可以了解交易人的满意程度,得到改进工作的建议。

③制定解决冲突的策略。一是共同管理策略,即在处理冲突时,渠道控制者应以其他成员得到更大满意为出发点,充分听取渠道其他成员的意见和建议。二是协商、规劝和洽谈策略。这一策略一般是在各方权利均衡的状态下采用。三是运用控制权,实行奖惩制度的策略。实行奖惩制度,促使其他成员采用本企业所希望的行动,如自愿联合组织中的批发商和特许人所采取的提供援助或者禁止提供援助,公司系统所用的利益分配制度和奖金制度,鼓励最佳执行者,调整不符合条件的成员。

5. 改进分销渠道

企业在设计了适当的分销渠道之后,还需要根据市场情况的变化及时调整分销渠道。分销渠道的调整是企业根据分销渠道的适应性、灵活性的要求,在利润的驱使下,或处于不平衡状态,或企业很有把握预测调整分销渠道会带来更大利润时,对中间商或者整个分销系统进行的调整。一般包括增减渠道中间商、增减某一分销渠道、调整整个分销渠道系统三方面:

(1)增减渠道中间商。企业在做出这种调整决定时,需要作具体分析。如增加或减少某个中间商,将会对公司的利润带来何种影响?一般来说,在某销售区域增加一家批发商,不仅要考虑这样做将有多大的直接收益,如销售量、销售额、利润的增加额,而且还要考虑新增的批发商对其他批发商的销售量、成本与情绪会带来什么影响。

(2)增减某一分销渠道。当制造商在某目标市场只通过增减个别中间商不能解决根本问题时,就要增减某一分销渠道,否则就会有失去这一目标市场的危险。例如,某化妆品公司发现其经销商只注意成人市场而忽视儿童市场,引起儿童护肤产品销路不畅。为了促进儿童化妆品市场开发,就可能需要增加一条新的市场营销渠道。

(3)调整整个分销渠道。对以往的分销渠道作通盘调整。这类调整是难度最大的,因为要改革企业的整个分销渠道,而不是在原有基础上修修补补。如汽车制造厂放弃原来的直销模式,而采用代理商来销售产品。分销渠道的通盘调整,不仅仅是改变渠道,而且会带来其他营销策略的一系列变动。因此,这类调整通常由企业的最高管理层来决策。

上述调整方法,前一种属于结构调整,它立足于增加或减少原有分销渠道的某些层次。后两种属于功能性调整,它立足于将一条或多条渠道的分销工作在渠道成员中重新分配。企业的分销渠道是否需要调整,调整到什么程度,取决于市场营销渠道的整体分销效率。如果矛盾突出且无法协商解决,一般就应当进行调整。

营销实例

商务通可以说是近年来在中国市场通路中大获全胜的一个典型案例,自从1999年入市以来,商务通采用小区独家代理制,对终端市场区域密耕细作,严格控制销售区域和终端价格,对促销员进行严格的培训和管理,不断淘汰不合格的代理商,等等。就这样,只用三年半时间,商务通就在全国县级市场铺开,销售点达3 000多个。

(资料来源:http://www.em-cn.com/Article/200710/172489.shtml,2008-02-06)

分项任务 6.4　实训操作

分销渠道调查分析

【实训任务】

试为某企业某产品进行分销渠道分析,指出其成功与失误之处,并为其策划之。

【实训目标】

能够熟悉分销渠道。

【实训要求】

1. 精心进行分销渠道知识和相关资料准备。
2. 认真选择调查分析对象(某企业某产品),妥善安排时间。
3. 运用所学知识深入分析,指出其成功与失误之处。

4. 写出改变现状的分析策划报告。

【实训步骤】

在授课老师指导下，利用课余时间走向社会，试为某企业某产品进行分销渠道分析，指出其成功与失误之处，并为其策划之。

◆任务小结

完成本任务，你应该清楚以下内容：

- 分销渠道是商品在其所有权转移过程中从生产领域进入到消费领域所经过的途径或路线，具有帮助促成交易和达成交易的功能，其类型分为长、短渠道，宽、窄渠道等。
- 中间商是介于生产者和消费者之间，参与商品流通活动，促进买卖行为发生或实现的具有法人资格的经济组织和个人，按其在商品流通中是否拥有商品所有权可分为经销商和代理商和经纪人；按其在商品流通中所处地位和所起作用不同，可分为批发商和零售商。
- 企业营销人员在分析了影响选择分销渠道应考虑的因素，正确进行了分销渠道设计后，必须加强对渠道成员的选择、激励、协调和评估，以确保货畅其流。

◆本任务关键词

分销渠道　中间商　经销商　代理商　批发商　零售商

◆业务技能自测

◎选择

1. 生产资料分销渠道中最重要的类型是(　　)。

A. 生产者→批发商→用户　　B. 生产者→用户

C. 生产者→代理商→用户　　D. 生产者→代理商→批发商→用户

2. 一般生活用品的分销适用(　　)。

A. 短渠道　B. 窄渠道　C. 宽渠道　D. 直接渠道

3. 生产者在某一地区仅通过少数几个精心挑选的中间商来分销产品，这是(　　)分销策略。

A. 广泛　B. 密集　C. 独家　D. 选择性

4. 在交换双方中，如果一方比另一方更主动、更积极地寻求交换，我们就将前者称之为(　　)，后者称为潜在顾客。

A. 厂商　B. 市场营销者　C. 推销者　D. 顾客

5. 站在经营者角度，人们常常把卖方称之为(　　)，而将买方称之为市场。

A. 企业　B. 厂商　C. 供货者　D. 行业

◎判断

1. 汶川到重庆的销售渠道一定比汶川到成都的销售渠道长。(　　)
2. 直接渠道就是零阶渠道。(　　)
3. 一级渠道是间接渠道，是消费品市场最常见的一种。(　　)
4. 水果是易腐烂商品，应选择短渠道。(　　)
5. 大型商品应选择短渠道或者直接渠道。(　　)

◎简答

1. 简要分析影响分销渠道选择的因素。
2. 对分销渠道应从哪些方面进行管理？
3. 影响渠道选择的因素有哪些？
4. 如何对营销渠道进行管理？
5. 分销渠道有哪些类型？

◎案例分析

索尼是如何打开某个市场的

20 世纪 70 年代，日本索尼公司为把彩电打入美国市场而绞尽脑汁。在当时的美国人眼里，索尼彩电是受人歧视的杂牌货。针对于此，索尼公司采取了如下策略：

首先，选定了当地最大的电器推销商马希利尔公司作为主攻对象，针对于该推销商提出的索尼知名度低的问题，索尼公司在当地报刊上重新刊登索尼广告，再塑商品形象。其次，为了解决该推销商提出的索尼公司售后服务差的问题，索尼公司开展了设立特约服务部负责维修等售后服务，并在报上公布了特约服务部的地址和电话，保证随叫随到。最后，索尼公司召集了 30 多位工作人员，规定每人每天拨五次电话，向马希利尔公司订购索尼彩电。这接连不断的求购电话，把马希利尔公司的职员搞得晕头转向，在忙乱中误将索尼彩电列入“待交货名单”，使得经理大为恼火，在索尼人员的极力争取下，马希利尔公司同意代销两台彩电试试，索尼公司选派了两名年轻能干的推销员和店员一起推销。结果，销售情况良好，至此，索尼公司彩电挤进了芝加哥市最大的电器商店，一个月之内竟卖出700余台。芝加哥地区的100多家商店也纷纷要求经销索尼彩电。没过多久，美国其他城市的销路也随之打开。

（资料来源：李志荣.国际市场营销——理论与实务.东北财经大学出版社，2007）

【思考】索尼公司成功地打开美国市场的关键是什么？

【提示】寻找正确的经销商的企业是打开市场的有效手段之一，索尼正是考虑到了这一点，通过各方面的努力争取到了当地最大的电器推销商马希利尔公司的合作，从而成功地打入美国市场。

任务7　制定促销策略

◆知识目标

1. 理解促销的含义，掌握促销组合及促销策略。
2. 掌握促销组合的影响因素。
3. 理解并能制订促销方案。
4. 把握促销活动的实施过程。
5. 了解促销效果评估工作。

◆能力目标

能在充分考虑促销组合影响因素的前提下，制订有效的促销方案，并灵活运用各种促销手段，保证促销活动顺利开展，以取得好的促销效果。

案例导入

成功啤酒促销

比利时一家啤酒厂生产出一种新型啤酒，为迅速打开市场，厂家想了多种办法，但收效甚微。

一天，厂家促销策划人员来到布鲁塞尔市区一个公园里游玩，这里有一个大广场，经常人山人海，广场中央有一尊小男孩撒尿形状的雕像。这尊雕像有一个传说，在比利时抗法战争时，法军安放炸药要毁灭这座城市，导火索点燃后，恰巧一个小男孩路过这里，情急之下，这个小男孩立即撒尿将导火索浇灭，从而保全了城市。人们为纪念他而立了这尊雕像。面对此景，厂家促销策划人员茅塞顿开，想出了一个促销创意。

该啤酒厂经有关部门同意，将小男孩雕像清洗干净，选择一个夏天的节日，做好了准备。节日这天，中心广场无比热闹，天气很热，许多人口渴难耐。忽然，人们闻到从小男孩雕像处传来阵阵啤酒芳香，有人乐呼小男孩雕像处流出的是啤酒（厂家安排），有人试着用杯子接着，一尝大呼好啤酒。消息传开，大家蜂拥而至，附近专门有人免费发放一次性纸杯。这一举动轰动了全城，很快，这种啤酒就被市场所接受。这个厂家运用的只是销售促进策略中的免费品尝，其促销工具、场地和时间的选择都是很恰当的。

(资料来源：李先国.促销管理.中国人民大学出版社，1998)

【思考】促销活动对销售起多大作用？怎样组织促销活动达到促销效果？

【提示】分析促销组合影响因素能够帮助我们合理制订促销方案，有效开展促销活动，达到促销效果。

分项任务7.1 分析促销组合影响因素

7.1.1 促销与促销组合的含义

促销就是营销者向消费者传递有关本企业及产品的各种信息，说服或吸引消费者购买其产品，以达到扩大销售的目的。

企业所从事的这种市场营销活动叫做“促销”。企业的促销活动与其他的市场营销活动如产品决策、价格策略的选定、分销策略等有所不同。上述一些市场营销活动主要是在企业内部进行或者在营销者与营销者之间进行。而在促销活动中，要向消费者宣传或介绍其产品，说服和吸引顾客来购买其产品，所以参与促销活动的双方是营销者与购买者或潜在的购买者。

促销实质上是一种沟通活动，即营销者(信息提供者或发送者)发出作为刺激物的各种信息，把信息传递到一个或更多的目标对象(即信息接受者，如听众、观众、读者、消费者或用户等)，以影响其态度和行为。

促销组合就是指企业根据不同的促销方式所具有的不同的作用与特点，将其与一定的营销目标相联系，制定企业不同的促销策略，灵活地针对促销的四种基本方式及不同的组合实施手段，制定具体的实施方略及行动，即促销策划。

促销的四种基本方式及其特点：

1. 人员推销(personal selling)

人员推销是指企业派出销售人员亲自向目标顾客对产品进行介绍、推广、宣传与销售，与消费者或用户面对面地口头洽谈交易的促销方式。

2. 广告(advertising)

广告是指企业按照一定的预算方式，支付一定的费用，通过一定的媒体把商品信息传送给广告目标顾客的一种促销方式。

广告是企业进入市场的入场券。再好的商品，如果得不到消费者的了解，那么它应有的价值和社会效果也就无从实现。20 世纪 80 年代末的一次统计表明，美国人均广告费用为 499 美元，日本为 367.6 美元，中国只有 0.3 美元，差距是明显的。但值得庆幸的是，如今中国广告业已迈出了可喜的一步，已经独立登上了自己的舞台。

3. 营业推广(sales promotion)

营业推广源于英文“sales promotion”，有的书上也译为销售促进。它是与人员推销、广告和公共宣传相并列的四大基本促销手段之一，是构成促销组合的一个重要因素。

所谓营业推广指企业运用各种短期诱因，鼓励购买或销售企业产品或服务的促销方式。销售促进的范围很广，形式多样，赠送优待券、折价优待、付费赠送、集点优待、陈列、演示、展览等都是销售促进的方式，它几乎包括人员推销、广告和公共宣传以外的所有能够在短时间、特定的市场范围内刺激需求和鼓励购买的各种促销措施的总和。

4. 公共关系(public relations)

公共关系中的宣传是指企业以非付款的方式通过第三者在报刊、电台、电视、会议、信函等传播媒体上发表有关企业产品的有利报道、展示或表演，以刺激消费需求的一种促销方式。公共关系则使企业在促销中塑造一个完美的自我。良好的企业及产品形象可以引起顾客的好感和兴趣，赢得公众的信任和支持，从而促进企业产品销售。

总之，广告和公共关系为销售创造有利的环境，销售促进提供吸引顾客的有力武器。而面对面地与顾客进行沟通与服务，则需要人员推销来实现。将各种促销方式有目的、有计划地选择、配合和运用，形成整体促销作用，是企业进行市场推广的主要方面。

在市场状况瞬息万变、竞争日益激烈的今天，促销与沟通的作用越来越明显，促销活动已成为企业营销活动相当重要的组成部分。促销与沟通的目标概括起来有以下几个方面：传递产品信息、激发购买欲望、建立产品形象、扩大市场份额。

7.1.2 分析促销组合的影响因素

促销的工具是多种多样的，各有其特点和适用范围。一个特定的促销目标可以采用多种销售促进工具来实现，所以应对多种促销工具进行比较选择和优化组合，以实现最优的促销组合效益。在选择促销组合时主要应考虑以下因素：

1. 市场类型

不同的市场类型对销售促进工具有不同的要求。如消费者市场和中间商市场的需求特点和购买行为就有很大差异,所选择的销售促进工具就必须适应企业所处的市场类型的特点和相应的要求。

2. 销售促进目标

特定的销售促进目标往往对销售促进工具有着较为明确的条件要求和制约,从而规定着销售促进工具选择的范围。

3. 竞争情况

应根据企业本身在竞争中所具有的实力、条件、优势与劣势以及企业外部环境中竞争者的数量、实力、竞争策略等的影响,选择最适合于自己的销售促进工具。

4. 促销预算及每种销售促进工具的成本效益

企业市场营销费用中有多少用于促销,促销预算中又有多大份额用于销售促进,这往往对销售促进工具的选择形成一种硬约束。另外,每种销售促进的成本效益以及不同种类的销售促进工具组合的综合效益也是有差别的。

7.1.3 促销基本策略

促销策略是市场营销组合的基本策略之一。促销策略是指企业如何通过人员推销、广告、公共关系和营业推广等各种促销方式,向消费者或用户传递产品信息,引起他们的注意和兴趣,激发他们的购买欲望和购买行为,以达到扩大销售的目的。

根据促销手段的出发点与作用的不同,可分为两种促销策略:

1. 推式策略

推式策略即以直接方式,运用人员推销手段,把产品推向销售渠道,其作用过程为,企业的推销员把产品或劳务推荐给批发商,再由批发商推荐给零售商,最后由零售商推荐给最终消费者,该策略适用于以下几种情况:

(1)企业经营规模小,或无足够资金用以执行完善的广告计划。

(2)市场较集中,分销渠道短,销售队伍大。

(3)产品具有很高的单位价值,如特殊品,选购品等。

(4)产品的使用、维修、保养方法需要进行示范。

2. 拉式策略

拉式策略采取间接方式,通过广告和公共宣传等措施吸引最终消费者,使消费者对企业的产品或劳务产生兴趣,从而引起需求,主动去购买商品。其作用路线为,企业将消费者引向零售商,将零售商引向批发商,将批发商引向生产企业,这种策略适用于：

(1)市场广大，产品多属便利品。

(2)商品信息必须以最快速度告知广大消费者。

(3)对产品的初始需求已呈现出有利的趋势，市场需求日渐上升。

(4)产品具有独特性能，与其他产品的区别显而易见。

(5)能引起消费者某种特殊情感的产品。

(6)有充足资金用于广告。

分项任务 7.2　制订促销方案

开展促销活动是为了与目标市场进行有效的沟通，因此，企业必须选择发布信息的各种渠道，同时也要对目标市场进行定位，制定行之有效的促销方式。促销活动是一种综合性的活动，因此企业必须从整体上制定有效实现预期的促销目标。在制订促销计划时，企业应遵循以下七个步骤。

7.2.1　明确目标市场

明确目标市场，其实就是确定产品或服务所针对的消费者。在潜在市场中，哪些人需要你的产品，哪些人在使用你的产品的过程中受益，那么这部分人就是你的目标市场所在。只有认准了潜在客户，企业才能采取最有效的促销手段，与他们进行沟通，并在沟通过程中传达最适合他们的营销信息。

营销实例

全球快餐知名品牌麦当劳，在企业创业之初就提出来明确的目标——“吸引家庭顾客，从孩子入手。”家庭顾客这一群体，是单个消费者的几倍，因此，吸引家庭顾客比让年轻人泡在餐厅里更有收益。家庭顾客的光顾要归功于家庭中的那些孩子。为了争取到这些小顾客，“麦当劳”配合赠送一些小礼品，服务员也被要求对小顾客格外热情周到。这一举措非常奏效，这就不难理解如今麦当劳对“六一”这样的节日的热衷了。

(资料来源：中国就业培训技术指导中心组织编写.国家职业资格培训教程——助理营销师.中国广播电视大学出版社，2006)

7.2.2 确定促销目标

一般来讲,促销目标是从总的促销组合目标中引申出来的,而它在总体上又是受企业市场营销总目标所制约的,表现为这一总目标在促销策略方面的具体化。在不同类型的目标市场上,促销的具体目标是各不相同的。

就消费者而言,促销目标可以确定为鼓励大量购买和重复购买;吸引潜在购买者试用;说服竞争者的品牌使用者放弃原有品牌而改用本企业产品。

就中间商而言,促销目标可以确定为吸引中间商购买新的产品项目和提高购买水平;鼓励非季节性购买;对抗竞争者的促销活动;建立零售商的品牌忠诚和获得进入新的零售网点的机会。

就推销人员而言,促销目标可以确定为鼓励对新的产品或型号的支持;刺激非季节性营业;鼓励更高的营业水平等。

企业促销部门要通过多种因素的分析,确定一定时期内促销的特定目标,并尽可能使其数量化和现实可行。

7.2.3 设计促销信息

在确定了目标市场和促销目标后,接下来就要制定具体的促销方案。在制定这一具体方案中要对促销信息作出以下几方面的决策:

1. 激励规模

对促销对象的激励规模,要根据费用与效果的最优比例来确定。要获得促销活动的成功,一定规模的激励是必要的,关键是要找出最佳的激励规模。最佳激励规模要依据费用最低、效率最高的原则来确定。

2. 激励对象

这种激励是面向目标市场的每一个人还是有选择的某部分人,这种范围控制有多大,哪类人是主攻目标,这种选择的正确与否会直接影响到促销的最终效果。

3. 送达方式

企业营销人员还必须研究通过什么送达方式让激励对象来参与,才能达到送达的效果。企业要根据激励对象,以及每一种渠道方法的成本和效率来选择送达方式。

4. 活动期限

任何促销方式在实行时都必须规定一定的期限,不宜过长或过短。具体的活动期限应综合考虑产品的特点、消费者购买习惯、促销目标、竞争者策略及其他因素,按照实际需求而定。

5. 时机选择

具体的促销日程的安排也是值得研究的问题。一般来讲,促销时机的选择应根据消费需求时间的特点,结合总的市场营销战略来定,日程的安排应注意与生产、分销、促销的时机和日程协调一致。

6. 预算及其分配

促销活动是一项较大的支出,事先必须进行筹划预算。

7.2.4 选择促销手段

促销的四种基本方式各有其特点,灵活选择、搭配使用,应用不同的策略,才能达到促销目标。

1. 人员推销

人员推销的优点为:信息传递双向性、推销目标双重性、推销过程灵活性、协作关系长期性。缺点为:推销成本较高、对推销人员的素质要求较高,要求推销人员必须熟悉新产品的特点、功能以及使用、维修、保管等方面的知识和技术,同时要有强烈的事业心、责任心和热爱本职工作的献身精神。人员推销的目标与任务主要是:开拓市场、传递信息、推销产品、提供服务、收集情报和协调平衡。其存在三种主要形式:派员推销、门市推销(又称柜台推销)和会议推销。人员推销的对象:向消费者推销、向生产用户推销、向中间商推销。其策略有:试探性策略、针对性策略、诱导性策略。

2. 广告

广告宣传是借助于科学艺术的手段,刺激人们的感觉来取得宣传效果的。只有那些给消费者留下了深刻印象的广告才能起到应有的作用,才能使促销活动成功。下面通过实例介绍一些能够达到给消费者以深刻印象的广告策略。

(1)利用名人效应。人们对社会名人普遍存在着仰慕的心理,所以可以利用名人效应来进行广告宣传。在广告中利用名人有两种方式:一是直接的方式,就是直接邀请政界要人、商界巨人、体育健将、演员、歌星、名模等社会各界明星来进行广告宣传;二是间接的方式,就是借助名人的声望,来提高商品的知名度和美誉度。

营销实例

美国的派克金笔公司曾经利用德高望重的罗斯福总统的声望来做广告。派克金笔公司把一张罗斯福总统用派克笔在一个文件上签字的照片作为它的广告宣传，广告短语这样写道：总统用的是“派克”。于是，罗斯福总统的声誉和派克金笔联系起来，总统的德高望重给派克金笔涂上了名贵高雅的色彩。让名人直接使用产品，利用“名人用名牌货”这种流行的社会心理，使人们相信，既然某种产品有名人在使用了，那么它一定是时尚的、高档的名牌货。

现在在内地市场上畅销的几种洗发香波都是利用名人做广告的。如力士洗发香波曾请影视明星张曼玉、张敏、刘嘉玲告诉消费者她们对力士的高度评价和使用感受；诗芬洗发香波曾请“玉女”周慧敏为其做广告，周慧敏的一头秀发令人赞叹，自然诗芬就受到了注意。

（资料来源：中国就业培训技术指导中心组织编写．国家职业资格培训教程——助理营销师．中国广播电视大学出版社，2006）

(2)赋予产品一种吸引人的形象。“人们对自己喜欢的品牌具有一种令人难以置信的忠诚。然而，他们在试验中却说不出它与其他品牌产品的区别。他们所迷信的纯粹是某种品牌的形象。”这是美国纽约广告公司研究部主任的一段颇有启发意义的话。由于大多数产品日益标准化和复杂化，公众很难客观地给它们以公平的评价和对待，厂商们迫切需要为那些毫无特色的产品塑造出独特明显、独具魅力的“品质”。这样，当顾客看到某种产品或者听到产品的名称时，该产品的内涵形象便会出现在顾客的心目中，从而达到诱发人们对该产品产生购买欲望的目的。广告促销要成功，就得在人们不能理智地区别产品的时候，通过广告赋予产品一种吸引人的形象这一简单、热烈而富有感情的方法来帮助消费者非理性地判断和区别商品，购买商品。

营销实例

速溶咖啡刚刚问世时，厂家宣传了其简单、快速、便宜等许多优点，但还是在市场上遇到了强有力的抵制。通过对速溶咖啡受到市场排斥的调查表明，人们普遍认为，购买速溶咖啡的妇女不是一名好妻子。也就是说，速溶咖啡的产品形象是——它的使用者是懒惰的家庭主妇。而当时速溶咖啡的广告中大量采用方便、快捷、省事、经济等词语来描绘速溶咖啡，这更加深了速溶咖啡的不利形象。与此相反，普通咖啡的广告一再强调咖啡的味道芳香和醇厚，使人置身于它的香味和令人愉快的倒咖啡的声音中。而缺乏温暖感的速溶咖啡广告宣传给人的感觉则是：妻子们或许可以给自己的丈夫喝速溶咖啡，但是给客人喝就不合适了。在得出研究结果后，速溶咖啡的主要生产营业厂商调整了广告宣传，使他们的产品饱含感情色彩，并具有能代表更高的社会地位的形象。雀巢咖啡在各种妇女杂志上刊登色彩鲜艳、内涵丰富的全页广告：颗粒饱满的棕色咖啡豆作为背景陪衬着热气腾腾的咖啡。广告上"百分之百的纯正咖啡"和"满足你的咖啡瘾"几个大字十分醒目。广告宣传立竿见影，速溶咖啡的新形象获得了公众的认可，从此速溶咖啡成为人们咖啡消费的重要部分。

（资料来源：中国就业培训技术指导中心组织编写.国家职业资格培训教程——助理营销师.中国广播电视大学出版社，2006）

形象塑造者们认为，这种对商品的感情依恋是大规模商业促销活动中的一个真正有效的附加促销因素。竞争者要成功地仿造你的产品的零件、配方并不太难，他们的产品甚至可以在质量上与你的产品一比高低。但是如果你的产品具有活生生的个性形象，别人则很难模仿。所以，给产品赋予一种吸引人的形象是广告成功的又一秘诀。

(3)以新奇特色取胜。从人们阅读报刊、看电视、听广播的情况来说，除了少数人因为特殊的需要而有意识地去视听广告以外，大多数人处于无意状态。这时，只有使他们首先产生无意注意，然后他们才可能把广告听下去或者看下去，转向有意注意。所以，在当今广告充斥的世界里，必须把广告做得有特色才能引起消费者的无意注意，进而引起有意注意。

引起无意注意主要靠外界的刺激物。就广告和周围外界其他事物来比，要靠广告本身的特殊刺激；就一系列广告中的一个广告和另一个广告相比，要靠广告之间的明显的差异，也就是广告自身的特异性。所以，在广告的创作和安排上，一定要使广告具有鲜明的特色，要考虑广告画面的大小、色彩的浓淡、音响的强弱、动静的变化、新奇的程度等方面是否独具特色。

例如，荷兰名牌电视机——飞利浦电视机的广告既没有文字，也没有语言。厂商采用了无声胜有声的技巧。电视广告是这样的：一只惹人喜爱的猴子，对着电视屏幕中黄澄澄的诱人的香蕉，显得垂涎欲滴和急不可耐。虽然没有语言和文字，但画面已说出了厂商要说的话——飞利浦电视机的质量顶呱呱。

正所谓好奇之心，人皆有之。广告要取得成效，就要在新奇上下工夫。例如，英国文学家莫姆(Samacet Moum)在年轻的时候作品并不受欢迎。为了打开销路,他在报纸上刊登了一则广告,内容是:“本人非常喜爱运动和音乐,性情温和而且年轻有为,拥有亿万财产,想要寻求一位少女做太太,条件只有一个:她必须具有跟莫姆的小说里的女主角同样可爱的气质。”广告登出之后三日,他的书就被一抢而空。从此,他的名气越来越大,终于成为一位著名的文学家。

一般说来,在电视的广告节目中,广告的色彩越是鲜艳,音响越是强烈,就越能吸引观众的注意力。但是如果每个广告都采用鲜艳的色彩和强烈的音响,广告与广告之间就没什么差异了,人们对鲜艳的颜色和强烈的音响也会产会厌倦的心理,一味鲜艳的色彩和一味强烈的音响反而会失去人们的注意。如果能在一系列色彩鲜艳、音响强烈的广告中插入一两幅黑白的画面或者声音简单而微弱的广告,却会引起观众的特别的注意。

例如,香港有一则宣传戒烟的广告。广告画面为一支烟烧穿心脏的形象,以此示意吸烟会导致心脏功能的破坏。这个广告没有语言文字的说明,图案也简单明了,色彩主要利用黑白色的反差作用,整个画面只使用了三种不鲜艳的色彩——深黑、灰黑和白色。尽管如此,由于黑白反差使用得好,所以这个广告画面形象突出,给人以深刻的印象,是一个成功的广告。

总之,广告越有特色,越能吸引人们的注意力,越容易达到促销的效果。

(4)利用人们的逆反心理。虽然说大千世界,千人千面,但人们普遍存在着逆反心理。利用这种心理,换个角度,换个侧面去做广告,往往可以取得出其不意的效果,而且屡试不爽。

众所周知,广告是为宣传商品而做的,所以广告的重点是商品的优点。可是事实上,没有任何一种商品是十全十美的。所以,当人们对大吹大擂的广告听得太多时,就感到厌烦,产生了逆反心理。抓住这种心理,高明的广告商往往“以逆反逆”,敢于公布商品的不足之处。这种广告方式反而给消费者以真实可信且耳目一新的好感。

总的来说,利用消费者的逆反心理做广告主要有以下几种手法:

①以长托短。这种手法是既谈优点,又谈缺点,但缺点与优点相比显然是微不足道的。消费者在看到或听到这种广告后,会为这种广告摆出了产品的不足之处而更相信产品的优点,从而采取购买行动。

营销实例

英国一家刀片公司的广告是:“我公司的刀片十分锋利,经久耐用。缺点是:易生锈,用后需擦干保存,才能久放。”对于刀片的消费者来说,刀片是否锋利,是否经久耐用才是他们关心的焦点。尽管这则广告告诉消费者在保管方面这种刀片要使消费者多费点心，但保管刀片毕竟不是十分复杂费劲的事，所以消费者不会因为要用心保管而放弃刀片对他们来说更为重要的方面：锋利与耐用。在承认保管方面有一定缺点之后，消费者会认为该刀片公司诚实，从而相信广告中刀片的优点——也是他们真正关心之处。

（资料来源：中国就业培训技术指导中心组织编写. 国家职业资格培训教程——助理营销师. 中国广播电视大学出版社，2006）

②以短比短。这种手法的诀窍在于：说明自己的产品的短处，同时说明自己产品的短处也是其他同类产品的短处。既承认了缺点，又暗示消费者这种缺点是无法避免的。

营销实例

著名的"普兰德"洗染店在创办初期有这样一条规定：凡是在"普兰德"洗过的衣服，如果仍有污渍，就在上面打个记号；倘若顾客能够在别的洗染店把该污渍洗掉，"普兰德"将以两倍费用赔偿给顾客。"普兰德"洗染店坦率地告诉顾客，它并非全能，有些污渍可能洗不掉。但是，如果"普兰德"都无能为力的污渍，其他洗染店也会无能为力的。承认缺点是使消费者有真实可信感，同时暗示消费者，有缺点的"普兰德"仍是他们最好的选择。如果直截了当地声明这一点，顾客十有八九不相信，但是以说明缺点的方法表示出来，则易为顾客所接受。

（资料来源：中国就业培训技术指导中心组织编写. 国家职业资格培训教程——助理营销师. 中国广播电视大学出版社，2006）

③以短揭长。"以短揭长"的方法的诀窍是：用"短"挑起顾客的逆反心理，吸引他们注意产品。当他们发现"短"即是"长"时，就会购买，而如果仅宣传"长"，则顾客难以相信，宣传达不到效果。

例如，瑞士有一种名贵的裘皮大衣，价格昂贵，购买者很少。消费者往往因价格而止步，甚至连大衣也不仔细看。如何激发消费者的购买欲呢？推销员贴出了这样一则广告："该大衣唯一的缺点是：将使你不得不忍痛扔掉以前购买的内衣。"广告中所说大衣的缺点，实际上是要告诉消费者，这种大衣保暖性强，买了它可以少穿其他内衣。顾客们在看了这则广告后，也的确被打动，并纷纷购买。

如果直接说这种裘皮大衣如何保暖，消费者心理上很难接受，会认为这是厂商为其产品价格高找的借口，不愿意相信。但是换个说法，把优点以缺点的方式表达出来，利用消费者的逆反心理，激起他们的好奇心，反而吸引来众多的购买者。

营销实例

美国俄勒冈州的一家饭馆在门前竖立了一个大大的广告牌，上面写着："俄勒冈州最差劲的食物！"该饭馆的老板也说："我是一个差劲的厨师。"但是自此之后，顾客却接踵而至。因为人们的逆反心理使他们产生了一股强烈的好奇心，要看看这号称"最差劲的食物"究竟味道如何？当他们来到这家饭馆品尝过这里的菜肴之后却发觉，所谓最差劲的食物原来是美味佳肴。人们当然愿意享受美味佳肴，所以他们又成了回头客，于是该饭馆生意红火，很有名气。

（资料来源：中国就业培训技术指导中心组织编写. 国家职业资格培训教程——助理营销师. 中国广播电视大学出版社，2006）

(5)赞助、公益广告。赞助广告是利用纪念活动、比赛活动，由公司出资捐助，从中取得刊登广告的权利。公司做赞助广告的目的是要提高公司的知名度，从而有利于公司产品的营业。公益广告是免费做广告为社会或公众提供福利。公司做公益广告虽然属于义务性质，但从中增加了公司的美誉度，间接地促进了营业，最后结果仍然是公司获利。

体育活动，尤其是重大的国际体育比赛项目，拥有大量的观众，特别是当重大的国际体育比赛进行时，往往进行卫星转播，天涯咫尺，各国相联，观众的覆盖面特别广，广告的效果也就特别好。所以，这些年用赞助体育比赛的形式来做广告，成为许多企业，尤其是以全球经营为目标、以国际市场为市场的大企业的广告战略措施。据统计，仅1988年，美国就有3 400家以上的公司，在赞助体育比赛上花掉13.5亿美元。1989年，美国企业花了5亿美元请运动员为其产品做广告，赞助加上直接花在体育运动营销上的总金额达55亿美元。目前，至少已有400家美国公司成立了运动营销的专职部门，并有独立预算，专门负责体育活动的赞助事宜。

营销实例

在西方，一些仪器设备制造商还把他们的新产品成批地送给名牌大学。原因在于：名牌大学的师生能够在使用中发现新产品的问题并提出改进意见。当这些师生利用这些仪器设备搞出科研成果之后，会迫不及待地在杂志上发表论文。这些论文必然会提到他们使用了什么设备，得出了什么样的结果。这些论文于无形之中为仪器设备的制造商做了广告。而当使用过这些设备的学生们走出校门，踏上工作岗位后，他们都倾向于使用高等院校介绍的产品，这也有利于赠送仪器设备公司产品的营业。

（资料来源：中国就业培训技术指导中心组织编写. 国家职业资格培训教程——助理营销师. 中国广播电视大学出版社，2006）

公益广告从表面看来是完全为公众免费服务，但实际上常常起到了不是广告，胜似广告的作用。例如，日本的TBS广播电台在每次气象预报节目时，都向听众报告，当天什么时候适合晒衣被，什么时候适合室外作业，提醒人们何时出门应带上雨具……这就给听众以温馨的感觉，人们对TBS广播电台的收听率就会上升。又如，世界十大广告公司之一的奥美广告公司为了保护野生资源，曾经为世界野生动物基金会向16个国家的媒介单位募征了650万美元的免费广告。奥美公司在这次活动中，非但不取分文的服务费，而且还在人力和物力上大大地资助这项活动的开展，以显示该公司为社会谋福利的精神。

3. 公共关系

成功的公共宣传活动能达到以下几方面的目的：提高企业或产品的知名度与美誉度、帮助新产品打开销路、有助于挽回突发事件的不利影响、有利于建立良好的社区关系。

企业开展公共宣传活动应注意与社会热点和公众的心理动态结合起来，这样更容易使活动深入人心。公共宣传活动的形式可多种多样，不拘一格。一般说来，企业开展公共宣传活动主要有以下几种形式：

(1)新闻发布会。新闻发布会又称记者招待会，是企业举行的公开传播重要新闻事件，邀请有关新闻机构的记者参加，让记者就此提问，然后由召集者回答的一种特殊会议。回答问题的时间可作一定限制。会议材料的形式有口头发言稿、新闻文稿、背景材料、照片、录像以及实物展示等。有的还当场分发新闻资料。会议地点的选择应主要考虑为记者采访创造各种方便，如录像、拍摄的辅助灯光、视听辅助工具、幻灯、电影的播放设备等。

(2)赞助活动。赞助是资助的现代形式，赞助活动不仅对社会有利，而且能赢得社会对组织的好感，树立企业的美好形象。赞助活动的主要类型有：

①赞助体育运动。如“健力宝”饮料公司大力支持和赞助中国运动员参加奥运会、亚运会，使“健力宝”饮料名扬天下，畅销世界。

②赞助文化娱乐活动。如河南宝丰酒厂利用文艺形式开展了“宝丰杯全国曲艺大奖赛”的活动，并与北影合作，拍摄了电视片《黄河酒魂》，有效地起到了宣传作用，扩大了企业的知名度。

③赞助教育事业。主要用于建设教育设施、研究基金、奖学金、奖教金及其他教育奖励。如各企业集团资助“希望工程”，建造希望小学；“宝钢”集团和“新意达”集团在中国人民大学设立奖学金。

④赞助社会慈善和福利事业。此项活动是企业与社会、政府搞好关系的重要途径，也是表明企业向社会承担义务和责任的手段。如赞助残疾儿童福利院等。

⑤赞助宣传用品的制作。如赞助有特殊意义的录像带、电视片、纪录电影等。

⑥赞助其他活动。如赞助职业奖励、竞赛活动等。

企业赞助的形式有两种：一种是由企业主动选择对象进行赞助，一种是接到请求后再作出反应。企业要想获得更好的信誉投资，应采取积极主动的形式，选择对象进行赞助。

(3)特殊纪念活动。每个企业都有一些值得特殊纪念的活动，如开业典礼、周年纪念日、产品获奖、新产品试制成功等。利用特殊纪念日制造新闻，是影响公众的极好机会。如泸州老窖特曲酒在1987年获得国际金奖之后，生产厂家策划了一次成功的庆功活动。这是该酒继1915年获得国际巴拿马奖后的第二次国际金奖，为此该厂拟定的主题为“四百年泸州老窖飘香，七十年国际金牌不倒”。经过周密安排，庆功会地点选在北京人民大会堂，邀请了国家、省、市有关领导及各界知名人士、新闻记者等300余人参加。会后，包括中央电视台、中央人民广播电台、国际广播电台、人民日报、光明日报、经济日报、工人日报、农民日报、中国日报、中国青年报等50多家新闻单位播发了专稿，新华社和中新社专门发了通讯。庆功会大大地提高了泸州老窖的知名度和美誉度。

(4)展览会或展销会。展览会或展销会是典型的综合运用多种传播手段，并被公共宣传活动经常采用的形式之一。它主要通过实物、文字、图表来展现企业的成果、风貌和特征。

展览会和展销会是一种直观、形象和生动的传播方式。它综合了多种传播媒介的优点，能以讲解、交谈、宣传手册、介绍材料、照片、录像、幻灯、广播等不同形式吸引观众，达到与公众的双向沟通。它还可以运用实物的展示和现场示范表演来进行公共宣传，容易给公众留下深刻的印象。它能当场收到公众的反馈信息，迅速调整自己的活动或行动。展览会或展销会容易造成较大的社会影响，是新闻媒介追踪的对象，很可能成为新闻报道的题材。企业无论是独立举办展览会或展销会，还是参展，都要充分利用机会制造新闻，扩大影响，广泛与媒介接触，达到树立形象、促进产品营业的目的。

(5)其他活动。企业还可以组织消费者座谈会、用户洽谈会、企业商品研讨会、企业新产品介绍会等开展公共宣传活动，制造新闻。如河南周口味精厂曾经请部分高校、研究机构资深教授、研究员和有关部门领导参加了莲花味精营销战略研讨会，并有部分专业新闻记者参加，结果《经济参考报》等报刊用相当大的篇幅刊登了莲花味精营销战略研讨会的专家发言，更加提高了莲花味精的知名度。企业还可以在召开股东年会、常务会议、与外商的签字仪式等活动中邀请新闻记者参加，制造新闻。

4. 营业推广

促销与广告一样，也能够向对象传达明确的营业信息。运用不同形式的促销技术，所达成的效果也各不相同。促销的方式几乎是无限的，它取决于市场变化的实际和促销计划者的想象。当然，这并不是说促销可以任意为之，事实上在长期的市场实践中，促销也形成了一些基本的模式。为了便于说明，我们仍以不同促销对象来对促销方法加以划分。

(1)对消费者的促销方法。对消费者的促销是基于这样的考虑，促销在某种意义上建立了双向沟通的渠道，有利于与消费者直接交流。通常采用的方法不外乎十个大类。

①折价券。折价券的基本方式，就是以其代替一部分款项，在约定产品购买时，可以获得一定的折价抵扣。折价券在习惯上用于引诱消费者使用产品，从而增加重复购买率。如酒店经营者对餐饮顾客实施一种“满一百送二十”的优惠活动，凡餐饮超过100元金额，每百元赠送20元，但这20元并不用于本次打折优惠，而是以折价券的形式返还给消费者，约定顾客在下次消费时可以用此折价券进行抵扣。这样，折价券不仅满足了顾客要求优惠的心理，而且也是一种鼓励顾客使用并重复购买的报酬方式。

折价券在制作和分发上花样繁多，其内容和让利形式也多有不同。常见的有媒体发放的折价券，发放面广且获得容易；通过邮赠发放的折价券，发放目标明确；通过购买附赠发放的折价券，含有奖励回报，鼓励重新购买等。

②样品赠送。样品赠送的最大诱惑就是可以免费获取产品。大多数新产品在其推出之初，市场目的中的重要一项就是获得试用。样品赠送经过营业实践证明，是一种极为成功有效的做法。样品赠送的目的，是对消费者提供某产品足够的用量，借此以确切地判断该产品所具有的优点所在。所以对低价位产品最省钱的赠送样品，通常是标准产品，如口香糖生产商赠送一支完整的口香糖零散品。对于价格较贵而又使用周期较长的产品，则可制作特定的样品包装，如潘婷洗发精，其样品包装在数量上适合于一次洗发所用。

样品赠送一般都瞄准潜在顾客，这样一方面可以降低样品成本，一方面又易于引起购买反应。从目前来看，最普遍的方法有四种：

邮送样品，其特点是可以严密控制样品在何时何地分发，并且可以通过人口统计、地理特性及经济文化分析，掌握目标顾客的特性。

上门发送，把样品直接送到潜在顾客的家门口，不仅适合于任何一种产品，而且目标也很明确。但是有一个很大的难题，这就是发送成本大大高于一般促销。所以有的促销公司往往联络多种产品，同时分发，以此减少挨门送达的单位费用成本。

包装附赠，即在某种产品包装上，附赠另一种产品。这种方法最大优点就是成本较低。但一个明显的不足就是赠送对象只能是那些原来的顾客。

店堂赠送，在特定的店堂内，设置赠送专柜，为每一个光顾的顾客提供赠品。比如化妆品推销，常在店堂中设置美容化妆免费试用，通过“示范性表演”鼓励消费者选用该产品。

③包装变化。包装变化是利用产品包装来酬谢消费者，或者通过包装规格的变化来激发购买。常见方式有如下几种：

酬谢包装，采用比原标准包装更大的包装，或在原标准包装之外附送其他产品，而包装售价维持不变。如有的饮料在广告上宣称“加量不加价”。

赠品包装，在包装中随送赠品，这种赠品可以是每件产品都有，也可以是在一个大包装箱中存在。如夏季来临时，有厂商为鼓励柜台营业员向顾客推荐自己的产品，在每一个大包装中放进太阳镜、太阳帽之类产品，营业员为获得这种赠品，就要打开包装箱，一旦开箱就须全力推出。

容器包装，这是一种特别制作的产品包装，完全把产品放在容器之中，在产品用完之后，外包装仍可作为容器移作他用。

④减价营业。减价营业的特别含义是，在约定时间里，为鼓励消费者购买而对商品采取的一种价格优惠措施。如节日减价、季节性减价、最后营业减价、每日特定产品减价等。运用减价策略是一种极具杀伤力、极为短促的突击手段。企业采取这种方式，通常是处在某种特定背景之下：或者市场竞争过于激烈，竞争各方相持不下，这时减价成了一个杀手锏；或者产品库存较多，资金周转不畅，这时减价就是调节库存的手段；也有时是为了吸引消费者对整个产品系列的一种选择。在广告策划中，减价方式常常是作为一种有力的配合出现。但减价促销也是一柄双刃剑，既可以帮助企业赢得顾客，也可能对公司及产品造成危害。一方面造成消费者对其价格变动的反应疲软；另一方面不断减价不利于公司及产品形象，容易失去消费者的信任。

⑤抽奖活动。抽奖以奖品或奖金作为促销诱因，以直接消费者为对象，设置出各种等级的奖额和奖品，以达到某种既定促销目标。运用抽奖形式，可以促使

消费者牢记商品的品牌，激发其试用意念，并且有利于顾客消费稳定化和高回转化。抽奖活动在设计时必须认真考虑获奖的密度以及奖额的大小。奖项设置太少，中奖几率很低，难以激发人的兴趣；有时奖项虽多，但奖额很小，也很难诱发参加者的热情。近几年来，有奖促销越来越多，奖住房奖汽车也时有所见，许多消费者都想去碰碰运气，使得有奖营业轰动一时。为了保证有奖营业不至于沦为不正当竞争，国家颁布的《反不正当竞争法》中，规定商业促销一次奖额最高不超过5 000元人民币，这在某种意义上限制了抽奖的狂热。

⑥集卡兑换。这是一种仅对消费者使用的促销方式。其特点是在产品包装中附带设计某种可集齐的兑换卡，或者随产品营业附送点数券，购买产品价格越高，点数券就越多。促销规则是，所设计的兑换卡往往是一个系列，如西湖十景、十二生肖卡片等，只要集齐一个系列，就可获得相应奖项。点数兑换则不一定要凑齐规定的系列，只要有相应的点数，就可凭此领取相应的奖励品，点数不同奖励也不同。其特点是：

经济性，即制作成本较低，发放成本和劳务费用也很少。

便利性，无论是消费者获取还是厂家发放都很简便，只要达到标准即可无条件兑换。

合理性，它以顾客购买商品的贡献率来赠送兑券，是一种比较持久的广告方式。

机会均等，这种方式较少投机性，它建立在共同的概率基础上，每个消费者都有相同的几率。

⑦顾客竞赛。顾客竞赛是通过顾客知识、技术或能力的竞争来获得奖品。它往往是对产品的一种间接推动，它以对产品的认识和对企业形象的认识为目的，间接地引发购买欲望。顾客竞赛惯用的形式是回答有关产品或企业的某些知识。这种方式既有利于宣传产品特点，又便于树立形象。此外还有其他多种多样的竞赛，如商品命名、征求广告语、募集建立等。

⑧参观展示。企业为了更好地让消费者认识产品，通常运用参观、展示等方法，以此贴近与消费者之间的距离。参观往往是公开企业生产状况和工作状况，让消费者直接了解企业及产品，以此取得信赖。展示有两种类型：一种是作为样品宣传的展示，仅陈列样品，提供消费者有关的咨询和服务；另一种则是在展示现场进行营业活动，把产品宣传、示范和直接营业结合起来。

⑨讲习推广。通过有组织有计划地集中讲解，以期使消费者进一步地增加商品知识，并向其他消费者进行推荐。如美容护肤讲习班，向学员灌输有关美容和护肤的知识，在讲解中宣传产品独到的美容护肤效果，顺利地实现产品的营业。

⑩会员俱乐部。以某产品或品牌的爱好者为对象，设立消费者俱乐部或联谊

会。俱乐部或联谊会为会员制，对参加人员发放会员卡等证明，并建立相应的消费档案。采取会员制之后，公司及品牌方面对会员要有相应的优惠和奖励措施，并通过多种沟通形式，不断地与会员采取双向沟通。通常的做法是发放会员卡，凭卡可以获得日常优惠，并享有其他特殊待遇，如参加会员特别活动，公司新产品免费试用等。

(2)对中间商的促销方法。中间商作为营业活动的一个重要环节，在某种意义上对产品营业的成功有着关键性作用，因此必须要加强对中间商的促销。根据中间商的特点，其促销主要有几种形式：

①优惠折扣。优惠折扣所指的是在中间商正常的批发折扣之外的进一步折让。这种折扣一般只用于短期行为，中间商可能要因此受到某种特定的约束，如要求比平常多进货、在营业淡季仍保持一定的营业量、对新规格产品试销等。这种折扣能有力地调动中间商的营业积极性。但对中间商折扣也有负面影响，这就是在折扣期过后中间商有时还期望将来的折扣，并可能形成某种习惯，最后导致中间商和零售商都等待折扣而不追求正常价格的营业。谨慎地运用这种优惠折扣，通常有三种形式：

减价，为鼓励中间商多进货，限定在一定时期内，凡进货达一定数量，在进货价格上适当地下降。

津贴，这是给中间商一定金额回报的折扣方式。可分为两类，一是营业推广津贴；一是年终返利。前者是作为对中间商产品推广的一种补助；后者则是根据中间商的营业业绩，由公司在每一个营业年之后给予奖励。

赠货，这是以提供免费产品形式所给予中间商的一种折扣。赠货一般有样品、补偿破损品等。赠货使中间商所获商品的单位成本降低，在某种意义上也可以激励中间商。

②合作广告。这种方法是基于这样一种考虑，生产商所进行的广告一般是较大区域的全面性广告。中间商则在较小范围内做一些小量广告，为了使广告能形成一个全面运动，二者就需要一种合作。目前在中国，由中间商出资为某一品牌做广告，在观念上尚不为许多人接受，所以通常的合作广告也基本上是由制造商出资，根据中间商和零售商的需要进行相应的创意刊播。

③店头宣传。店头宣传是生产商利用各经销网点所进行的一种产品宣传活动。最常见的是各种 POP 及陈列用具，此外店面装潢布置、店内示范表演等，都属于店头宣传之列。

④营业竞赛。营业竞赛是由生产商提供价值昂贵的奖励品，用以刺激参与营业的中间商和零售商。

⑤订货会。订货会也是制造商常用的一种促销方式。一般的订货会每年一次,作为促销的订货会,包括了营业会议和产品推广会。会议一般介绍企业及产品情况,说明公司营销及宣传计划,并进行一定的产品示范或专业展示。会议最后结果,是同与会的中间商签订订货意向。

(3)对推销人员的促销方法。对推销人员的促销是公司内部行为,其目的是使营业活动可以顺利进行,明确营业重点所在,制订出最佳的促销方案,妥善协调营业各方的关系。针对推销人员进行的促销推广,一般都与对广告运动的展示相配合,通常采取以下几种形式:

①营业会议。主要是向推销人员介绍公司及产品的营销计划,详细解释公司有关广告运作的一些基本策略,以求达到统一认识,密切配合。

②人员培训。推销人员素质的差异可能导致营业业绩的极大变化。所以对推销人员实行培训,是提高其素质,保证营业成功的一项关键因素。基本内容不外乎三方面:培养其敬业奉献精神,强化其推销意识,增进有关商品和服务的知识。

③宣传资料。营业宣传资料是专为营业人员进行推销而设计的,有多种多样的形式,如产品手册、广告招贴、价目资讯等。推销人员通过这些资料,一方面自己熟悉和掌握有关产品、企业和营销方面的知识,另一方面也向推销对象推介和宣传。

7.2.5 编制促销预算

促销预算可以通过两种方式来确定。

1. 自下而上的方式

自下而上的方式即营销人员根据全年促销活动的内容、所运用的促销工具及相应的成本费用来确定促销预算。促销成本由管理成本(如印刷费、邮寄费和促销活动费)加激励成本(如赠奖或减价等成本)乘以在这种交易中售出的预期单位数量而组成的。其计算方法现举例如下。一种保健营养口服液,其原售价为12.9元,现将在限定日期内降价0.9元。在扣除营销费用之前,制造厂商要获得每盒5元的贡献毛利。品牌经理预期在这次减价中能营业100万盒口服液。这样这次活动的激励成本将是90万元(0.9×100)。假如管理成本将花费10万元,那么总成本为100万元。为了使这次促销活动保本,该公司在这段期间内就必须比不减价时多售出20万盒(100÷5)口服液。

就一项赠送折价券的活动来讲,计算成本时要考虑到只有一部分消费者使用所赠送的折价券来购买。就一张附在包装中的赠奖来讲,其成本必须包括奖品采购和奖品包装成本等。

2. 按照习惯比例来确定的方式

按照习惯比例来确定各项促销预算占总预算的比率。如在企业所生产的三种产品中:洗衣粉的预算占总预算的20%;香皂的预算占30%;洗发液的费用预算可能要占到总预算的50%。

在不同市场上对不同品牌的费用预算百分比是不同的,并且要受产品生命周期的各个阶段和竞争者促销预算的影响。从促销实践来看,有一些促销预算工作的失误应引起我们的注意。主要表现为三个方面:

(1)缺乏对成本效益的考虑。

(2)使用过于简单化的决策规划,沿用上年的预算开支数字,按预期营业的一定百分比计算,维持对广告支出的一个固定比例,或利用"剩余法",即将总的促销预算减去当期的广告支出,剩余的才用于促销。

(3)广告预算和促销预算分开制定,而不是结合起来综合考虑。

7.2.6 制定促销的实施、执行、监督方案

促销方案制定后一般要经过试验才予以实施。通过试验明确所选用的促销工具是否适当;刺激规模是否最佳;实施的方法效率如何等。一些大公司常在选定的市场区域中,对不同的策略进行试验。面向消费者市场的促销能够较轻易地进行试验,可邀请消费者对几种不同的可能优惠办法作出评价,给出评分,也可以在有限的地区范围内进行试用性试验。

对于每一项促销工作都应该确定实施和控制计划。实施计划必须包括前置时间和营业延续时间。前置时间是从开始实施这种方案前所必须的准备时间。营业延续时间是指从开始实施优惠措施起到大约95%的采取此优待办法的商品已经到达消费者手中为止的时间。在实施计划的制订及执行过程中,应有相应的监控机制作保障,应有专人负责控制事态的进展,一旦出现偏差或意外情况应及时予以纠正和解决。

7.2.7 评估促销效果

促销活动结束后,应立即对其进行效果评估,以总结经验与教训。很多企业忽视这一工作,即使有的企业试图评估,可能也只是一点皮毛而已,有关获利性的评估是少之又少。其实,评估促销效果是促销决策的重要一环,它对整个市场营销战略的实施具有重要意义。具体内容见分项任务7.4。

分项任务 7.3 开展促销活动

促销活动的组织实施水平直接决定了促销的成败。因此，在促销活动组织实施过程中要保证三个到位：产品到位、人员到位、兑现到位，具体包括：产品要及时铺到终端，并保证不能断货；促销、配送、理货、监督等相关促销人员要及时到位；促销品、奖励要及时兑现。

7.3.1 前期准备工作

怎样让促销活动有计划地开展，并能真正起到作用，是企业市场工作中的一个重点。做好前期准备工作是成功的开始。

1. 选择合适的促销时间与地点

选择合适的促销时间与地点，包括特别日期（节假日）、时段、持续多少天、设几个促销点、主会场设置、人员配置、物品配置、奖品赠品发放奖励规则与数量限制等。

2. 准备好器材物品类

企业要视自身的整体情况有选择地安排好器材物品类数量的合理准备与使用，具体包括：现场用到的展台、条幅、拱门、气球、易拉宝、粘贴的海报、宣传单（彩印或黑白）、小包装试尝品、音箱、其他赠品（捆绑式销售赠品、买几赠几的赠品、参与即赠的奖品或购买抽奖的奖品）等。

3. 选择、安排人员

在人员安排方面要“人人有事做，事事有人管”，无空白点，也无交叉点。谁负责与政府、媒体的沟通，谁负责写文案，谁负责现场管理，谁负责礼品发放，谁负责顾客投诉，等等，各个环节都要考虑清楚，否则就会出麻烦，顾此失彼。

4. 宣传造势的准备

如果公司有实力，则前期的大规模全方位造势宣传是必不可少的。即便想节省，有些工作也还是应该做的。例如，去人口密集的市中心区域散发传单，发放区域和发放数量要事先决定；在市内影响力大的媒体（报纸、广播和电视）上投放广告，要注意媒介的选择、媒介展露的频次和成本预算等，以达到广泛告知的宣传效果。

5. 各方关系的前期协调

要确保一切行为活动符合法律法规。例如，与市容、城管、工商等部门提前打好招呼，避免到时出现不必要的麻烦；户外活动必须要经过有关部门的批准，广告宣传也必须要有合法的批文。总之，一切可能出现的问题、麻烦事先都要想到，做好应对一切突发事件的准备，免得到时候出现问题时措手不及。

6. 总成本预算

对物品的准备、人员的费用、协调各方关系和广告宣传费用等一切成本事前要有准确的预算。

7. 促销效果预估

预测活动将会达到什么样的效果，以便活动结束后将预测情况与实际情况从刺激程度、促销时机和促销媒介等方面进行比较，总结成功和失败的原因。

8. 意外防范

每次促销活动都可能有意外发生，因此，一定要未雨绸缪，安排一定的人力、物力、财力来预防和应对突发事件。

7.3.2　中期操作阶段

这一阶段的主要任务包括规定活动纪律和做好现场控制两方面。好的纪律是方案得到完美执行的先决条件，在方案中应对参与活动人员各方面纪律作出细致的规定；现场控制主要是把活动的各个环节安排清楚，做到忙而不乱，有条不紊，同时，在促销过程中，还要及时对促销范围、强度、额度和重点进行调整，以保证对促销全过程的控制。

在促销活动中，还要派专人指导和督促促销活动的执行，一般由区域市场主管或促销部、市场部的工作人员负责过程监督，及时发现活动中出现的主观和客观问题，监督产品到位、人员到位和兑现到位的情况，监督工作人员的执行能力和服务水平，通过过程监督及时调整策略，解决问题，确保活动执行到位。

知识延伸

在活动现场巡视时，我们要考虑检查以下问题：

1. 正确的产品组合：是否是我们正在进行的促销产品。

2. 正确的形式：促销形式是否正确，产品陈列形式是否正确。

3. 正确的面位：产品陈列面位是否是促销协议中规定的。

4. 正确的位置。

5. 正确的助销工具：助销工具是否有助于增加销量。

6. 正确的信息传达。

7. 正确的促销活动信息:以正确的方式传达给消费者。

8. 正确的营业价格。

7.3.3 后期延续阶段

这一阶段的主要任务是对促销活动选择哪些媒体、采用何种方式等进行后续宣传,这对促销效果也有很大的影响。

分项任务 7.4 评估促销效果

7.4.1 促销效果评估的定义与种类

与其他营销活动一样,企业的促销活动同样需要进行评估。因为企业要保证促销活动按计划、高效率地进行,保证促销工作长期的开展下去,所以,对每一次促销活动进行评估,从而总结经验,寻找不足之处,为企业改进促销工作提供依据,也为企业今后的促销工作提供宝贵的经验。

促销效果评估是企业促销工作的一项重要内容,分事前评估、事中和事后评估三类,它们的特点各异,作用各异。

事前评估是促销计划实施前进行的调查预测,用来评估该计划的可行性和有效性,或以此在多个计划中确定出最佳的方案。事前评估主要有征求意见法和试验法两种方法。

事中评估主要采取消费者调查形式来了解促销活动进行期间的消费者动态(如参与者数量、购买量、重复购买率等)、参与活动的消费者结构、消费者意见(包括动机、态度、建议、要求与评价等)。事中评估就是在促销活动进行过程中对其效果进行评估。方法是消费者调查。调查内容分三个方面:

(1)促销活动进行期间消费者对促销活动的反应,可以通过现场记录来分析消费者参与的数量、购买量、重复购买率、购买量的增幅等。

(2)参与活动的消费者结构,包括新、老消费者比例;新、老消费者的重复购买率;新消费者数量的增幅等。

(3)消费者意见,包括消费者参与动机、态度、要求、评价等。

综合上述几方面的分析,就可大致掌握消费者对促销活动的反应,客观评价促销活动的效果。

事后评估则是通过比较促销前后产品知名度、认知度、营业量、营业额等变化来评价其实际效果。事后评估就是在促销活动告一段落或全部结束后对其产生的效果进行评估。常用的方法有比较法和调查法。

7.4.2 促销效果评估的基本方法

1. 前后比较法

即将开展促销活动之前、之中和之后三段时间的营业额(量)进行比较来测评效果。这是最常用的消费者促销评估方法。促销前、促销期间和促销后产品的营业量变化会呈现出几种不同的情况,这说明促销产生了不同的效果。通常,可能出现的情况有四种:

(1)初期奏效,但在促销中期营业就逐渐下降,到结束时,已恢复到原来营业水平。这种促销冲击力强,但缺乏实质内容,没能对消费者产生真正的影响。主要原因可能是促销活动缺乏长期性、策划创意缺乏特色、促销管理工作不力。

(2)促销期间稍有影响,但促销后期营业低于原来水平。这时促销出现后遗症,这说明由于产品本身的问题或外来的其他因素,使该品牌的原有消费者构成发生动摇,而新的顾客又不愿加入,从而在促销期满后,销量没有上升。其中主要原因可能是促销方式选择有误、主管部门干预、媒体协调出现问题、消费者不能接受、竞争者的反攻生效,争夺了大量消费者。

(3)促销期间的营业情况同促销前基本一致,但促销结束后又无多大变化。这说明促销无任何影响,促销费用浪费。这种情况说明该品牌基本上处于营业衰退期。主要原因可能是企业对市场情况不熟悉、促销方式缺乏力度、信息传播方式、方法出现问题、产品根本没有市场。

(4)促销期间营业有明显增加,且促销结束后销势不减或略有减少。这说明促销明显,且对今后有积极影响,这种促销方式对路。促销产品的市场销量上升,增加的原因是由于促销对消费者产生吸引力。在促销活动结束后的一段时期内,称为有货消耗期,消费者因消耗在促销期间积累的存货而没有实施新的购买,从而商品销量在刚结束的时候略有下降,但这段时间过后,商品销量比促销前上升,说明促销取得了良好的效果,使产品的营业增加。

2. 市场调查法

这是一种企业组织有关人员进行市场调查分析确定促销效果的方法。这种方法比较适合于评估促销活动的长期效果。它包括确定调查项目和调查法的实施方式两方面内容。

(1)确定调查项目。调查的项目包括促销活动的知名度、消费者对促销活动的认同度、销势增长(变化)情况、企业的形象在前后变化情况等。

(2)市场调查法的实施方式。一般来说,采用的方法是寻找一组消费者样本和他们面谈,了解有多少消费者还记得促销活动,他们对促销的印象如何,有多少人从中获得利益,对他们今后的品牌选择有何影响等。通过分析这些问题的答案,就可以了解到促销活动的效果。

3. 观察法

这种方法是通过观察消费者对促销活动的反应,从而得出对促销效果的综合评价。主要是对消费者参加竞赛与抽奖的人员、优惠券的回报率、赠品的偿付情况等加以观察,从中得出结论,这种方法相对而言较为简单,而且费用较低,但结论易受主观影响,不很精确。

7.4.3 促销效果评估的具体程序

1. 评估目标

依据资料回馈法,侦测并了解策略及执行的成果。

2. 评估策略

执行资料回馈系统,是为了迅速、容易评估规划与执行方案中的促销活动。应用前后比较法。

3. 执行方案

比较每一个测试市场以及与其形态、商店数。每家商店平均营业额等相近的“控制市场”。测试市场进行各项促销测试活动,“控制市场”则执行正常的业务活动。具体的步骤可以做如下的概括:

(1)分析前置期间,以了解测试期间的营业趋势。

(2)测试期间是指执行促销计划的期间,分析该期间的营业情形,确知营业趋势。

(3)紧接着测试期间之后的是事后期间,分析事后营业情形,确知营业趋势。

(4)了解测试前、测试期间、测试后的来店顾客数、交易数。每家商店营业金额差异。从这些数据可知测试期间每一个市场所增加的来店顾客数、交易数、营业量等,进而评估成功的程度。

企业在实施评估时,要注意尽可能多地运用比较趋势法。比较测试前、测试期间和测试后等营业情形以便使企业对促销效果做到心知肚明。促销和其他营销工作一样,要长期不断地进行下去,就必须有历次活动的总结,通过总结评估了解本次促销活动的效果、成功与不足、经验与教训. 以便把下一次促销工作做得更好。

7.4.4 促销效果评估的注意事项

1. 评估周期

效果评估应采取单次评估与中期评估相结合的方式。随着客户消费时的选择日益理性、信息传播的滞后等原因，当月组织实施的促销即使在活动结束之后几个月仍然能够发挥一定的促销作用。同时，促销活动的负责人能够在一定程度上控制促销结果，例如压货等，非常容易造成营业上升的假象。因此，在实施效果评估时，建议采取短期、中期相结合的方法，这样才能使效果评估更加合理、公平。

2. 促销费用的计算

很多企业在计算促销费用往往没有计算上级下拨的赠品，如礼品、宣传物品等。这将使促销费用失真，不能反映促销费用的真实效果。

有部分客户在促销期内购进较大数量的产品，由于滞销或其他私人原因，容易出现退货现象(尽管大部分企业在实施促销时都会注明不允许退货)，因此，建议除加强控制外，应根据历史经验预提退货损失，并将其列入促销费用。

3. 促销活动的关键在于事前计划、费用预算、事中控制

效果评估只是用于对活动结束后的总结，目的是为以后开展促销活动提供可以借鉴的经验与教训。

分项任务7.5 实训操作

设计《×××促销活动策划书》

【实训任务】

撰写并完成一份主题明确的《×××促销活动策划书》。

【实训目标】

培养学生对促销活动任务的策划、组织与执行能力。

【实训要求】

1.《×××促销活动策划书》应包括促销活动主题的设计、人员安排 、物资准备 、试验方案，事前、事中、事后活动要点与效果评估方案等内容。

2. 上讲台用PPT讲解活动策划内容和安排，神态大方，举止得体。

3. 时间把握适度(每组 10 分钟),逻辑通顺,语言流畅,详略得当,突出重点。

【实训步骤】

1. 教师事先做好任务布置,以及促销活动策划的写作要领讲解。

2. 要求学生下去查资料,并进行促销活动策划并讨论。

3. 完成促销活动策划并上讲台讲解。

4. 教师点评。

◆任务小结

完成本任务,你应该清楚以下内容:

● 促销就是营销者向消费者传递有关本企业及产品的各种信息,说服或吸引消费者购买其产品,以达到扩大销售的目的。常用的促销手段有广告、人员推销、营业推广和公共关系。企业可根据实际情况及市场、产品等因素选择一种或多种促销手段的组合。根据促销手段的出发点与作用的不同,可分为两种促销策略:推式策略和拉式策略。

● 制定促销方案是促销的核心任务,包括明确目标市场、确定促销目标设计、促销信息、选择促销手段、编制促销预算、制定促销的实施、执行、监督方案评估、促销效果等程序。

● 能够在制定促销方案的基础上,通过开展促销活动的前期准备工作、中期操作阶段、后期延续阶段的不同的重点,执行、组织并开展有效的促销活动,了解促销效果的事前评估、事中评估、事后评估的要点。

◆本任务关键词

促销　促销组合　促销方案　促销活动　促销效果

◆业务技能自测

◎选择

1. 下列四种促销手段中,(　　)是介绍新产品最有效也是最昂贵的方法。

A. 免费样品　B. 优惠券　C. 现金折扣　D. 竞赛

2. (　　)是最普通、最常用的一种评估销售促进方法。

A. 销售绩效分析　B. 消费者固定样本数据分析　C. 消费者调查　D. 实验研究

3.(　　)是借助于科学艺术的手段,刺激人们的感觉来取得效果的。

A. 销售促进　　B. 广告宣传　　C. 人员推销　　D. 公共关系

4. 人员安排是开展促销活动包括(　　)阶段的重要工作之一。

A. 前期准备工作　B. 中期操作阶段　C. 后期延续阶段　D. 后期结束阶段

◎判断

1. 企业集团资助“希望工程”,建造希望小学;“宝钢”集团在中国人民大学设立奖学金,这是赞助活动中的赞助社会慈善和福利事业方式。(　　)

2. 赞助有特殊意义的录像带、电视片、记录电影等,这是赞助活动中赞助宣传用品的制作的方式。(　　)

3. 新闻发布会综合了多种传播媒介的优点。(　　)

4. 直接邀请政界要人、商界巨人、体育健将、演员、歌星、名模等社会明星来进行广告宣传,这是广告的间接方式。(　　)

5. 消费者调查方法常用来研究某种销售促进工具对消费者的影响。(　　)

◎简答

1. 什么是促销组合?

2. 展览会有哪些特点?

3. 企业开展公共宣传活动有哪些形式?举例说明。

4. 如何有效开展促销活动?

5. 评估促销效果时,事前评估、事中评估、事后评估各有什么不同。

◎案例分析

法国白兰地开发美国市场——借机宣传出奇制胜

一直以来,法国白兰地生产厂家都想将白兰地打入美国市场。但是,美国 20 世纪 20 年代曾经颁布实施禁酒法令,一度阻挡了白兰地进入美国的行程。虽然以后禁酒法令被取消,但随之而来的是第二次世界大战的烽火烧遍世界,白兰地的美国梦再度破碎。战后,白兰地生产厂家觉得进军美国市场的时机已经成熟,决定大举开拓美国市场。

美国是世界上最大的市场,也是竞争最激烈的市场,白兰地要想一炮打响,必须出奇制胜。为此,市场策划人推出如下一些方案:

以当时的美国总统艾森豪威尔的 67 岁寿辰为契机。在其寿辰的前一个月,通过《美国之音》、《时代》等媒体散布消息:为表示对美国人民的情谊和对美国总统的友好,法国人民将选赠两桶极为名贵的、酿造 67 年之久的白兰地作为贺礼。

由专机送往美国，白兰地公司将为此付出巨额保险费，且装白兰地的酒桶的艺术家精心之作……

无数美国公众被连续的报道所吸引。在总统寿辰前夕，关于这两桶酒的传说，成为华盛顿市民茶余饭后的热门话题。

寿辰的当天，为观看这个不同凡响的赠酒仪式的实况转播，华盛顿竟出现了万人空巷的罕见场面。而有关白兰地的各种新闻、特写和照片也挤满了当天的各种报纸的版面。

最终的结果是，法国名酒白兰地在这种热烈的氛围中昂首步入了美国国家宴会和市民的餐桌，公司成功实现了打入美国市场的梦想。

（资料来源：中国企业国际化管理课题组.企业营销国际化管理案例.中国财政经济出版社，2002）

【思考】法国白兰地是如何打进美国市场的？

【提示】法国白兰地进入美国市场的策略是公共关系策略。公共关系策略是通过关键人物或关键机会打开市场，增进公众对企业的信任和支持。

任务8　综合实训
设计市场营销组合方案

◆**知识目标**

1. 理解市场营销策划的含义、作用与原则。

2. 了解市场营销策划的步骤。

3. 掌握产品营销策划书的主要内容与格式。

◆**能力目标**

具备编制产品营销策划所需的市场调研能力、分析能力、协调能力、决策能力及活动安排能力；锻炼撰写产品营销策划书的能力与技巧。

案例导入

北京大洋节电设备有限公司节能灯营销策划方案

北京大洋节电设备有限公司是由香港物业发展有限公司和北京供电部门、铁路部门合资兴建的一个外资企业。公司管理层决定率先推出节能灯进入市场，并进而带起其他节电产品的发展思路。为此，公司专门成立了营销策划部，具体负责企业的战略规划、产品的销售策略及具体销售战术的实施。通过反复考虑，形成了一整套的方案和建议，报经公司董事会研究并批准而形成了下列的决策方案：由生产部门把节能灯寿命5 000小时重新定位为10 000小时，质量标准直接瞄准飞利浦产品。产品质量承诺为：由保用半年改为保用1年。考核目标：公司要求营销部门在3个月内将2万只节能灯投放市场，并形成一定的经济效益。为完成以上任务，策划部门制定如下营销方案：

1. 选定目标市场，抓节能灯试点

公司把宾馆饭店行业中三星级以上的宾馆作为目标市场，并作为的试点单位，主要原因在于灯的需求量大，点灯时间长，节电效果明显，同时它们有足够的经济实力。

2. 营销组合策略采用直销双高策略

这一策略的核心就是直销高价高促销。针对用户期盼高寿命节能灯的心理，公司把节能灯的价格定在40～50元，虽然高一点，但是比飞利浦产品的价格还少2/3，公司又精心组织和策划，围绕攻克用户心理障碍，采取了以下的几次行动：

利用公共关系，由本公司组织、全国节电办公室牵头、北京三电办参加的在人民大会堂举行的关于明球牌节能灯突破10 000小时的新闻发布会，不仅震惊了节能灯同行，而且也使北京一直黑暗的节能灯市场带来了一线曙光，一时间大小报纸铺天盖地报道明球灯的信息。不仅把明球灯介绍给用户，而且也宣传了本公司新产品的新形象，为公司产品大量进入市场打下了良好基础。

组织力量加大促销力度。首先，公司请供电部门、三电办出面，召开了由试点单位各宾馆饭店工程部经理参加的新产品恳谈会，在会上公司听取了与会人员对新产品性能和质量的要求，公司着重介绍了产品及产品质量保证，在会上公开提出属质量问题保用1年，可签订书面合同。接着，公司又派出大批训练有素的营销人员，深入到各大宾馆，上门促销。由于策略得当，方法正确，结果在不到40天的时间内，20 000只节能灯全部进入了市场，而且做到了基本收回货款。价格最贵的卖到了55元/只(华北大酒店)，一般在40/只元左右，创造了国内节能灯价格最高、销售速度最快、效益最好的先河，公司也提前近2个月完成了公司下达的任务指标……

(资料来源：何向军. 从一起营销实例看企业营销策划的重要性. http://www.chinatat.com 2008-03-13)

【思考】试分析北京大洋节电设备有限公司将节能灯作为主要产品率先推向市场取得了较好的营销效益的原因。

【提示】公司能科学地、全面地进行营销策划，正确地实施营销组合策略，才能在竞争中处于有利地位，取得营销成功。

分项任务8.1 认知市场营销策划

8.1.1 市场营销策划的含义及作用

1. 市场营销策划的含义

策划就是企业的策略规划，是为了企业整体性和未来性的策略进行的规划，它包括从构思、分析、归纳、判断，一直到拟定策略、方案的实施、事后追踪与评估的全过程。或者说，激发创意，有效地运用手中的资源，选定可行的方案，达成约定目标或解决一个难题，这就是策划。策划和计划不同，策划有为达到目的的各种构思，这些构思和创意是新颖的，要与目标保持一致的方向，有实现的可能。

市场营销策划就是企业在充分分析自己所处的内外部环境的基础上，有效利用各种信息资源，对企业在未来一段时间内将要实施的营销活动的目标、战略、预期结果等进行策划，并设计出一套可行的企业营销活动方案。

2. 市场营销策划的作用

随着企业营销观念由原来的生产观念、产品观念和销售观念向营销观念的逐渐转变，企业营销策划在企业经营中也越来越占有重要的地位。企业营销策划对企业经营的诸多重要影响主要表现为：

(1)加速企业营销观念的转变。树立企业营销策划意识，进行科学的营销策划有助于企业自觉摆脱生产观念、产品观念和销售观念的束缚，全面转向用现代市场营销观念指导企业开展营销活动。

(2)提高企业经营决策水平，避免经营活动的盲目性，减少经营失误。实行科学的企业营销策划，可以使企业对市场中众多的复杂因素进行了解、分析与预测，在策划方案中充分利用有利因素而避免、克服不利因素的影响，这就进而使企业可以多抓住机遇与尽可能回避风险，以此将企业经营决策水平提高到一个新的高度。

(3)加强企业经营管理与市场开拓的针对性。企业实行营销策划，就会使营销战略、策略、具体竞争措施具有很强的针对性，即使因偶然或意想不到的原因使企业经营遭到挫折，企业也会立即分析问题的症结所在，从而尽快有针对性地采取纠正、补救措施以扭转被动局面。如果是策划的方案完全符合市场实际，取得良好的效果，这更会激励企业在开拓新的市场过程中稳扎稳打，对众多棘手问题采取有的放矢的化解措施，从而不断扩大“战果”，使企业得到快速、健康的发展。

(4)促使企业积极创新，增强企业竞争活力。当一个企业把科学的企业营销策划摆到“生命线”的位置时，它在设计竞争方案时就会深谋远虑，独具匠心，就会考虑到企业内部的配套改革问题，这样方案就具有创新特征，就能增强企业的竞争活力。

(5)使企业的经营不断适应快速发展的科技进步和市场变化情况。企业实行科学的营销策划，可以使企业紧随科学技术与市场发展的步伐，及时开发生产新产品，并对产品生产的时间、成本、质量、销售环节进行严格的控制。这样，企业就会利用高科技来加大本企业产品的附加值和利用新产品市场来扩大本企业的新老产品的总体市场占有份额。

(6)有利于企业在经营管理过程中坚持“以人为本”和自觉开展全方位的企业文化建设。实行企业营销策划可以促进企业既重产品的生产，又重“现代人”的生产；既重企业产品的推销，又重企业形象(包括企业人员价值观)的推销，从而完成管理和竞争观念上的飞跃。

(7)有利于业经营人才的培养。企业的竞争在很大程度上是人才的竞争。重视企业营销策划的企业，一方面要重用高素质人才，唯其如此，企业营销策划才能顺利地展开；另一方面，长期坚持科学的企业营销策划，又会极大地促进有关人员，包括经营者素质的进一步提高。这样，就形成了重视人才，培养人才，锻炼人才的良性循环。

8.1.2 市场营销策划的原则

企业营销策划是一项极其复杂的特殊决策活动，好的营销方案的设计，必须要严格地按照策划程序来进行；此外，必须以不损害消费者利益和有利于产品的销售为前提，这就要求企业营销策划要遵循其必要的原则。

1. 信息性原则

当今世界，已进入了信息时代，信息已成为了企业资源的一部分。企业营销策划就是这一特殊资源的充分利用，缺乏信息的企业营销策划很可能是危险的策划。

2. 战略性原则

企业营销策划不是对营销活动的某一个小环节或某一个具体事情的进行安排、处理，它必须要站在企业经营的战略高度对企业营销整个活动进行系统的、全方位的、具有远见性的策划。企业营销策划一旦完成，就成为了企业相当长一段时间的营销方针，企业的每一位营销人员，包括主管人员，都必须严格执行，贯彻到底。

3. 系统性原则

企业营销策划必须要站在企业全局经营的高度来设计与实施。

4. 公众性原则

公众的主体是顾客，除此之外，还有政府、社区、经销商、供应商、企业员工等，能否充分体现公众利益，是营销方案是否能获得公众即消费者认同的关键。消费者不认同，这种方案就会失败。因此，企业营销策划必须要以公众的消费要求为中心策划营销方案。

5. 可行性原则

企业营销策划所设计出的方案是企业必须要具体实施的，如果方案很抽象、笼统、弹性很大，或者是脱离现实可能性太远、太理想化，这都会导致方案无法实施或实施失败。

6. 效益性原则

如果进行企业营销策划后，企业营销的成本与利润的比率比不进行策划还高，那企业营销策划就失去了意义。企业进行企业营销策划，必须要注重以最小的投入产生最大的收益，或者是投入大，但收益要更大，否则宁可不策划。

8.1.3 市场营销策划的步骤

市场营销策划经历八个步骤：了解现状—分析情况—制定目标—制定营销战略—制定行动方案—预测效益—设计控制和应急措施—撰写市场营销策划书。市场营销策划就如同酿酒，只有做好每步工作，才能够酿出佳酿。各个步骤环环相扣，能够使我们的工作更加有效率。下面对每一个步骤作具体介绍。

1. 了解现状

了解现状包括对市场竞争状况、竞争对手实力、消费者的喜好、经销商的情况等了解。

(1)市场形势了解。包括对市场规模大小的探索，市场饱和程度的分析，对不同的购买情况的研究，不同地域市场表现的调查等。

(2)产品情况了解。分析原产品优劣势、市场表现，调查消费者对于产品的喜爱程度等。根据调查反馈的资料，找出产品的不足之处加以改进。

(3)竞争形势了解。调查市场竞争激烈程度，对竞争对手有一个全面、具体的了解，包括现有竞争对手的竞争战略、产品市场占有率、竞争企业实力：人力、物力、财力的储备情况，以确保针对竞争对手的实际情况制定行之有效的市场营销策划。

(4)分销情况了解。对各地经销商的情况及变化趋势要进行适时调查，了解他们的需求。分销商是获得信息的最直接的来源，同时也是最紧密的合作伙伴。只有多和分销商沟通，才能够找到产品的优劣所在，才能够更好地满足消费者的需求。

(5)宏观环境了解。要对整个社会大环境有所了解和把握，从中找出对自己有利的切入点。

2. 分析情况

只有对市场、竞争对手、行业动态有一个较为客观的分析，才能做好市场营销策划。分析情况是一次去粗取精、去伪存真的过程，是营销策划的前奏。

(1)机会与风险分析。分析市场上可能面临的风险，提前准备应对措施，做到有备无患。同时，需要看到机会所在，做好战略准备。

(2)优势与弱点分析。认清企业的弱项与强项，同时尽可能充分发挥其优势，改正或弱化其不足。

(3)结果总结。通过对整个市场综合情况的全盘考虑和各种分析，为制定应当采用的营销目标、营销战略和措施等打好基础。

3. 制定目标

企业要将自己的产品或品牌打出去，必须有自己得力的措施，制定可行的计划目标，这个目标包括两个方面：企业整体目标和营销目标。

营销目标是指通过营销策划的实施，希望达到的销售收入及预期利润率和产品在市场上的占有率等。能否制定一个切合实际的目标是营销策划的关键。有的营销策划方案大有“浮夸”之风，脱离实际，制定目标过高，其结果必然与实际相差千里；而有的目标过于保守，同样也会影响营销组合效力的发挥。

4. 制定营销战略

(1)目标市场战略。目标市场战略是指采用什么样的方法、手段去进入和占领自己选定的目标市场，即企业将采用何种方式去接近消费者以及确定营销领域。

(2)营销组合策略。营销组合策略是指对企业产品进行准确定位，找出其卖点，并确定产品的价格、分销和促销的政策。

(3)营销预算。营销预算是指执行各种市场营销战略、政策所需的最适量的预算以及在各个市场营销环节、各种市场营销手段之间的预算分配。制定营销战略要特别注意产品的市场定位和资金投入预算分配。

5. 制订行动方案

一个统筹兼顾的方案能确保营销活动的有序开展，要选择一个合适的时间使产品上市，并且需要制定各种促销方案来保证产品能快速地吸引消费者的眼球。各个促销方案在时间上和空间上也要做到相互搭配、错落有致。

6. 预测效益

类似于可行性分析，需要编制一个类似损益报告的辅助预算，在预算书的收入栏中列出预计的单位销售数量以及平均净价；在支出栏中列出划分成细目的生产成本、储运成本及市场营销费用。收入与支出的差额就是预计的赢利。经审核批准后，它就成为有关部门、有关环节安排采购、生产、人力及市场营销工作的依据。

7. 设计控制和应急措施

设计控制措施的目的是便于操作时对计划的执行过程、进度进行管理，即把目标、任务和预算按月或季度分开，使企业及有关部门能够及时了解各个时期的销售实绩，找出未完成任务的部门、环节，并限期作出解释和提出改进意见。

设计应急措施的目的是事先充分考虑到可能出现的各种困难、防患于未然。可以扼要地列举出最有可能发生的某些不利情况，指出有关部门、有关人员应当采取的对策。

8. 撰写市场营销策划书

营销策划书是营销方案的书面表达形式，也称企划案。撰写市场营销策划书是市场营销策划的具体成果。营销策划书编写的规范性将有助于营销策划人员和组织实施人员最大限度地认识策划者的意图和策划思想。在充分理解的基础上选择和执行营销方案，使策划的最终成果将在策划书中体现出来，营销策划书是未来企业营销操作的全部依据。策划书一般来说没有一成不变的格式，它依据产品或营销活动的不同要求，在策划的内容与编制格式上也有变化。但是，从以下策划活动一般规律来看，其中有些要素是共同的。

分项任务 8.2　设计产品营销策划方案

8.2.1　产品营销策划书的格式

1. 产品营销策划书的概念

产品营销策划书是企业根据市场变化和企业自身实力，对企业的产品、资源及产品所指向的市场进行整体规划的计划性书面材料。

2. 产品营销策划书的格式

策划书没有一成不变的格式，它依据产品或营销活动的不同要求，在策划的内容与编制格式上也有变化。但是，从营销策划活动一般规律来看，其中有些要素是共同的。营销策划书的格式一般情况下可以和营销策划的内容保持一致，其意义在于使营销策划书的制作效率化。规范的营销策划书的结构框架应包括以下几部分内容：

(1)封面。给一份营销策划书配上一个精美的封面是绝对不能忽略的，阅读者首先看到的是封面，因而封面能起到第一印象的强烈视觉效果，从而对策划内容的形象定位起到帮助的作用。封面的设计原则是醒目、整洁，切记花哨，至于字体、字号、颜色则应根据视觉效果具体制定。封面制作要点如下：

①取一个简明扼要的标题（策划书名称）。题目的确定要准确而不累赘，使人一看就能明了，有时为了突出主题或者表现策划的目的，可以加一个副标题或小标题。

②标出委托方。如果是受委托的营销策划，那么在策划书封面要把委托方的名称列出来。这里要注意的是不能出现错误，否则对策划者的不良影响将是致命的。

③标明日期。日期应以正式提交日期为准。不应随随便便定一个日期，同时要用完整的年月日表示。

④标明策划者。一般在封面的最下部位要标出策划者。策划者是公司，则列出企业全称。

(2)前言。前言的作用在于揭示为什么要做此策划，引起阅读者的注意和兴趣。前言文字不能过长，字数可以控制在 1 000 字以内，内容包括：

①简单提一下接受营销策划委托的情况，具体界定企业提出策划目标。例如，××公司接受××公司的委托，就××年度的营业推广计划进行具体策划。

②重点叙述为什么要进行这样一个策划，即把此策划的重要性和必要性表达清楚，这样就能吸引读者进一步去阅读正文。

③就策划的概略情况，即策划的指导思想下策划的过程以及策划实施后要达到的理想状态进行简要说明。

(3)目录。目录的作用是使营销策划书的结构一目了然，同时也使阅读者能方便地查寻营销策划书的内容。如果营销策划书的内容篇幅不多，目录可以和前言同列一页。列目录时注意：目录中页数不能和实际页数有出入，否则反而增加阅读者的麻烦，同时也有损策划书的形象。

(4)概要提示。概要提示是对营销策划书的总结性的陈述，使阅读者对营销策划内容有一个清晰的概念，便于阅读者理解策划者的意图与观点。概要提示撰写要求简明扼要，篇幅不能过长，但不是简单地把策划内容予以列举。

(5)环境分析。环境分析一般应在外部环境和内部环境中抓重点，描绘出环境变化的轨迹，形成令人信服的依据资料。环境分析的整理要点是明了性和准确性。明了性是指列举的数据和事实要有条理，使人能抓住重点。准确性是指分析要符合客观实际，不能有太多的臆断。

(6)机会分析。这一部分与前面的环境分析是一个整体，企业的机会与威胁一般通过外部环境的分析来把握；企业的优势和劣势一般通过内部环境分析来把握。在确定了机会与威胁、优势与劣势之后，根据对市场运动轨迹的预测，就可以大致找到企业问题所在了。

(7)战略及行动方案。这是策划书最主要部分，在撰写这部分内容时，必须清楚地提出营销目标、营销战略与具体行动方案。在制定营销战略与具体行动方案时，要遵循“对症下药”和“因人而异”两个基本原则。特别要注意避免人为提高营销目标以及制定脱离实际难以施行的行动方案。可操作性是衡量此部分内容的主要标准。在制定营销方案的同时，还必须制定出一个时间表作为补充，以使行动方案更具有可操作性。

(8)营销成本预算。营销费用的测算，要有根据，像电台广告、报纸广告的费用等最好列出具体价目表，以示准确。此部分的要求是简单明了，切记累赘。如价目表过于细，可作为附录列在最后。

(9)行动方案控制。此部分内容不用写太详细，只要写清楚对方案的实施过程的管理方法与措施即可。

(10)结束语。与前言呼应，使策划有一个圆满的结束，主要再重复一下主要观点并突出要点。

(11)附录。其作用是提供策划客观性的证明。凡是有助于阅读者对策划内容的理解、信任的资料都可考虑列入附录。

8.2.2　产品营销策划书的主要内容

策划书的正文部分主要包括：

1. 策划任务分析

对企业策划的目标以及实施过程中需要经历的各个阶段加以具体界定；明确企业所要达到的预期结果，以及为了达到目标所需要付出的努力。

2. 目前营销状况

(1)市场情况。市场范围有多大，包括哪些细分市场，市场及细分市场近几年营业额有多少，顾客需求状况及影响顾客行为的各种环境因素等。

(2)产品情况。产品组合中每个品种的价格、销售额、利润率等。

(3)竞争情况。主要竞争者有哪些，各个竞争者在产品质量、定价、分销等方面都采取了哪些策略，他们的市场份额有多少及变化趋势等。

(4)分销渠道情况。各主要分销渠道的近期销售额及发展趋势等。

3. 营销策划分析

营销策划分析包括STP分析、营销环境分析、企业资源分析、产品分析、

SWOT 分析等。

(1)STP 分析。STP 分析是策划的基础。它是指通过市场分析,细分市场,确定目标市场和市场定位的过程。

(2)营销环境分析。营销环境分为微观环境和宏观环境。微观环境分析主要包括:企业内部、供应商、中间商、顾客、竞争者、公众。宏观环境分析主要包括:人口环境、经济环境、自然环境、政治法律环境、科学技术环境、社会文化环境。

(3)SWOT 分析。SWOT 分别代表优势(strength)、劣势(weakness)、机会(opportunity)、威胁(threat)。利用这种方法可以找出对自己有利的值得发扬的因素,以及对自己不利的、如何去避开的东西,发现存在的问题,找出解决的办法,并明确以后的发展方向。

SWOT 分析分为两部分:第一部分为 SW,主要用来分析内部条件;第二部分为 OT,主要用来分析外部条件。

根据机会与威胁程度的高低,可以把企业的业务划分为四种类型:理想业务,即高机会低威胁的业务;冒险业务,即高机会高威胁的业务;成熟业务,即低机会低威胁的业务;困难业务,即低机会高威胁的业务。

企业面临环境机会时,通常有以下三种策略:及时利用策略;等待时机,适时利用策略;果断放弃策略。

企业面临环境威胁时,通常有以下三种策略:对抗策略,也称抗争策略;减轻策略,也称削弱策略;转移策略,也称转变或回避策略。

4. 策划目标确定

营销目标是营销计划的核心部分,是在分析营销现状并预测未来的威胁和机会的基础上制定的。营销目标也就是在本计划期内要达到的目标,主要包括市场占有率、销售额、利润率、投资收益率等指标。

5. 营销策略

营销策略是指达到上述营销目标的途径或手段。包括目标市场的选择和市场定位战略、营销组合策略、营销费用策略等。

6. 形成策划方案

这一部分是营销策划中的核心内容,策划方案应以前几部分内容为依据,应该在力求具体的同时突出要点。方案需要将不同阶段的行动分解,需要说明行动要达到的目的是什么、做什么,以及预期的效果是什么。

7. 营销活动效益预期和营销成本估算

内容包括:对营销方案的预期效益进行分析和说明与对设计的营销行动方案

进行费用测算。测算方案要和行动方案保持对应关系，要把营销方案中的每一项行动的具体费用都计算出来。如电视广告在不同时段、不同频道的费用；报纸广告在不同版面、不同尺寸的费用；营业推广在各种场合的费用等，要求策划者事先都要了解清楚。保持营销行动方案与营销成本的和谐统一也是衡量策划水平的一个因素。

策划方案必须说明执行该方案可以得到什么样的收益，需要什么样的资源支撑。策划是追逐利润的过程。好的方案不但要说明应该怎么做，还要说明为什么，会怎么样。

8. 控制

为了保证设计好的行动方案得以顺利实施，必须对整个行动方案的实施全过程予以控制，对营销方案的实施风险进行预期估计，并对控制方法和应变措施加以说明。包括：

(1)各阶段营销目标实现情况的衡量指标，以及营销方案最终效果的表现形式和检测方法。

(2)对偏离目标的行为进行控制与纠正的方法与手段。

(3)对执行方案的营销队伍的组织与管理。

(4)对于因环境变化而产生的突发情况的预期估计及采用的应变措施等。

营销策划方案在实施过程中还应该注意：随着时间的推进，企业所处的环境可能发生变化，原先制订的方案可能不适应新的环境，因而，营销策划方案是一个动态修改的过程。

范文

上海龙柏饭店婚宴组合策划书

"这里——您的爱情伊甸园"

策划单位:上海龙柏饭店

策划时间:2000 年 2 月 1 日

目　　录

一、任务概述

龙柏饭店位于上海著名的虹桥高级商住区。饭店以商务客人、会议客人作为主要的目标市场。在森林般茂盛的花园里、标准的网球场上,可以看到悠闲散步、运动健身的客人,幽静中充满了生命的活力。这是两个较为成熟的市场。

为了充分利用饭店现有资源,进一步拓展经营市场,拟开发婚宴组合产品。婚宴市场的需求量足以成为饭店的又一个经营热点,预计能给饭店带来15%的销售收入。

二、市场环境分析

据不完全统计,目前上海四、五星级饭店餐饮生意中的30%的营业额来自婚宴。饭店所以对婚宴客人有吸引力,主要有如下一些优势:

(1)饭店环境幽雅,"够派头"、上档次。

(2)有客房,可供客人闹新房。

(3)配套服务内容多,节省客人的精力。

如今,人们对婚礼很看重。新人们采购化妆品、服装、床上用品等大多喜欢到东方商厦、巴黎春天、华亭伊势丹,往往是手拎大大小小的包装袋满载而归。而到大卖场去买家电、家用消费品,品种多、花色多,价格又比商店里便宜,很实惠。

到婚庆公司买喜糖也成了上海的一大时尚。沪上50多家婚庆公司、喜糖超市生意普遍兴旺。据玫瑰婚典喜糖公司反映,一天的喜糖销售能达到1万多元,不少年轻人看中的是婚庆公司的喜糖品种多、包装新、口味新,新人还可以根据自己的需要定做喜糖,时髦又有个性。

结婚定要风风光光地拍套结婚照。维纳斯淮海店每天要接待10对新人,结婚照的价格从3 000元到上万元不等。

结婚要有鲜花、名车相伴,据沪上一家租车公司统计,每月出租凯迪拉克、林肯、宝马、别克这样的名车达30辆次,尽管其价格不菲。

总之,新人们的心理是:一辈子一次,该隆重些。但他们很忙,不想为此花费太多的精力。显然,婚宴市场的需求,饭店大多给予了满足。在占饭店餐饮营收30%的喜筵中,大多价格在1 000多元,如果婚宴策划更有些情调、内容更丰富些、服务更周到些,相信有一部分客人愿意出更高的价格来购买更值的产品。

上海五星级饭店中,花园饭店的婚宴起价每桌为1 888元,他们有别于一般的饭店婚宴。这一层次顾客的需求尚未完全满足。

三、饭店状况分析

饭店位于虹桥路，虹桥路是上海西区的一条重要通道，周围集中了世贸商城、国际贸易中心、国际展览中心、友谊商城等高级商展、商住场所。此外，这里也是上海最主要的高级住宅区、外籍居住中心区。

饭店的面积是其他任何竞争对手所不可比较的，拥有上海商务饭店中最大的花园，森林般自然、安静、怡人，品种达上百种之多的花卉，把园地装扮得分外娇艳。园内神奇地缀着几块湖面，你可以在她的旁边欣赏倒影或是垂钓，偶尔在你不经意时，会有小鸟过来与你对话。这里有一种世外桃源的感觉。

饭店的客房掩隐在树林之中。客房内有电视、小酒吧、电话、七国语言的电视频道及与机场同步的即时航班信息频道、电热水瓶、吹风机等，可享受免费送报、擦鞋等服务。

四季厅是宴会厅，可容纳250人同时用餐，供应中式菜点。营业时间为11:00至23:00。茉莉厅装潢华丽，可容纳100人宴请。营业时间为11:00至22:00。莲花厅是一个点菜厅，有餐位150个，经营上海菜为主。营业时间为7:00至21:00。沙逊花园餐厅是一个西餐厅，德国厨师主理。营业时间为7:00至24:00。此外，饭店还提供野外烧烤，可供近千人举办野外冷餐会。饭店的综合部是沪上设施最好、项目最齐全的综合部。拥有室外标准网球场、室内标准游泳池、壁球、桌球、保龄球、健身房等数十个健身娱乐项目。

四、婚宴目标顾客分析

饭店的主要客源市场来自外籍职员、社会名流、外资商社、银行及证券机构等，这些客人层次高、消费额大，对饭店产品服务质量要求高，对环境也比较挑剔。所以，婚宴客人的层次也要高些。根据饭店的特色，通过设计独特的婚宴包价，将目标市场定位在月收入3 000元以上的白领阶层是可能的。每桌筵席的最低价为1 588元加15%服务费。

五、竞争对手情况

这一目标市场的主要竞争者是花园饭店的“花园婚典”。

花园饭店推出的主题是：锦绣婚宴在花园。一年举行4次婚宴发布会，请有关婚宴公司协助，展示婚宴模拟程序。

主要产品：

1 888元/桌

2 880 元/桌

3 280 元/桌

主要享受项目：

每桌精美菜单

主桌精美鲜花

嘉宾签名册

新娘换衣室一间

婚宴当晚免费停车券两张

婚礼程序策划

提供红地毯、音响、音乐、灯光

提供婚礼附属商品服务

凡惠顾 8 桌以上可享有：

新婚当晚蜜月标准房一间

新人次日玫瑰餐厅早餐

新房内鲜花一盆

新娘手捧花制成的卡贝艺术画一幅

凡惠顾 12 桌以上可享有：

新婚当晚蜜月标准房一间

新人次日玫瑰餐厅早餐

新房内鲜花一盆

新娘手捧花制成的卡贝艺术画一幅

新人午夜喜点

新婚次日饭店专车送新人(限市区内)

凡惠顾 20 桌以上可享有：

新婚当晚蜜月标准房一间

新人次日玫瑰餐厅早餐

新房内鲜花一盆

新娘手捧花制成的卡贝艺术画一幅

新人午夜喜点

新婚次日饭店专车送新人（限市区内）

玫瑰餐厅周末自助餐券两张

六、婚宴产品组合方案

根据上述分析，龙柏饭店应利用独特的资源优势，设计竞争对手所没有、所无法模仿的产品，就有可能取胜。

（一）婚礼形式

1. 中西式婚礼仪式

在美丽的花园草坪上，乐队在演奏着欢快的乐曲，迎宾小姐、先生穿着中式（或西式）盛装，按中式（或西式）程序欢迎新人们……

绿色的草坪，嫣红的地毯，专业的服务，让您倍感与众不同的温馨爱恋，纯洁的纱裙飘拂在草原浪漫的微风里。

让新人们记住这花、这天、这气氛、这日子。

（饭店提供迎宾小姐、先生和经验丰富的司仪，代请乐队。）

2. 焰火晚会（价格视婚宴规模商议）

当筵席完后，夜色中星星闪闪，灯光点点的花园里，喜庆的焰火在空中缤纷……

人们拥着新人，这样的情景，使婚宴进入高潮。

（饭店位于内环线之外，允许放焰火，这是一个有利条件。）

3. 浪漫同心结仪式

在花园里，有许多高大的树木，新人们可以把心爱的物品挂上树。佳偶天赐，眷属终成，爱的坚定与永恒在此同心留驻。（饭店提供精心设计的升降台。）

4. 水上婚礼（价格视婚宴规模商议）

饭店的室内游泳池宽敞、气派，在蓝色的水波上搭一舞台，上铺红地毯。婚礼仪式就在这里举行。蓝色是永恒，爱情是蓝色的。

5. 花好月圆宴

经典欧陆风尚的花园自助餐（每人200元起），上海滩唯一的户外草地餐厅，让人生中最美的一季永存真挚的诗篇。

（二）婚宴产品组合

1. 龙凤呈祥宴

每席1 588元加15%服务费。凡惠顾10席以上，可获赠：

（1）蜜月房一晚（或提供豪华行政房一晚，补差价800元）。

（2）客房内精美鲜花篮和鲜果篮各一份。

（3）次日沙逊花园西餐厅欧式自助早餐两份。

(4)婚宴中雪碧、可乐、青啤畅饮(限时2小时)。

(5)提供主桌鲜花布置。

(6)提供音响设备。

(7)提供大巴士一辆接送客人(30千米内)。

(8)提供来宾泊车车位。

2. 玫瑰双人行

每席1 888元加15%服务费。凡惠顾10席以上,在获赠第(1)～(8)项基础上再增加或升级为:

(9)第(1)项中蜜月房升级为豪华行政房。

(10)第(3)项升级为次日早餐送房服务。

(11)提供隆重婚礼仪式(视当日天气而定)。

(12)提供迎宾花门一个。

(13)提供香槟塔。

(14)主桌赠送张裕大香槟一瓶。

(15)赠送三层喜庆蛋糕一只。

(16)嘉宾签名册一本。

(17)举行浪漫同心结仪式(视当日天气而定)。

(18)制作婚礼VCD(像带有新人提供)。

3. 豪华连理宴

每席2 388元加15%服务费。凡惠顾10席以上,在获赠第(1)～(18)项基础上再增加或升级为:

(19)第(9)项中蜜月豪华行政房两晚。

(20)入住期间,综合部所有项目(美容、按摩除外)免费开放(限新婚夫妇)。

(21)每桌赠送鲜橙汁两桶。

(22)主桌赠送龙凤立雕一座。

(23)每桌赠送王朝干红一瓶。

(24)主桌赠送进口香槟一瓶。

(25)赠送天然精美押花一幅。

4. 宝贵同心宴

每席2 888元加15%服务费。凡惠顾10席以上,在获赠第(1)～(25)项基础上再增加或升级为:

(26)第(19)项中蜜月豪华行政房升级为豪华套房两晚。

(27)提供婚宴前花园婚礼仪式的迎宾饮料(雪碧、可乐、锦碧矿水、青啤)。

(28)每桌赠送王朝干红两瓶。

(29)赠送度身量做的主题漫画、饭店婚房布置。

(30)奉送价值1 000元的龙柏消费券。

七、广告策划

(一)广告创意和策略

主题:龙柏——您的爱情伊甸园

表现:

(1)强调森林花园特色。

(2)自然之美。

(3)花园别墅前铺着红地毯,伸向绿色的草地深处。这是典型的东方色彩,烘托喜庆气氛。

(4)蓝色的湖面,亭轩楼阁,曲桥潺水。象征爱的永恒。

(5)白领、著名球星等的婚礼。

(6)树上挂着同心结纪念品。

(7)阳光从窗口进入婚房,桌上是精美的早餐。

策略:

(1)让顾客知晓龙柏的婚宴产品:

各媒体发广告(2000年3月开始)

策划球星的婚宴(2000年5月)

邀请沪上白领人士参加龙柏游园会(2000年6月)

(2)加深对龙柏婚宴产品的印象。

电视台密集广告(2000年9月,每天有30秒,连续1个月);

与电视台“爱情牵手”专栏合作办一次节目,地点在龙柏花园。

(3)提示顾客:“爱情牵手”专栏2000年开始每月一次广告,每季一次形象推广活动。

(二)媒体策略

1.《上海新娘》杂志

这是一本面向沪上婚宴市场的杂志,针对性很强。阅读本刊物的读者面很广。可做2000年5月至2001年5月全年广告。

广告内容:龙柏婚宴形象、龙柏婚宴产品、新人在龙柏办婚宴的专访。

费用预算:37 800 元

2.《在上海》、《上海趣谈》杂志

这是两份面向在沪外籍人士和白领阶层的杂志,而这些读者是饭店婚宴的重要客人,他们对浪漫婚宴的向往及消费能力,决定了他们会在阅读刊物的休闲阶段,有兴致看龙柏的婚宴广告。可做全年广告。

广告内容:饭店的婚礼形象、完善的婚宴设施、自然之美的环境。

费用预算:53 000 元

3.《申江服务导报》、《新闻报》

这是沪上多数年轻人喜欢的两份报纸,一份以休闲为主,一份以经济信息为主。

广告内容:饭店婚宴产品。

费用预算:70 000 元

八、营业推广活动

时间	活动内容	邀请对象	费用预算
5 月	著名球星婚宴 (婚礼仪式、同心结仪式等)	由新人确定 新闻界人士	新人支付筵席成本 其余费用由饭店负责 约 2 000 元
6 月	龙柏游园会 (观赏、游戏、抽奖等)	沪上白领阶层 (有影响的 30 家企业)	30 000 元
8 月	游泳比赛	与 50 家企业合作	20 000 元
9 月	龙柏音乐会	爱情俱乐部会员	10 000 元
	龙柏啤酒节	境内外青年	售票
10 月	赏月晚会	情侣们	售票
	焰火晚会	情侣们	售票
11 月	桂花节	情侣们	售票
	爱情相约联谊活动	由红娘公司选择 100 对寻觅者	10 000 元
12 月	圣诞节晚会	每对情侣优惠 6 折	15 000 元

(资料来源:王妙. 市场营销学实训. 高等教育出版社,2003)

分项任务8.3　实训操作

撰写《产品营销策划书》

【实训任务】

本实训是综合技能实训，要求学生以小组为单位，把产品策划理论应用于营销实践，联系有关项目或资料，完成约8 000字的《产品营销策划书》。

【实训目标】

通过综合技能实训，使学生认识产品营销策划是企业最重要的一项管理环节，本实训是团队训练项目，在产品营销策划方案设计中能够培养学生的团队意识、增强他们的合作能力，是每一位学生积极投入实训训练，认真进行资料收集，提出自己的想法和建议，共同设计出优秀的产品方案，从而提高学生的综合素质。

【实训要求】

要求学生认识到《产品营销策划书》不同于一般文章的写作，必须了解有关产品及其相关资料，要调查市场上同类产品销售资料；要收集市场需求资料；要开展小组讨论、提出设计方案；最后才能撰写完成《产品营销策划书》。

【实训步骤】

1. 要求教师对《产品营销策划书》等实践应用价值给予说明，调动学生实训操作的积极性。

2. 要求教师对《产品营销策划书》撰写步骤、内容、格式进行具体指导。

3. 要求学生根据市场开发项目有关资料及产品营销策划方案设计要求，完成《产品营销策划书》撰写任务。

4. 要求教师提供《产品营销策划书》范例，供学生操作参考。

◆任务小结

完成本任务，你应该清楚以下内容：

- 市场营销策划就是企业在充分分析自己所处的内外部环境的基础上，有效利用各种信息资源，对企业在未来一段时间内将要实施的营销活动的目标、战略、预期结果等进行策划，并设计出一套可行的企业营销活动方案。明确市场营销策划步骤。

● 产品营销策划书是企业根据市场变化和企业自身实力，对企业的产品、资源及产品所指向的市场进行整体规划的计划性书面材料。把握产品营销策划书的格式和主要内容。

◆本任务关键词

市场营销策划　产品营销策划书

◆业务技能自测

◎选择（多项选择）

1. 市场营销策划原则包括：（　　）。

A. 细分原则　B. 信息性原则　C. 战略性原则　D. 效益性原则

2. 下列选项（　　）是市场营销策划中了解现状具体要了解内容。

A. 市场形势了解　B. 产品情况了解　C. 中间商情况了解　D. 竞争形势了解

3. 营销策划书封面制作包括要点（　　）。

A. 标出委托方　B. 标明策划者　C. 取一个简明扼要的标题　D. 标明日期

◎判断

1. 营销策划书要取一个引人入胜的标题（策划书名称），题目的确定要准确而不累赘，使人一看就能明了。（　　）

2. 营销策划书封面标明的日期应以正式提交日期为准。不应随随便便定一个日期，同时要用完整的年月日表示。（　　）

3. 营销策划书概要提示撰写要求简明扼要，篇幅不能过长，即简单地把策划内容予以列举。（　　）

◎简答

1. 说明企业如何开展市场营销策划。

2. 说明产品营销策划书的格式结构。

3. 说明产品营销策划书的主要内容。

◎案例分析

喜来公社:多国美味,喜欢就来
——中式面包咖啡连锁赢在第三种业态

2007年,西式时尚餐饮连锁“喜来公社”第一家店在上海开张,迅速成为挑剔的上海人喜爱的时尚餐饮场所,想要吃到喜来的美食,不排上一会队几乎是不可能的。喜来公社开张的第一个月,营业额远远超过了附近的星巴克,仅卖出咖啡的数量超过星巴克两倍多。

是什么让这家刚刚成立的时尚餐饮连锁迅速走红,成为上海在星巴克、面包新语之外的明星品牌? 喜来,赢在第三种业态!

与星巴克主打咖啡、面包新语主打单一业态不同,喜来公社首次将咖啡、茶、烘焙三大业态进行了聚合,创新第三种业态。这种业态,正是消费者心中所想,在星巴克、面包新语之外的全新选择! 在喜来公社,消费者几乎可以品尝到来自全球的各种西点美味,加上香浓的咖啡和纯正的中式茶饮,正如喜来公社的品牌主张一样——全球美味,喜欢就来。这一颠覆式的创新业态,深受消费者的喜爱。

瞄准空档,坚决差异化

星巴克一杯咖啡动辄二三十元,喜来公社一杯咖啡一般不会超过十元;面包新语一块面包动辄十几元,喜来公社一块面包一般都在几块钱,然而,凡是来喜来公社品尝过美食的人都有这样一个结论,喜来公社的食品品质优异。在大众点评网上,顾客对喜来公社的评价归纳起来就是五个字——平价的奢华。喜来公社瞄准的止是这样的空当:高品质,低价位。为了保持高品质,他们精选各地地道食材,汇聚多国顶级主厨,坚持传统手工制作。高品质低价位,想不让大众追捧都难。

向空间要利润

福来为喜来公社提出了“空间利润”的概念,即每家喜来公社的桌台不会超过五张,主要用于积聚人气,起到品尝和广告效应。喜来公社要想提高销售,就不能局限餐桌,就必须大力提倡外带,为此,喜来公社设计了一系列外带的优惠活动。目前,70%的营业额来自外带,辐射到周边2 000米范围内的写字楼和住宅区,不仅为喜来公社进行了品牌宣传,更为店面销售赚足了人气。

如今,喜来公社已经正在以每个月两家店的速度扩张,2009年,喜来公社更是赢得了多家风投的青睐……

(资料来源:http://www.flyteam.com.cn/case_info.asp? id=89　版权所有/福来品牌营销顾问机构)

【思考】是什么让这家刚刚成立的时尚餐饮连锁迅速走红，成为上海在星巴克、面包新语之外的明星品牌？

【提示】喜来，赢在第三种业态！市场营销策划能促使企业积极创新，增强企业竞争活力。当一个企业把科学的企业营销策划摆到“生命线”的位置时，它在设计竞争方案时就会深谋远虑，独具匠心，就会考虑到企业内部的配套改革问题，这样方案就具有创新特征，就能增强企业的竞争活力。

参考文献

1. 李践. 定价定天下. 北京:中信出版社,2009.

2. 曹刚,李桂陵,王德发. 国内外市场营销案例集. 武汉:武汉大学出版社,2002.

3. 苏兰君,肖润松. 现代市场营销. 北京:高等教育出版社,2008.

4. 李留法. 市场营销实务. 北京:中国计量出版社,2009.

5. 黄彪虎. 市场营销原理与操作. 北京:北京交通大学出版社,2008.

6. 李福学. 市场营销策划实务. 大连:大连理工大学出版社,2008.

7. 张雅静. 市场营销学. 北京:商务出版社,2008.

8. 中国就业培训技术指导中心组织编写. 助理营销师、营销师国家职业资格考试教程. 北京:中央广播电视大学出版社,2006.

9. 菲利普. 科特勒. 市场营销教程. 6 版. 华夏出版社,2004.

10. 潘彦维,李英,姜红. 营销学基础. 北京:中国农业大学出版社,2008.

11. 王妙,冯伟国. 市场营销学实训. 上海:复旦大学出版社,2007.

12. 李志荣. 国际市场营销——理论与实务. 大连:东北财经大学出版社,2007.

13. 贾妍,李海琼. 市场营销理论与操作. 北京:北京交通大学出版社,2009.